电力市场交易机构运营模式

安徽电力交易中心有限公司 编

上海财经大学出版社

图书在版编目(CIP)数据

电力市场交易机构运营模式/安徽电力交易中心有限公司编. —上海:上海财经大学出版社,2024.4
ISBN 978-7-5642-4286-2/F·4286

Ⅰ.①电… Ⅱ.①安… Ⅲ.①电力市场-市场交易-商业模式-中国 Ⅳ.①F426.61

中国国家版本馆 CIP 数据核字(2023)第 211455 号

□ 策划编辑　王永长
□ 责任编辑　徐贝贝
□ 封面设计　贺加贝

电力市场交易机构运营模式
安徽电力交易中心有限公司　编

上海财经大学出版社出版发行
(上海市中山北一路 369 号　邮编 200083)
网　　址:http://www.sufep.com
电子邮箱:webmaster@sufep.com
全国新华书店经销
上海天地海设计印刷有限公司印刷装订
2024 年 4 月第 1 版　2024 年 4 月第 1 次印刷

710mm×1000mm　1/16　17.75 印张(插页:2)　291 千字
定价:88.00 元

主 编
崔锦瑞　赵文会

副主编
王　恺　张伟时

编委会成员(按姓氏笔画排名)
王海超　王　辉　王腾飞
江海龙　齐　慧　李永波
周　涛　林哲敏　季　超
钱寒晗　崔　鑫

目　录

第1章　美国电力交易机构/001
1.1　美国电力市场历史沿革/001
1.2　美国电力市场基本情况/008
1.3　美国电力市场监管体系/016
1.4　PJM 基本情况/027

第2章　英国电力交易机构/056
2.1　英国电力市场历史沿革/056
2.2　英国电力市场基本情况/058
2.3　英国电力市场监管体系/066
2.4　北欧电力交易所基本情况/070
2.5　欧洲电力交易所的基本情况/077

第3章　欧洲电力交易机构/085
3.1　欧洲电力市场历史沿革/085
3.2　电价情况——欧洲竞价分区原则/091
3.3　欧洲电力市场交易机构/101

第4章　其他电力交易机构/106
4.1　西班牙电力交易机构/106
4.2　澳大利亚电力交易机构/111
4.3　得州电力可靠性委员会/115

4.4 纽约电力市场/119

第 5 章 国外典型电力市场的信用管理/121

5.1 电力市场的信用管理/121

5.2 PJM 的信用管理/127

5.3 得州电力可靠性委员会的信用管理/134

5.4 加州独立系统运营商信用管理/139

5.5 纽约独立系统运营商的信用管理/146

5.6 北欧电力交易所信用管理/150

5.7 欧洲电力交易所信用管理/154

第 6 章 国外典型电力交易体系对比/160

6.1 电力市场交易机构治理结构/160

6.2 电力市场交易机构管理委员会/160

6.3 电力市场交易体系/162

6.4 电力交易机构功能/164

6.5 电力交易机构的独立性/164

6.6 电力交易机构演变/167

6.7 电力交易机构金融业务/168

6.8 电力交易机构结算与清算/170

6.9 电力交易机构的监管/171

6.10 场内与场外交易/171

第 7 章 其他行业机构研究与借鉴对比/174

7.1 期货交易所/174

7.2 证券交易所/182

7.3 商业银行/191

第 8 章 中国电力市场/195

8.1 中国电力市场体制历史沿革/195

8.2 中国电力市场供需现状及发展趋势/209

  8.3 电力交易中心/213
  8.4 中国电力监管体制变革/221

第9章 新一轮电力体制改革/231
  9.1 新一轮电力体制改革的背景与原因/231
  9.2 新一轮电力体制改革的基本内容/232
  9.3 新一轮电力体制改革的影响/235
  9.4 电力体制改革面临的挑战与对策/237

第10章 我国电力交易机构建设思路及建议/240
  10.1 电力交易机构股份制与非营利性分析/240
  10.2 关于电力交易机构建设的思考/241
  10.3 电力交易机构的建设路径建议/241
  10.4 我国电力交易机构的独立建设问题/245
  10.5 电力市场管理委员会的建设/245
  10.6 输配电价设置问题/247

附录/249

参考文献/272

第1章 美国电力交易机构

1.1 美国电力市场历史沿革

1.1.1 美国电力市场改革的三个基本阶段

电力市场化发端于自然发育的市场交易的客观需求。美国是最早实行电力市场化的国家。美国电力市场化起源于佛罗里达电力联合集团的电力市场实践,这是一种自然发育的电力市场化模式,它经历了从紧急功率交换、制定联合运行政策、经济功率交换到电力交易市场(电力联营经纪人系统)等不同阶段,在不断发展和完善的过程中,为美国的电力市场化积累了经验,并成为后来美国各州的电力市场化实践借鉴的基础(汤萌、沐明,2004)。美国电力工业改革最初开始于零售市场价格较高和批发与零售差异较大的那些州。在这些州中,特别对于零售竞争,改革的政治压力主要来源于工业用户、独立发电公司和可能的市场参与者的游说活动。1978年,美国联邦政府以法律的形式正式允许独立发电企业出售电力,从而使独立发电公司迅速增加,但独立发电公司进入电网受到公共事业控股公司法案的限制。为此,1992年美国颁布了新的《能源政策法》,规定所有的电力公司必须提供输电服务。1992—1996年,虽然部分州允许电力的转运服务,但能源法案并未达到预期的效果。

美国电力市场改革可以分为三个阶段(曾鸣等,2009)。

第一个阶段:以1996年联邦能源管理委员会(Federal Energy Regulatory Commission,FERC)出台的888号和889号指令为标志,美国正式启动了电力市场改革。两个指令规定了互惠的开放准入输电服务价格和辅助服务价格,同时规定了发电和输电必须从功能上分离，所有的发电公司得到同样的待遇。这在美国电力市场发展史上具有划时代的意义，并取得了显著效果：批发市场的交易量显著增加，电价制定的透明度提高，电力交易安排得到很大改善，增大了期货市场的交易量。与此同时，输电网络的安全可靠性受到了挑战，因为交易量的扩大改变了网络潮流分布。此外还有一些问题没有得到很好的解决，比如输电价格的定价缺乏效率、备用服务市场也缺乏效率、备用容量过多。但总的来说，FERC 的 888 号和 889 号指令的颁布效果显著，在美国形成了一些比较成功的电力市场。

第二个阶段：1999 年 FERC 发布 2000 号指令，积极发展区域输电组织（Regional Transmission Organization，RTO）。以这个指令作为标志，美国电力市场改革开始进入第二阶段。FERC 还提出了建立大型区域输电组织的设想，即在全国拟建立 4 个大区域输电组织，包括东北部区域输电组织、中西部区域输电组织、东南部区域输电组织和西部区域输电组织。FERC 认为大型区域输电组织可以提高供电可靠性，消除准入歧视，提高市场效率，并便于政府监控。尽管这一目标在技术上可行，但引发了很多政治上的争议，因此并没有实现。2000 号指令为第二个阶段重组提供了推动力，但是由于并未采取强制参与举措，导致输电和批发电力市场进展缓慢。

第三个阶段：FERC 总结了现有电力市场发展和运行经验，于 2002 年 7 月颁布了酝酿已久的标准电力市场设计（Standard Market Design，SMD）法案，从而将美国电力市场改革推进到第三个阶段。标准电力市场设计法案旨在为美国各州提供相对标准化的市场规则，指导美国电力市场的建设和发展，确保电力市场的竞争力和高效性，并维持市场条件下电力系统的稳定运行，激励投资，即以强制手段不断改革，开放准入输电价格，推动全国输电服务和批发电能市场的标准达到统一。新颁布的法案中介绍了开放准入价格和与此相关的新的标准输电服务、电价、新的电能和辅助服务市场以及新的市场监督和调节机制。主要内容包括：对所有负荷采用单一的输电价格机制；输电和零售市场标准设计的基本原则；电网准入服务；金融输电权的设计、分配和交易；开放准入输电价格中输电服务的内容；批发电能和辅助服务市场；市场监督和市场力的消除原因。2003 年 3 月，美国新英格兰电力市场改造原有系统取得成功，正式开始采用 SMD 标准运行(王斌等,2004)。

美国电力市场的具体改革方案及进度由各州根据自己的电网实际情况决定。在地方层面上行使能源监管职责的是州公用事业委员会(PUC),各州公用事业专员又共同构成了全国范围的公用事业监管委员会(National Association of Regulatory Utility Commissioners),这是一个非营利组织。各州放松管制的程度和进程不一,比如宾夕法尼亚州、新泽西州和马里兰州成立了目前全球规模最大的竞争性电力批发市场,由美国宾夕法尼亚—新泽西—马里兰州互联有限责任公司(PJM)运营和管理;多个公用事业组织构成了东南、西南和西北电力市场;还有由输电系统所有者组成的加州、得州、新英格兰、纽约、西南电力库(SPP)和中大陆电力市场。这些电力市场的基本概念是相同的,那就是将发电和售电的潜在竞争性同自然垄断分离,进而形成电力的批发市场和零售市场(王海霞等,2011)。

1.1.2 美国电力市场规模扩张情况

1.1.2.1 美国区域电力市场协调运作背景

近年来,美国纽约、新英格兰等区域电力市场加强了市场间的协调运作,旨在提高市场效率、降低系统总运行成本和尖峰电力价格等。早在 2005 年,中大陆独立系统运营商(MISO)和 PJM 联合发布了《PJM-MISO 联合和共同市场白皮书》,提出通过加强两家市场运营机构间的协调运作,推进两个区域市场的连接和融合,最终构建一个坚强的、无歧视的联合共同市场,从而满足两个区域电网内所有用户和市场成员的需求(Paul C,2013)。联合共同市场的范围如图 1—1 所示。

2009 年,纽约独立系统运营商(NYISO)发起了"扩大区域电力市场"的倡议。根据 NYISO 的相关研究,通过扩大区域市场范围,各市场每年将至少可节约 3.68 亿美元,其中纽约自身可节约 2.11 亿美元。

2010 年 1 月,NYISO、新英格兰独立系统运营商(ISO-NE)、MISO、PJM 和安大略独立系统运营商(IESO)联合向 FERC 提交了区域市场扩大计划提案。此项提案旨在加强区域市场运营机构之间的协作,其核心内容涉及调整阻塞成本结算机制、加强区域市场间协调运作、加强跨区交易协调、修订输电断面定价机制、缩短区域间交易计划间隔等方面。区域电力市场交易调度协作是区域市

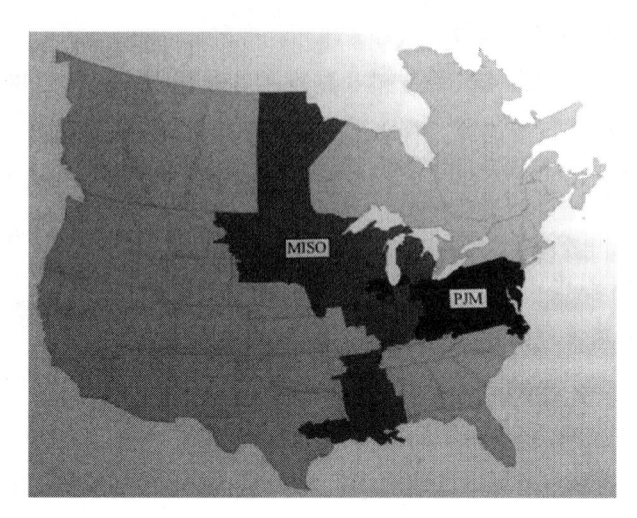

图 1-1　MISO 和 PJM 联合共同市场

场扩大计划内容的一部分。同年 7 月,FERC 认为这项提案有利于减少尖峰价格、降低系统的总体运行成本,因此予以通过。

2012 年,FERC 批准了 NYISO 和 ISO-NE 开展交易调度协作(Coordinated Transaction Scheduling,CTS)并对 MISO 与 PJM 之间容量传输问题提出审议,极大推动了区域市场间协调运作的快速发展。

1.1.2.2　非市场区域参与市场的联合调度

联合调度是电力市场形成的基础,最主要的目标是增加资源利用效率,节约用户购电成本。近年来,通过相邻电力市场/电网间的协同运行,扩大区域电力市场的范围、增强系统运行的灵活性、提高系统消纳可再生能源的能力,成为市场规模增长的重要驱动力。西部电力平衡市场是一个成长中的典型例子:2013 年太平洋电力公司与加州独立系统运营商(California Independent System Operator,CAISO)达成协议,加入加州电力市场较为成熟的实时市场,2015 年亚利桑那州电力公司、内华达州能源公司(NV Energy),甚至是远在西北部华盛顿州的普吉特湾能源公司都主动申请加入了西部电力平衡市场,波特兰电力公司和爱荷华州电力公司也计划加入西部电力平衡市场。西部电力平衡市场使 CAISO 基于节点边际电价(LMP)和安全约束经济调度(SCED)的实时市场机制扩大到西部地区 8 个州,为 3 500 万电力用户带来了可观的收益,当时预期到 2020 年通过区域联合调度优化,电力用户成本可下降 7 200 万~2 亿美元(Lenhart S, et al., 2016)。

西部电力平衡市场仍然是一种区域协同机制,仅为完整的一体化西部电力市场的雏形,但体现了更大区域的资源优化配置,在提高可靠性、节约用户成本和减少碳排放等方面产生了巨大效益。这同时也说明,实时平衡市场是市场建设和发展的第一步。

FERC 曾经在其 2000 号指令中设想在全美形成 4 个区域电力市场。虽然当时依靠行政力量没能成功推动,但目前依靠自发的市场力量有可能形成,尽管电力公司与电力市场的传统监管在美国会长期共存,但 20 年所积累的市场运行经验使一体化电力市场模式逐渐成熟,其市场协同效益带来的吸引力日益增加,以独立系统运营商/区域输电组织(ISO/RTO)市场为核心的电力市场范围逐步扩大。

1.1.2.3 电力控制区的整合

由于美国电力控制区数量较多,使得负责电力控制区电力平衡的平衡主体也大量存在。随着 ISO/RTO 建立的电力市场的发展,电力控制区的合并整合成为趋势,平衡主体的数目近年来不断减少,ISO 也成为其市场内的唯一平衡主体。在有集中式市场的区域,整合电力控制区使资源在更大范围内优化,具有更大的效益。这主要体现在以下几个方面:①减少发电和负荷双侧的波动性;②可以消纳远距离、高质量的可再生能源;③共享输电容量和系统的备用,降低总运行成本;④市场和资源的多样性使得市场的流动性更大,市场价格的波动性降低。

大部分的电力市场已经实现了电力控制区单一化,或者正处于整合过程中。同时很多市场区域外的电力控制区通过加入市场实现整合,例如 2002—2005 年,PJM 分别整合了西部的阿勒格尼电力公司、联合爱迪生公司、美国电力公司、代顿电力照明公司、杜克森照明公司和道明尼资源公司的电力控制区,2011 年美国输电公司(American Transmission Systems Inc)和克利夫兰电力公司与 PJM 电力控制区合并。MISO 电力市场从 2002 年成立之初的 20 个输电公司成员增加到目前的 52 个,但电力控制区已经逐步整合成 MISO 单一电力控制区。可以预见,随着市场规模的扩大,电力控制区/平衡主体的整合趋势在未来仍将持续,各市场也需解决好与相邻市场的边界问题,即保证不同市场规则的无缝衔接。

1.1.2.4 跨州输电网规划建设机制趋于成熟

区域市场规模扩大的另一主要动力来自区域电力规划需求。加入西部电力平衡市场的电力公司中，除加州外，其余各州均为电力富余地区，零售电价很低，在美国电力改革初期，缺乏进行改革的动力。随着可再生能源的迅速发展，亚利桑那和内华达均成为重要的风电、太阳能发电基地，普吉特湾能源公司所在华盛顿州拥有丰富的水电资源，而加州存在着巨大的可再生能源需求，各州有参与加州市场的动力，由 CAISO 协同规划可再生能源的送出线路。

FERC1000 号指令的发布代表着输电区域规划和建设费用分配迈出了重要一步，发布后也经历了关于州和联邦管辖权的诸多司法挑战，但最终得以奠定其地位。FERC1000 号指令中明确要求输电商参与制定区域输电规划，且必须将分布式电源作为重要的手段在规划中体现，以减少发电和输电容量的投资。清洁能源法案也强调通过规划和建设跨区输电线路，保证高质量可再生能源的送出需求。

FERC1000 号指令可以说是近 10 年来，FERC 发布的关于电力市场改革的最重要的文件，在它的推动下跨州输电线路的建设将得到加强，电力市场的发展扩大将得到更多物质基础的支持。

1.1.2.5 美国区域电力市场协调运作情况

1.1.2.5.1 NYISO 和 ISO-NE 间交易调度协调

近年来，NYISO 与 ISO-NE 在优化区域电力市场资源、改善电力交易调度和弥合市场间缝隙等方面开展紧密合作。2012 年 3 月，FERC 批准 NYISO 和 ISO-NE 之间进行交易调度协作。2012 年 4 月，FERC 批准 NYISO 和 ISO-NE 之间相关费率的修改调整。NYISO 和 ISO-NE 于 2013 年 8 月正式实施 CTS，通过组织两个市场的发电机组和需求侧响应资源在市场交界处进行竞价，最终确定输电线路利用率最高、生产成本最低的跨区交易方案，形成实时界面调度计划。CTS 还将 NYISO 和 ISO-NE 之间跨区交易调度计划由原来 1 小时一次缩短到 15 分钟一次。除此之外，NYISO 和 ISO-NE 还改造升级两个市场的交易调度软件，取消妨碍区域间电力交易有效开展的不合理收费，以及提高利用区域间输电线路开展电力交易的频率等改进措施。

CTS 执行后，NYISO 和 ISO-NE 将更加广泛地开展跨区电力交易，低成本电力资源有更多机会调用到两个区域中，从而能够降低两个区域的系统运营成本。根据相关研究，CTS 将分别为纽约、新英格兰每年节省 6 000 万和 6 600 万美元。ISO-NE 的主席兼首席执行官 Gorn Van Weliet 表示，跨区电力交易使得两个市场的市场成员都能参与其中，这样不仅能促进竞争，还将提高区域联网的利用率，降低批发电价。

1.1.2.5.2 NYISO 和 PJM 市场间协调运作

NYISO 和 PJM 主要在以下三个方面加强市场间协调运作：

(1) 跨区交易调度协作。NYISO 和 PJM 对市场交界处的电力交易进行联合调度，使两个市场交界处的价格趋于接近。在 NYISO 和 PJM 交界处实施 15min 交易计划，从而降低由延时造成的交易风险，促进跨区交易。

(2) 界面价格修改。2011 年，PJM 和 NYISO 确定界面价格费率，通过利益相关方审议，进行了相关测试和审批，该项机制于 2012 年 1 月正式开始执行。

(3) 启动市场与市场间的协作机制（Market-to-Market Coordination，M2M）。FERC 于 2010 年 12 月 30 日批准 PJM 和 NYISO 开展市场间的协作项目。2011 年 9 月，NYISO 和 PJM 签署了联合运营协议（Joint Operating Agreement，JOA）。2013 年 1 月 15 日，NYISO 和 PJM 启动市场间的协作机制。长期以来，PJM 与 NYISO 两个市场的价格存在差异，市场参与者都是基于所在市场价格提交交易申请，各 ISO/RTO 机构仅调度计划自己市场侧的交易，对邻近市场的价格缺乏了解。通过 PJM 与 NYISO 之间的交易调度协调，促使市场间价格逐渐接近。为了验证该机制对平衡区域电力市场价格的影响，PJM 与 NYISO 启动了相关研究和分析工作。

1.1.2.5.3 MISO 和 PJM 市场间协调运作

MISO 和 PJM 主要在以下三个方面加强市场间协调运作：

(1) 交互调度优化（Interchange Scheduling Optimization）。提高 MISO 和 PJM 市场间交易计划的灵活性；提高 ISO/RTO 机构管理运行问题的能力；提高 MISO 和 PJM 市场间实时电能交易的经济效益。

(2) 容量输送。MISO 将容量输送作为弥补 MISO 和 PJM 市场缝隙的重要途径。MISO 提出其区域内容量资源能够有机会参与到 PJM 容量市场中。

2012年6月,FERC提出审议MISO与PJM之间容量传输问题。2012年7月,MISO发布容量传送白皮书,分析MISO与PJM容量传输所面临的问题,并提出相应的解决办法,其中包括确定总输送容量、明确资源合规标准和绩效要求、建立输电网络服务、考虑区域容量传输限制的容量拍卖协调模型。

(3)MISO与PJM互联市场。PJM与MISO联合工作致力构建一个覆盖服务区域的联合的、共同的电力批发市场。这个市场是公平开放、无歧视接入能源电力交易和输电服务的"一站式购物",通过更大范围有效利用电力系统。PJM与MISO已经建立一个联合网站"www.miso-pjm.com"。未来市场参与者通过互联网或虚拟私有网络访问市场门户来开展业务。

1.2 美国电力市场基本情况

1.2.1 美国电力市场整体情况

1.2.1.1 电力系统规模

2017年美国新增发电机组装机容量约为24GW。其中,天然气发电新增11.8GW,占比48.91%;风电装机新增6.9GW,占比28.52%;集中式光伏发电新增4.9GW,占比20.20%。从2008年至2017年,美国新增发电机组装机容量226.4GW,其中近75%来源于天然气发电和风电,另外有21%来自燃煤发电和太阳能发电。2008—2017年美国不同电源类型的装机容量情况见表1-1。

表1-1　　2008—2017年美国不同电源类型的装机容量情况

电源类型	新增装机容量(GW)	所占比例(%)
天然气发电	93.3	41.21
风力发电	72.7	32.11
太阳能发电	29.8	13.16
燃煤发电	18.5	8.17
水力发电	2.0	0.88
核能发电	1.3	0.57
其他	8.8	3.89
合计	226.4	100.0

2017年美国共退役发电机组约14GW,其中退役的天然气和燃煤装机容量占比超过了90%。2017年退役发电机组情况见表1-2。

表1-2　　　　　　　　2017年美国退役机组装机容量情况

电源类型	退役装机容量(MW)	所占比例(%)
天然气发电	5 751.8	41.5
燃煤发电	6 993.8	50.04
燃油发电	880.6	6.30
水力发电	118.3	0.85
风力发电	43.8	0.31
其他	188.5	1.35
合计	13 976.8	100.00

2017年美国累计建成输电线路6 406km,其中230kV及以下输电线路2 213km,345kV输电线路3 560km,500kV及以上输电线路633km。

截至2018年6月,美国发电装机容量达到1 101.7GW。其中,天然气发电装机459.9GW,占总装机容量的41.74%;燃煤发电装机250.4GW,占比22.73%;水电装机80.0GW,占比7.26%;风电装机88.6GW,占比8.04%;太阳能装机45.7GW,占比4.15%;生物质、地热等其他可再生能源发电装机16.5GW,占比1.50%;核能装机99.6GW,占比9.04%;抽水储能及其他储能电站装机23.6GW,占比2.14%;其他装机37.4GW,占比3.39%。

1.2.1.2　电力供需情况

2017年美国发电量4 014.8亿千瓦·时,较2016年(4 079.1亿千瓦·时)减少1.6%。天然气发电量继续位列第一,达到1 272.9亿千瓦·时,占总发电量的31.7%;第二位的燃煤发电量为1 207.9亿千瓦·时,占30.1%;核能发电量位居第三,占20.0%;风电、太阳能发电、生物质能发电等可再生能源发电量占9.6%;水电机组发电量占7.5%;其他机组发电量占1.0%。

2017年美国用电量为3 681.92亿千瓦·时,与2016年(3 762.51亿千瓦·时)相比少了80.59亿千瓦·时。分部门来看,居民用电、商业用电、工业用电均有小幅下降;交通部门用电有所上升。2017年美国分部门电力消费情况见表1-3。

表1—3　　　　　　　　2017年美国分部门电力消费情况

部门	2017年电力消费(亿千瓦·时)	2016年电力消费(亿千瓦·时)	增长率(%)
居民	1 378.80	1 411.10	−2.29
商业	1 349.20	1 367.20	−1.32
工业	946.40	976.71	−3.10
交通	7.52	7.50	0.27
合计	3 681.92	3 762.51	−2.14

1.2.1.3　电价情况

(1)批发价格。2017年美国的批发电价相对于2016年有所上涨,具体见表1—4。2017年,美国各主要电力市场枢纽节点的平均日前边际电价增长幅度为3%~13%,主要受天然气价格上涨的驱动。在西南电力库和PJM,平均日前边际电价增长了约3.5%;在新英格兰地区,纽约地区和中大陆地区,平均日前边际电价增长了5.4%~7.2%;加州地区平均日前边际电价增幅最大,达到了13%。

表1—4　　　　　　　2017年美国批发电力市场价格情况

枢纽节点	2017年平均现货价格(美元/兆瓦·时)	与2016年相比变化(%)
纽约	39.11	+10
新英格兰	37.64	+6
PJM	34.32	−1
印第安纳	34.31	+2
西南电力库	30.55	+7
得州北部	26.46	+2
加州	38.06	+20
哥伦比亚中部	26.14	+15

可再生能源的发展也对美国批发电价有着不可忽略的影响。以加州地区为例,随着当地太阳能光伏发电比例的提高。2017年1月到6月,加州电力市场在中午时段有超过50个小时的边际电价为负值。与此同时,在当天晚8点时间段,加州电力市场的边际电价超过了60美元/兆瓦·时。

(2)零售电价。2017年美国平均零售电价为10.04美分/千瓦·时,较2016年提升0.20美分/千瓦·时。其中,居民、商业、工业和交通部门零售电价分别为 12.90 美分/千瓦·时、10.68 美分/千瓦·时、6.91/美分/千瓦·时、9.67 美分/千瓦·时。四类电价较 2016 年均有提升，具体见表 1-5。

表 1-5　　　　　　　　　2017 和 2016 年美国平均零售电价

部门	2017 年电力消费 （美分/千瓦·时）	2016 年电力消费 （美分/千瓦·时）	增长率（%）
居民	12.90	12.55	+2.79
商业	10.68	10.43	+2.40
工业	6.91	6.76	+2.22
交通	9.67	9.63	+0.42
平均电价	10.04	9.84	+2.01

自 2017 年以来，全国平均零售电价均有所上涨，而实施售电侧改革州（以下简称"改革州"）的平均零售电价普遍高于未实施售电侧改革的州（以下简称"管制州"）。1997 年，改革州与管制州的平均价差为 2.3 美分/千瓦·时，而 20 年后，这一价差缩小至 2.2 美分/千瓦·时，如图 1-2 所示。

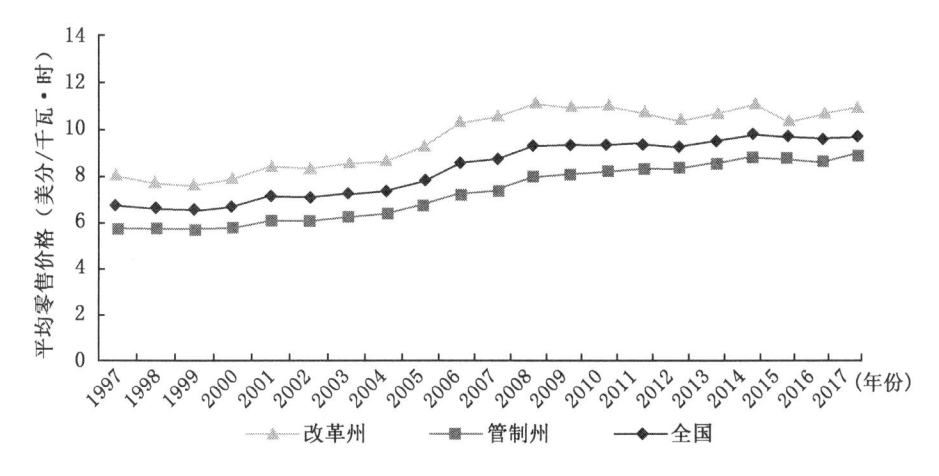

图 1-2　1997—2017 年改革州与管制州平均零售价格对比情况

改革州包括加利福尼亚州、康涅狄格州、特拉华州、伊利诺伊州、马萨诸塞州、马里兰州、缅因州、密歇根州、蒙大拿州、新罕布什尔州、新泽西州、纽约州、俄亥俄州、宾夕法尼亚州、罗得岛州、得克萨斯州以及哥伦比亚特区。州内允许终端用户选择电力供应商并且不再有价格上限或其他形式的管制措施来避免用户承担批发市场中的价格不确定性风险。管制州仍采取传统的价格管制措施。除蒙大拿州的部分地区外，所有改革州都位于由 ISO/RTO 运营的集中批发市场区域。

1.2.2 美国电力系统组织结构

美国的电力系统组织结构不同于中国，自上而下共有 4 层，分别为第 1 层北美电力可靠性公司(NERC)，第 2 层美国联邦能源管理委员会，第 3 层 7 家非营利性电力公司，包含独立系统运营商和区域输电组织，第 4 层美国电力公司(AEP)。美国电力公司有非营利、上市公司和电力营销三种性质。

1.2.2.1 北美电力可靠性公司

北美电力可靠性公司成立于 2006 年 3 月 28 日，总部设在佐治亚州亚特兰大市，其前身是北美电力可靠性委员会。主要致力于促进北美电力系统在大容量电力传输中的可靠性和充分性。NERC 负责美国、加拿大以及墨西哥部分，外加加利福尼亚州所有的互联电力系统等 8 个区域可靠性实体(张俊、张海，2013)。

(1)主要职责。NERC 的主要职责包括与所有利益相关方合作制定电力系统运行标准，并对他们的执行情况进行监督，评估资源的充分性，并提供教育和培训资源作为认证计划的一部分，以保证电力系统运营商的资质。NERC 还调查和分析电力系统严重故障产生的原因，用以预防未来事故。

(2)组织结构。NERC 下设 5 个委员会，包括标准委员会(SC)，合规与认证委员会(CCC)，关键基础设施保护委员会(CIPC)，运营委员会(OC)，人员认证管理委员会(PCGC)。

①标准委员会。标准委员会的成员由 10 个子行业选举产生，每个行业选出两名代表。其职能包括：向 NERC 受托人董事会报告并监督 NERC 成员的可靠性标准的发展；检查行动，以确保标准制定过程严格遵循章程；审查和授权标准授权申请贴；管理标准的授权请求和标准制定工作进展情况；审查和批准起草新的或修订可靠性标准；批准证明文件的发展；约见起草小组。

②合规与认证委员会。合规与认证委员会是 NERC 董事会任命的利益相关者委员会，直接对董事会负责。合规和认证委员会参与、支持并向董事会建议遵守有关 NERC 合规性监控的各个方面及实施方案(合规程序)、组织机构注

册程序(注册程序)以及组织认证计划(认证计划)。作为一个提供支持和建议但以其他方式独立于这些项目的执行委员会,CCC 在不间断的基础上,使用项目程序规则对 NERC 的合规性进行监控。此外,用类似的方式,作为一个独立于可靠性标准发展过程的委员会,在可靠性标准发展过程中对 NERC 的合规性监控负有主要责任。

③关键基础设施保护委员会。关键基础设施保护委员会的成立是为了帮助 NERC 推进北美的关键电力基础设施的物理安全和网络安全。该委员会由 NERC 任命的区域代表和技术主题专家共同组成。CIPC 协调 NERC 的安全计划,并作为一个 NERC 董事会的专家咨询小组、在物理安全和网络安全领域的常设委员会、电力部门信息共享和分析中心(ES-ISAC)。CIPC 职责包括:与负责物理安全和网络安全的所有电力行业领域、其他重要基础设施部门、有关组织沟通协调;与政府就关键基础设施保护事项展开联络;与其他 NERC 委员会和工作组协调以确保最高程度的合作;建立和维持一套信息报告程序;制定、定期审查和修订安全准则;协助制定和实施 NERC 可靠性标准;开展 CIPC 范围内论坛和相关研讨会。

④运营委员会。运营委员会执行董事会的政策、指令和任务并在运行可靠性问题上向董事会提出建议。该工作委员会的职责包括:对大规模电力系统运行可靠性情况进行评估、分析和报告;协调地区和其他组织的可靠性问题;通过促进可靠性服务机构之间的信息交流,使相互关联的大容量电力系统运行更为可靠;协助大规模电力系统运行可靠性标准的制定和实施;在运行可靠性方面向合规与认证委员会提建议;向提供教育和培训资源的工作人员提建议,以促进大规模电力系统的可靠性;协调提供用以支持大电力系统可靠运行的必要应用程序、数据和服务;协助关于运行可靠性问题的关键基础设施相关保护计划;根据需要解决纠纷。

⑤人员认证管理委员会。按照 NERC 章程,人员认证管理委员会的职责是监督用于实现和维护 NERC 系统操作员认证程序计划的完整性、独立性的政策和过程。人员认证管理委员会的管理权限和结构应予以保持,这样才能有效防止危及该系统操作员认证过程完整性的不当政策和程序的建立。

1.2.2.2 联邦能源管理委员会

FERC 是美利坚合众国对各州电力销售、批发电力价格、水电许可证、天然气定价有管辖权的联邦机构。FERC还审查和批准液化天然气终端、各州天然气管道以及非联邦水电项目。

FERC是美国能源部内一个独立的监管机构，总统和国会一般不审查FERC的决议，但决议会通过联邦法院进行复审。FERC自筹资金，通过向管制的行业征收年费和手续费来支付自己的费用。FERC在美国大约监管1600项水电工程，主要是负责批准各州天然气管道大型网络的建设。FERC还与美国海岸警卫队密切合作来审查拟建的液化天然气终端的安全性、可靠性和其对相关航运环境的影响。

(1)主要宗旨。FERC的宗旨是保证可靠性、高效性，为客户提供可持续能源。通过适当的监管和市场手段帮助消费者以合理的成本获取可靠、高效、可持续的能源服务。FERC的职责，目前包括以下内容：调节天然气的各州贸易输送和销售转售；通过各州贸易管道调节油的传输；调节电力的各州贸易输送和批发销售；审批和检查私人、市、州的水电项目；批准遗弃液化天然气设施的选址，包括管道、储存和液化天然气；确保高电压各州传输系统的可靠性；监测和调查能源市场；对违反FERC能源市场规则的组织和个人采用民事处罚等手段；监督天然气、水电项目环境问题和重大电力政策措施；管理会计和财务报告制度，规范监管企业业务。

(2)指导原则。①卓越性组织。委员会有效地利用其资源，以实现其战略重点；正当程序和透明度：委员会选举程序要公开，公平对待所有参加者；监管方面的确定性：在每年委员会发布的数以千计的意见和报告中，委员会努力确保在保持监管确定性方面采取的方法和行动的一致性。②利益相关者参与。委员会定期进行推广，以确保有关各方有适当的机会参与该委员会表现职责。③时效性。该委员会的目标是要以迅速的方式使得每个事项妥善解决。FERC根据美国总统与参议院的意见任命票数前5名者担任委员。委员任期为5年，对监管事宜拥有平等的投票权。

1.2.2.3 独立系统运营商/区域输电组织

区域输电组织是负责跨州输电的组织，独立系统运营商是在FERC的指导和建议下形成的组织。ISO通常只负责一个州，有时可包含多个州。RTO与ISO功能相同，也是负责协调、控制和监视输电网络，只是覆盖更大的地理区域。

ISO/RTO 由 FERC 和当地市场参与者联合建立,因此具有运行和监管混合特性。ISO/RTO 既代表区域内输电所有者运行电网,也是区域规划的责任主体,同时作为 FERC 的代理,继承了部分监管权限,在 FERC 的监管下负责电力市场的垄断运行。电力市场的机构设置特点是发电侧为完全的竞争市场,输电和配电侧仍然按照固定回报率的理论运营并由政府监管。输电系统可由独立的多家输电公司拥有。系统运营商只负责系统运行和市场管理。

RTO 的 4 个特性:①独立性:RTO 必须独立于任何市场参与者;②区域性:RTO 必须服务于一个适合的区域;③运营权威性:RTO 拥有在其控制下所有输电线路的运营权限;④短期可靠性:RTO 在维护其运营电网的短期可靠性时拥有绝对权威。

RTO 的 8 种功能:电价管理和设计、阻塞管理、并行潮流处理、辅助服务、确定总输电容量和可用输电容量、市场监督、规划与扩建电网和跨区协调。

FERC 认为 ISO 最重要的原则是决策过程中不受任何一个或一类市场参与者的控制。独立性是 ISO 权威的来源,是其首要特征,也是其生命线。从组织架构上,ISO 的独立性主要来自三方面的保障:一是中立的非利益相关方董事会;二是作为决策支持的市场成员委员会;三是独立的电力市场监管机构。从经济上,ISO 应自给自足,经 FERC 批准的费用应能满足其履行职责所需的设备和资产,另外,ISO 及其员工无论是直接还是间接都不能拥有任何市场参与者的股票或其他金融资产,也不能拥有运行市场中的任何一个产品、发电容量或输电设施。

一些 ISO/RTO 也充当电力批发市场,特别是自 20 世纪 90 年代末的电力市场化改革,大多数为使用由 FERC 制定的管理模式的非营利性公司。ISO/RTO 跨越广泛的地理区域协调发电和输电,保持发电和负荷的平衡。电网运营者预测负荷并计划发电以确保在需求上升或发电厂输电线故障时有足够的发电和后备电源可用。他们还经营电力批发市场,这些市场为电力供应商提供了以最低的成本满足消费者需求的更多选择。

另外,ISO/RTO 还提供无歧视的传输接入,促进电力供应商之间的竞争以提高传输服务,制定合理的电价。在大型区域有计划地使用传输线监控市场,以确保对所有参与者的公平性。

1.2.2.4 美国电力公司

ISO/RTO负责协调、控制和监视输电网络,是非营利性公司,不拥有资产。在美国,还有一些营利性实体公司(一般为上市公司)是能够拥有资产的。负责建造、运行和维护输电线路的美国电力公司就是其中之一。

AEP是电力传输领域的先驱,纵观其前沿技术革新的历史,涵盖了对765kV输电线路的研发与建设,这是一条在美国电压等级和传输效率最高的输电线路,一直沿用至今。AEP拥有近2 100名优秀员工,所属部门包括输电网发展与投资服务部、输电网运营部、输电网现场服务部、工程与项目服务部、输电网可靠性检验部5大部门以及7个运营公司。

1.3 美国电力市场监管体系

ISO/RTO受到联邦能源管理委员会、州公用事业委员会、市场监督部门(Market Monitoring Unit,MMU)、北美电力可靠性公司、电力市场主体和社会公众媒体的监督。其监管体系参见图1—3所示。

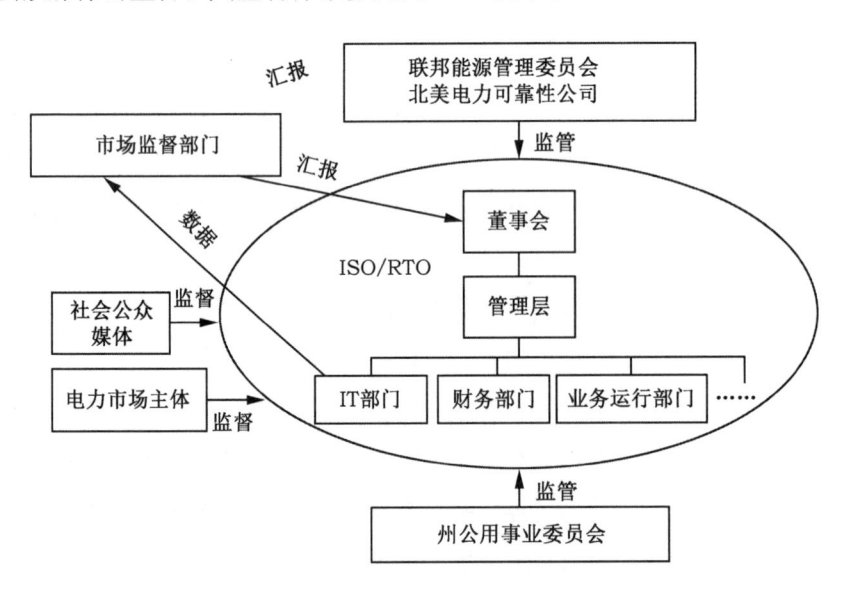

图1—3 美国电力市场监管体系

1.3.1 联邦与州监管体系

美国是一个联邦制国家,联邦和州分权。因此美国在能源的监管权上做出了划分,实施两级监管。美国在 1977 年成立了能源监管机构——联邦能源管理委员会负责对整个美国电力行业进行监管。其主要监管工作包括监管跨州电力批发市场和区域电力交易机构,以及授权电力交易机构(包括区域输电组织和独立系统运营商)对电力市场主体实施监管(李陟峰,2018)。北美电力可靠性公司负责对电力交易机构的安全提出稳定要求,对网络信息安全实施管理等。州公用事业委员会主要负责监管州内的零售市场(白玫、何爱民,2017)。

1.3.2 第三方监管体系

美国电力市场电力监管体系随着市场的发展而不断完善,其中,市场监测是其中极其重要的一环。

1.3.2.1 美国电力市场监管历史变革

1999 年,联邦能源管理委员会颁布 2000 号指令,鼓励成立区域输电组织,并要求 RTO 必须制定规程,对其运营或管理的能源市场进行客观监测。具体而言,RTO 被要求:一是监测市场的传输服务和传输业主的行为并提出相应改进措施;二是监测辅助服务和运行的电力市场;三是定期评估市场行为与 RTO 运行的相互影响情况;四是给 FERC 提供滥用市场力和市场设计缺陷的报告。

2002 年,FERC 出台了标准电力市场设计,要求每个 RTO 的市场监督部门使用一套核心问题和分析技术来评估市场结构、参与者行为、市场设计和市场力滥用缓解措施,并且至少要提交一份年度报告。报告需包括:对市场运作、供求关系和市场价格的介绍;市场结构和参与者行为分析;对所采取的市场力滥用缓解措施的有效性评估;使用模拟的竞争基准对市场效率进行总体评估;评估发电、需求方和输电资源的市场准入资质,以及对市场设计或市场力滥用缓解措施的变更建议,以改善市场表现。

2005 年,FERC 发布市场监测政策声明,政策声明认为,市场监督部门在辅助 FERC 提升 ISO/RTO 市场竞争性上扮演了重要角色。竞争性市场通过确保价格合理反映供需条件的手段来使用户受益。MMU 监测批发市场用以识别无效市场规则及章程条款,及市场主体潜在的反竞争行为,并且提供对政策制定至关重要的全面的市场分析。

2007年4月5日,FERC召开技术会议,回顾市场监测制度。在会议上,PJM的市场监督部门向FERC投诉,声称PJM管理层干预其市场监测。其投诉得到工业公司、州监管机构和消费者倡导组织的支持,他们要求FERC保证PJM市场监测的独立性。

2007年12月19日,PJM代表自己及和解方递交了和解协议。和解协议包括对PJM市场监测计划等章程条款的修订。修订的市场监测计划中指出,任何个人或主体无权预览、筛选、更改、删除或者以其他方式进行编审或者拖延MMU的行动、调查、结论和建议。修订的市场监测计划进一步定义了MMU的职责和职能,即MMU应该客观地监测PJM市场的竞争程度,调查违反市场规则的情况,为市场规则的修订提出建议,并撰写报告。修订的市场监测计划强调MMU应该调查客观存在或者潜在的市场力行使违规行为,并监测其他撰写报告所必需的事项。这一风波过后,独立第三方监测(IMM)成为主流。

1.3.2.2 美国电力市场监管机构

根据FERC要求,美国电力市场需设立专门提供市场监督服务的部门或第三方机构。FERC要求,所有ISO/RTO必须接受市场监督部门的监督。MMU可以是内部独立运作的部门,也可以是第三方独立监管机构。目前,除CAISO和SPP外,美国其余ISO/RTO均由第三方独立监督机构实施监督,主要由Potomac Economics和Monitoring Analytics两家公司提供市场监督服务,参见表1—6。

表1—6　　　　　　　　　　美国电力市场监管机构

ISO/RTO	监管机构	内部/外部监督	监督部门
CAISO	FERC	内部监督	内部监督部门
MISO	FERC	外部监督	Potomac Economics
ISO-NE	FERC	外部监督	Potomac Economics
NYISO	FERC	外部监督	Potomac Economics
PJM	FERC	外部监督	Monitoring Analytics
SPP	FERC	内部监督	内部监督部门
ERCOT	得州公用事业委员会	外部监督	Potomac Economics

1.3.2.3 市场监督部门

MMU 的作用可以描述为"一双紧盯市场的眼睛",旨在保障市场竞争的公平性和高效性。MMU 一般由拥有批发电力市场管辖权的机构决定成立。在美国,MMU 的职责、监督范围及政府通报的流程一般由市场章程明确。此外,市场章程通常还明确 MMU 与市场运营者的关系,以及市场运营者如何保证 MMU 的独立性。图 1-4 显示了 MMU 在改革后的电力市场定位。由于 MMU 由拥有市场管辖权的政府机构主导成立,因此,拥有充裕的资金以便雇佣能够胜任复杂市场监管工作的专业人才。

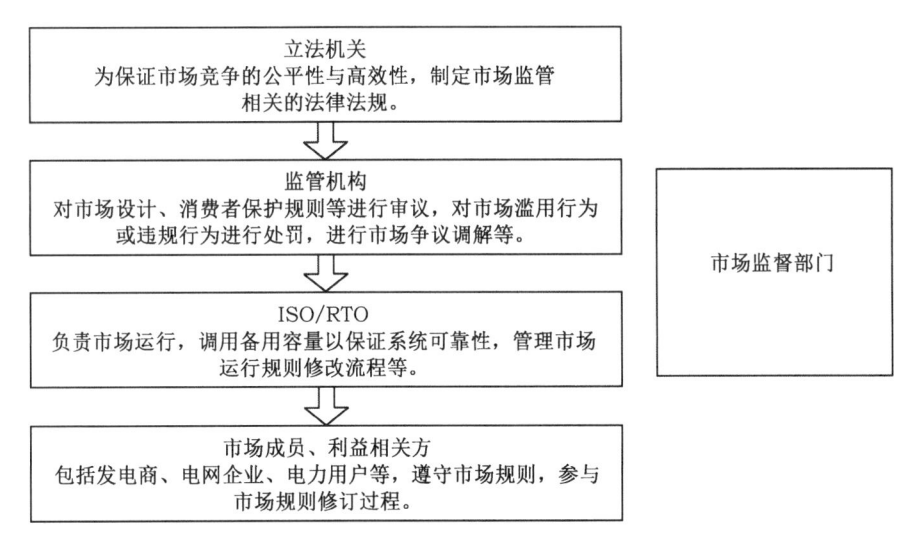

```
┌─────────────────────────────┐
│          立法机关            │
│ 为保证市场竞争的公平性与高效性,│
│   制定市场监管相关的法律法规。 │
└─────────────────────────────┘
              ↓
┌─────────────────────────────┐
│          监管机构            │
│ 对市场设计、消费者保护规则等进行│
│ 审议,对市场滥用行为或违规行为 │        ┌──────────┐
│   进行处罚,进行市场争议调解等。│        │市场监督部门│
└─────────────────────────────┘        └──────────┘
              ↓
┌─────────────────────────────┐
│          ISO/RTO            │
│ 负责市场运行,调用备用容量以保证│
│ 系统可靠性,管理市场运行规则修改│
│           流程等。           │
└─────────────────────────────┘
              ↓
┌─────────────────────────────┐
│      市场成员、利益相关方     │
│ 包括发电商、电网企业、电力用户等│
│ 遵守市场规则,参与市场规则修订 │
│            过程。            │
└─────────────────────────────┘
```

图 1-4　MMU 在改革后电力市场中的定位

有关 MMU 的独立性和职能介绍如下:

(1) MMU 的独立性。MMU 通常独立于 ISO 及市场主体而存在。MMU 可以直接向 FERC 和 ISO/RTO 董事会进行汇报,从而保证其监督结果不受 ISO/RTO 管理层的干涉。MMU 有权接触 ISO/RTO 的全部市场运行数据,并且应承担为 ISO/RTO 日常运行所需要的专用数据保密的义务。一些 MMU 甚至拥有自己的软件接口,能够从 ISO/RTO 的系统中将数据复制出来重新进行市场出清模拟。这项功能使 MMU 能够复盘市场结果并进行情景测试。

尽管 ISO/RTO 与 MMU 在很多方面需要合作,但运营商自身无法实现 MMU 的功能。主要原因如下:

①ISO/RTO 的主要职责在于独立于其他市场参与者运营并确保系统可靠性。对市场成员的调查将会耗费大量的人力，同时违背了市场和系统运行的中立性原则。

②当电网运行本身的问题导致市场异常时，由于存在利益冲突，ISO/RTO 将无法公正地展开自我调查。由 MMU 开展调查能够避免此类问题。

（2）MMU 的职能。MMU 的主要职责包括两方面：一是对批发电力市场进行实时监测和调查；二是定期对电力市场进行评估和汇报。而履行这些职责主要通过收集市场数据，并基于数据进行系统测算来实现。MMU 可向 PJM 董事会和 FERC 指出市场运行过程中出现的问题，并提出整改意见。相应地，PJM 可做出回应，并报 FERC，由 FERC 最终裁决。

①市场实时监测和调查。MMU 的监测内容包括市场价格、调度指令、机组报价、故障以及其他由市场成员采取的行动。通过实时排查和分析，MMU 将锁定需要进一步调查的市场现象，对可疑市场运营和交易行为展开调查分析，当市场突发状况导致市场失灵时，MMU 是第一调查机构。

一般来说，异常的市场价格波动将触发 MMU 的调查。调查的核心问题是市场价格异常是由市场操纵导致的，还是由正当的经济原因产生的。对于市场价格的调查主要关注于市场的供需情况，包括机组和线路的被迫停用、计划检修以及由市场或其他原因所决定的机组容量持留。MMU 通常调查发电机组是否出于竞争策略而蓄意持留一些未受到物理约束的容量。调查结果一般向政府监管机构和系统运营商公开。

②定期市场评估。MMU 通过定期发布"市场动态报告"（State of the Market）对市场的竞争性表现和运营效率进行客观评价。报告内容包括过去一段时期内的价格走势、能源供应、辅助服务成本以及总体市场竞争等情况。报告的发布周期一般为月度、季度和年度，其中，月度和季度报告偏重于对市场运行结果的分析；年度报告一般分析日前市场、实时市场、辅助服务市场、容量市场以及其他涉及竞争性采购的市场，主要内容包括对市场表现和运营效率的总体评估、对市场规则的改进意见以及市场力的消除措施。

由 MMU 提出的改进市场规则的例子如下：

2017 年，Potomac Economics 建议 ERCOT 在日前和实时市场中进行能量与备用容量的联合优化。

2016 年,Monitoring Analytics 建议 PJM 向所有参与容量市场的机组实施最低容量限价,从而避免因补贴对市场竞争造成的影响。

2016 年,Potomac Economics 建议 MISO 优化针对需求侧响应的管理和价格机制。

2012 年,美国的电力批发市场使用单一价格定价,假设火力发电的成本是 12 美元/千瓦·时,市场价格为 100 美元/千瓦·时(这个价格通常由汽油发电厂或者天然气发电厂的成本决定)。使用投标定价(Pay-as-bid),如果火力发电厂投标是 12 美元/千瓦·时,那么火力发电厂的收入将按照 12 美元/千瓦·时来计算。表面来看,使用投标定价比使用单一价格定价更合理、更有利于降低电力市场的价格,为此,FERC 建议使用投标定价。纽约电力市场也有此想法,但是 Potomac Economics 的 David Patton 博士经过深入研究,认为投标价格并不适合电力批发市场的定价,使用投标价格定价会导致如下严重后果:提高发电成本;相当大的程度上影响电力系统调度;扭曲对发电设施和电网的投资;额外增加小电力公司的成本;增加市场力滥用市场权力和操纵市场的机会。基于上述研究,纽约电力市场放弃了使用投标价格定价。可以说,一旦实施投标价格定价,对电力市场必定是一个灾难。

在 MMU 提出市场规则改进意见后,规则修改执行机构将根据流程与利益相关方进行会商,并将最终商讨方案提交给政府监管机构。尽管 MMU 单方面没有权利修改市场规则,但它所提供的意见和证据都为市场优化提供了深入而公正的依据。同时,MMU 也可以向监管机构和执法机构提供违反竞争行为的证据。无论是对市场成员还是社会公众来说,独立而有效的市场监管都能保证市场规则的公平公正执行,从而对市场秩序的良好发展产生积极作用。

1.3.2.4 市场监督的重点内容及应对措施

MMU 进行市场监督的重点内容包括市场力滥用和市场操纵行为两大内容。

(1)市场力滥用行为。市场力是指当一个供应商(或一伙合谋的供应商)在市场中占有较大份额时,可以对市场价格产生影响的能力。市场力滥用指蓄意利用市场力来控制价格或抑制竞争。事实上,在没有行使的情况下,市场力本身并不一定会损害市场,但拥有并滥用市场力将会对市场产生不利影响,其本质区别就在于市场行为。当拥有市场力的发电商的市场行为与其他小份额发电商相同,即将其所有可用的发电容量以接近边际成本的价格提供给市场时,将不会对市场价格产生异常影响;相反,此类发电商可以通过容量持留或明显报高价来控制市场价格。拥有市场力的发电商可以战略性地压低市场价格,从而阻止新的市场成员进入市场,也可以人为推高市场价格,从消费者处谋取不正当暴利。

MMU使用的市场力监测指标有很多。其中之一是寡头供应商或剩余负荷测试。该项测试基于某一时刻市场中供求情况,将市场中最大的供应商从市场供应中减去,并将剩余的供应与市场需求进行比对。当剩余供应小于市场需求时,即认定该供应商为寡头供应商。

剩余负荷指数为系统实时负荷与去掉最大供应商后系统供应之差。剩余负荷指数为正,意味着当市场中最大的供应商被去掉后,系统负荷将无法被满足,此时最大的供应商即为寡头供应商。当系统实时负荷越大时,剩余负荷指数为正的概率也越大,即最大供应商更有可能成为寡头供应商。

正的剩余负荷指数本身并不代表有市场力滥用的行为发生,但可以引导MMU开展进一步调查。例如,当寡头供应商出现的频率一年比一年高时,可能代表系统容量有短缺的趋势。MMU将进一步调查系统容量短缺的原因,包括需求快速增长、发电容量投资放缓、为推高电价而故意持留容量等。另外一个重要的调查内容是,寡头供应商是否总是一个供应商。如果是,MMU将进一步密切跟踪该发电商。

为了限制发电商行使市场力,主要可以从两方面入手:

①对报价的限制。当市场竞争充分时,每个市场成员的报价应接近其边际成本,而市场出清价格也将充分反映发电的真实边际成本。因此,MMU将重点关注寡头供应商的报价与边际发电成本,必要时ISO/RTO应以其真实成本替换报价。

②对容量的限制。由于拥有市场力的发电商有可能对其发电容量进行持留,以抬高市场价格。ISO/RTO在必要时可要求发电商向市场提供其所有可用发电容量,除非存在事先计划检修或临时停机的情况。

此外,MMU也可以针对某一特定的输电区域监测市场力。如果MMU认为某条传输线路上的竞争性不足（即阻塞线路上的潮流由一至两家发电商主导），ISO/RTO 可以在相应的机组上施加报价上限，从而避免线路两端的节点电价被人为抬高。

(2)市场操纵行为。与市场力滥用不同,市场操纵的主体范围更广泛,不仅限于市场份额大的发电商,任何市场主体都有可能进行市场操纵,因此市场操纵对市场运行的影响同样严重。通常来说,引起市场操纵的原因是市场规则设计中的漏洞,这些漏洞使小份额市场成员可以像拥有市场力的市场成员一样操纵市场价格。

2006 年,FERC 颁布 670 号指令,指令中市场操纵主要有三种表现形式:一是跨市场操纵;二是市场规则博弈;三是误导和隐瞒信息。MMU 对于市场操纵行为的监测主要是基于对反常市场出清结果的调查,如价格巨幅波动、异常阻塞情况、显著容量持留、异常运行事件等,分析市场成员的行为是否与市场所提供的激励趋势相同,从而发现市场成员的市场操纵行为。

市场操纵最经典的一个案例是 2000—2001 年加州电力危机期间安然公司的行为。由于当时干旱,美国西部电网十分脆弱,安然公司和其他几个小型发电商正是利用这一时机进行了市场操纵,导致市场价格飙升、部分电力公司破产或濒临破产,最终导致加州大停电的发生。据统计,此次电力危机对加州电力用户造成的经济损失约为 450 亿美元。

安然公司进行市场操纵的主要策略包括:

①制造阻塞假象。一是制造"环流",即在安排发电计划时,安排相反方向的送电潮流,造成安然公司缓解市场阻塞的假象,从而获取阻塞管理收益;二是"负荷转移",即将某一区域中的负荷计划压低,同时在另一区域内将负荷计划抬高,人为制造阻塞的假象。在实时运行开始前将计划修正到实际水平的同时还能收取阻塞缓解收入。

②辅助服务低买高卖。在日前市场中卖出的辅助服务在实际运行中并不兑现。

③跨州买卖。利用不同地区的不同价格上限,先在日前市场中将电力从加州出口,再以高于限价的价格在实时市场中将电力进口至加州。

此外,安然公司和其他市场主体共同在电力市场和天然气市场中使用了一项操纵策略,即在没有财务风险的情况下,提交多组相互抵消的交易意向,从而达到篡改市场价格信号的目的,严重扭曲了市场真正的供需情况。

而当时加州的市场监管主要集中于市场力监测,即仅针对市场中最大的发电商。在联邦调查之前,安然公司所使用的大部分交易策略没有被及时发现。当时,FERC认为导致这一事件的原因是"市场供需失衡、市场设计缺陷和市场规则不一致"。此次加州电力危机在有效促使加州电力市场规则完善的同时也推动了市场监管能力的建设。

1.3.2.5 Potomac Economics 的监管实例

Potomac Economics 是美国一家独立的电力及天然气第三方监管机构,提供独立市场监管、专业分析和建议,以及法律支持服务。该公司在市场设计、定价、管理政策、反垄断及其他市场竞争性问题上具有广泛的经验,是美国电力批发市场领域监管和竞争性评估的领导者。其职责为:识别市场参与者的表现,判断哪些市场规则牺牲了效率或造成了市场的扭曲。目前,Potomac Economics 监管着美国七个电力市场中的四个。Potomac Economics 的强势在于公司由经济学家、电力工程专家和软件专家组成了强有力的队伍,而其他独立监管者都只有经济学家,没有强有力的电力工程专家或者软件专家。FERC认为Potomac Economics 的强大的竞争力可能会逐渐挤垮竞争对手,却未发觉其在竞争中有不正当手段。

Potomac Economics 定期(每月、季、年)发布报告,提供竞争表现和市场运行效率的独立评估。Potomac Economics 的专业市场监控能力包括:①对节点电力市场和对应运营市场的市场软件系统详尽深刻的理解;②ISO/RTO 可靠性要求和为满足要求采取措施的深入分析;③对市场设计、发展趋势和 ISO/RTO 运营的重要见解。

Potomac Economics 的市场监管系统软件的作用:①接收、储存、筛选和分析市场数据;②开发、筛选指数和经济模型来评估潜在策略;③自动出具包含市场结果和市场行为的监管报告;④为 ISO/RTO 开发生产软件来实施电力市场缓和措施。

此外,Potomac Economics 还为市场提供以下专业咨询和诉讼支持:①公平接入问题;②电力批发市场定价和市场设计问题;③竞争性电力供应采购;④电力设施并购案的竞争性问题；⑤电力和天然气行业的反垄断案件；⑥市场定价和其他去管制案件；⑦市场力缓和措施和其他竞争性问题解决方法；⑧零售费率、批发费率和传输费率案例；⑨ISO/RTO构造和费率设计问题。

Potomac Economics 给得州电力可靠性委员会 2015 年的报告大纲如下：

（实时市场结果回顾）Review of Real-Time Market Outcomes

（实时市场价格）Real-Time Market Prices

（根据燃料价格变化的实时市场价格）Real-Time Prices Adjusted for Fuel Price Changes

（聚合的出价曲线）Aggregated Offer Curves

［在短缺情况下的运行储备需求曲线（ORDC）影响和价格］ORDC Impacts and Prices During Storage Conditions

（实时市场价格波动）Real-Time Price Volatility

（缓解方法）Mitigation

（日前市场结果回顾）Review of Day-Ahead Market Outcomes

（日前市场价格）Day-Ahead Market Prices

（日前市场规模）Day-Ahead Market Volumes

（点对点责任）Point-to-Point Obligations

（辅助服务市场）Ancillary Services Market

（传输阻塞和阻塞收入权）Transmission Congestion and CRRs

（阻塞总结）Summary of Congestion

（实时约束）Real-Time Constraints

（日前约束）Day-Ahead Constraints

（阻塞收入权市场）Congestion Revenue Rights Market

（收入充足性）Revenue Sufficiency

（需求和供应）Demand and Supply

（2015 年 ERCOT 负荷）ERCOT Load in 2015

（ERCOT 发电容量）Generation Capacity in ERCOT

（需求响应容量）Demand Response Capacity

（资源准确性）Resource Adequacy

(净收入分析)Net Revenue Analysis

(稀缺价格策略的有效性)Effectiveness of the Scarcity Pricing Mechanism

(计划储备利润)Planning Reserve Margin

(确保资源充足)Ensuring Resource Adequacy

(竞争表现分析)Analysis of Competitive Performance

(结构性电力市场指示因素)Structural Market Power Indicators

(评估供应商表现)Evaluation of Supplier Conduct

(建议)Recommendations

1.3.2.6 独立监管者总结

电力改革是一个世界性的难题,美国电力监管的市场化改革走在了世界的前端,美国有四家独立监管者监管着美国七个电力市场。每隔三年,这七个电力市场都要通过招标的方式,重新选择一家独立监管者。因为存在竞争,这就使得每家独立监管者必须努力研究电力市场规律,改进监管技术,更新监管软件,提高监管水平,从而有效促进美国电力市场改革。

为了保证电力市场的有序性,FERC 要求任何一个区域性电网机构必须具有监管市场行为的功能,即必须聘请一个独立监管者。为了规范独立监管者及其与区域性电网机构的关系,FERC 专门发布了有关独立监管者的政策。

(1)独立监管者

①成为独立监管者的条件和要求:独立市场监管者,可以是一个人,也可以是一伙人、咨询公司或者其他实体。独立监管者必须具备经验和技能对能源市场、辅助市场等进行分析。独立监管者也必须保证其雇员和分包商具备职业道德素养。独立监管者必须注意到,某些行为在特定条件下会被认为是企图或者实施市场力,但在其他条件下,是颇具效率的。因此独立监管者在分析的时候,应关注实施行为所带来的实际结果,而不是寻找市场参与者的实施动机。独立市场监管者必须保证监管的公平和一致性。

②独立监管者的职能:定位独立监管者对帮助 FERC 提高区域性电力市场的竞争性起着重要的作用。拥有竞争性的电力市场通过反映供需的价格使消费者获益。独立监管者监管电力批发市场,寻找无效的市场规则和条款,识别潜在的市场参与者有悖于市场化的行为,提供全面的市场分析,为制定合理的

政策打下基础。赋予上述独立市场监管者的职能是为了在减少对市场干预的条件下保护和培养市场竞争。

(2)独立监管者与区域电力市场的联系

①区域性电力市场必须向独立监管者提供数据和分析结果：区域电力市场董事会必须指定一个监管联络官员负责独立监管者和输电服务商之间的沟通和协调。市场监管联络官员的职责有负责管理独立监管者的合同和其搜集的数据，促进独立监管者提出建议的实施等。

②市场监管联络官员禁止行为：实施经济处罚，审查、变更、解除、阻碍独立监管者的调查，分离和讨论任何有关市场机密的数据和消息。

(3)监管报告

监管报告必须递交区域性电网机构董事会、FERC、州管理委员会和输电服务商。此外，独立市场监管者对市场参与者进行初步调查，并向相关机构提供调查结果。如果相关机构需要进一步的结果，独立市场监管者要进行更深入的调查。独立市场监管者必须提供 FERC 或者州管理委员会所需的相应数据。如果有人对输电服务不满意，独立市场监管者也要进行相应的回应。

(4)监管独立性

为保证独立监管者能够提供公正高效的监管，必须赋予其完全的独立性。没有任何人、团体、机构包括区域性电网机构、州管理委员会和负责管理独立监管者活动的机构能够审查、变更、解除或者阻碍独立监管者的调查或否决独立监管者提出的建议。市场监管联络员必须适当平衡独立监管者的利益冲突，保证独立监管者适当的专业技能和资金的独立性。

1.4　PJM 基本情况

1.4.1　PJM 发展的历史背景

PJM 的建立不仅受到经济成本因素的影响，还与政府对电力发展的指导方式有关。在 1923 年，美国商务部部长胡佛组织召开了胡佛能源会议，决定联邦和州协调合作，以促进东海岸地区的能源发展。在经济效益和政府支持的双重作用下,在20世纪20年代,一些电力企业就已经实现了系统互联。PJM的前身也已经认识到通过将各系统的孤立厂站互联,可以实现包括降低装机和备用容量、减少运行成本和提高供电可靠性在内的电力联营优势。对电力联营方式经济效益的研究表明,该方式可年均节5000万美元左右的费用。而且通过建立一个紧密的电力联营体,可以以一个单一的控制区域模式运行,通过统一调度,控制区域内的所有发电设施,维持并控制其发电资源的运行。

1.4.2　PJM的发展历程

PJM是经联邦能源管理委员会批准,于1997年3月31日在东部特拉华州成立的一个非股份制有限责任公司。PJM的前身是PJM电力联营体(Power Pool),1927年,宾夕法尼亚州和新泽西州的三家公用事业公司形成了世界上第一个电力联营体,1956年两个马里兰州公用事业公司加入,形成了宾夕法尼亚州—新泽西州—马里兰州互联网络。1993年该联合体中的成员发展到8个,经过70余年的运行,他们与各电力公司和发电企业间形成了良好的协调与配合关系。1997年,PJM的组织组成PJM互联有限责任公司(PJM Interconnection, L. L. C.,以下简称PJM),建立了美国第一个区域性的、基于报价的电力市场,开始执行开放输电网的市场改革。1998年,经FERC批准,PJM成为独立系统运营商,正式负责该区域的电力调度及电力交易。随着PJM管理区域的扩大,FERC鼓励建立区域输电组织,以运营多州传输项目。2001年PJM被FERC指定为RTO。

2017年12月31日,PJM会员数增加至1 032名,负责美国13个州和1个特区(特拉华州、伊利诺伊州、印第安纳州、肯塔基州、马里兰州、密歇根州、新泽西州、北卡罗来纳州、俄亥俄州、宾夕法尼亚州、田纳西州、弗吉尼亚州、西弗吉尼亚州和哥伦比亚特区),覆盖243 417平方英里范围的电力系统运行与管理,该地区资源较丰富,电源结构较合理,抵御能源市场价格波动的能力较强。PJM与其他交易中心供电区域地图如图1—5所示。作为一个区域输电组织,PJM服务人口共计6 500万,负责超过84 042英里传输线的地区电网协调控制,管理竞争性电力批发市场,并规划电网的扩容以保障系统可靠性,减轻阻塞。PJM含有800多家成员公司,100多个输电客户。PJM就像是电力网络中的航空管制员,在负责协调控制近 1 400 台发电机组、62 566 英里高压传输线的同时却对这些受协调指挥的电力公司、电力线路等并无所有权。

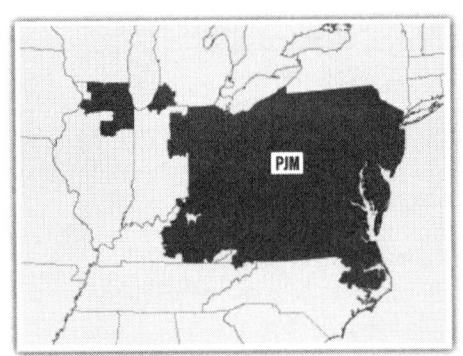

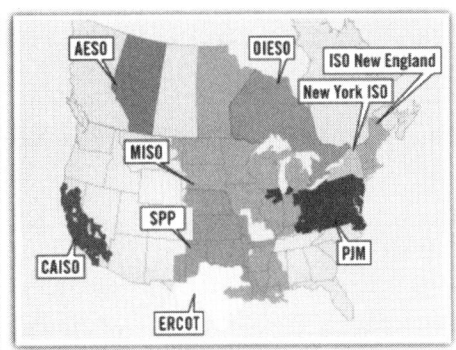

图 1-5　PJM 以及其他交易中心的供电区域

1.4.3　PJM 的职能

PJM 是典型的调度交易一体化机构。PJM 主要有三个职能:电网运营、市场运营和区域规划。其中,电网运营包括电力调度和输电控制;市场运营包括电量市场、容量市场、辅助服务市场和金融输电权市场。作为区域输电组织的 PJM 独立于所有市场成员,负责电网的运营、可靠性保障以及区域内的输电服务。PJM 对输电系统进行直接经营,是一个非营利性组织,协调电网设施的维护,不拥有任何输电或发电资产,不能公开交易,也不对发电机组或输电系统进行实际维护,不直接服务于终端零售客户。

1.4.4　PJM 市场主体

市场交易主体包括发电商、供电企业、售电商(包括零售商、趸售商)、中间商(包括交易商、经纪人)及终端电力用户。

1.4.5　PJM 主要产品

从最初的电能市场交易,PJM 电力市场交易内容逐步扩充,现在其交易品种包含中长期容量市场、日前能量市场、日前计划备用市场、实时能量市场、调频市场、备用市场以及虚拟交易、阻塞交易、金融输电权(FTR)交易等由 PJM

自己组织交易和结算的其他电力金融产品(魏玢，2003)。其产品发展历程如表 1－7 所示。

表 1－7　　　　　　　　　　PJM 电力市场产品发展历程

年份	月份	事件
1997	4	基于成本报价和市场出清价格的电能市场
	11	FERC 批准 PJM 的 ISO
1998	4	基于成本的 LMP 电能市场
1999	1	日容量市场
	3	月容量市场
	4	月容量市场和多月容量市场
2000	6	调频市场
		日前能量市场
2002	12	旋转备用市场
		FERC 批准 PJM 的 RTO 资格
2003	5	金融输电权年度拍卖
2006	5	规划期金融输电权拍卖平衡
2007	6	日前计划备用市场
2008	10	金融输电权交易

1.4.6　PJM 组织结构

PJM 主要由董事会、联络委员会、成员委员会、规划委员会、运行委员会、输电所有者协议管理委员会、市场与可靠性委员会、财务委员会和用户群构成。PJM 的市场成员通过不同委员会参与 ISO 决策，对市场运行发挥支持作用(国家电力调度通信中心，2002)。PJM 的委员会结构如图 1－6 所示。

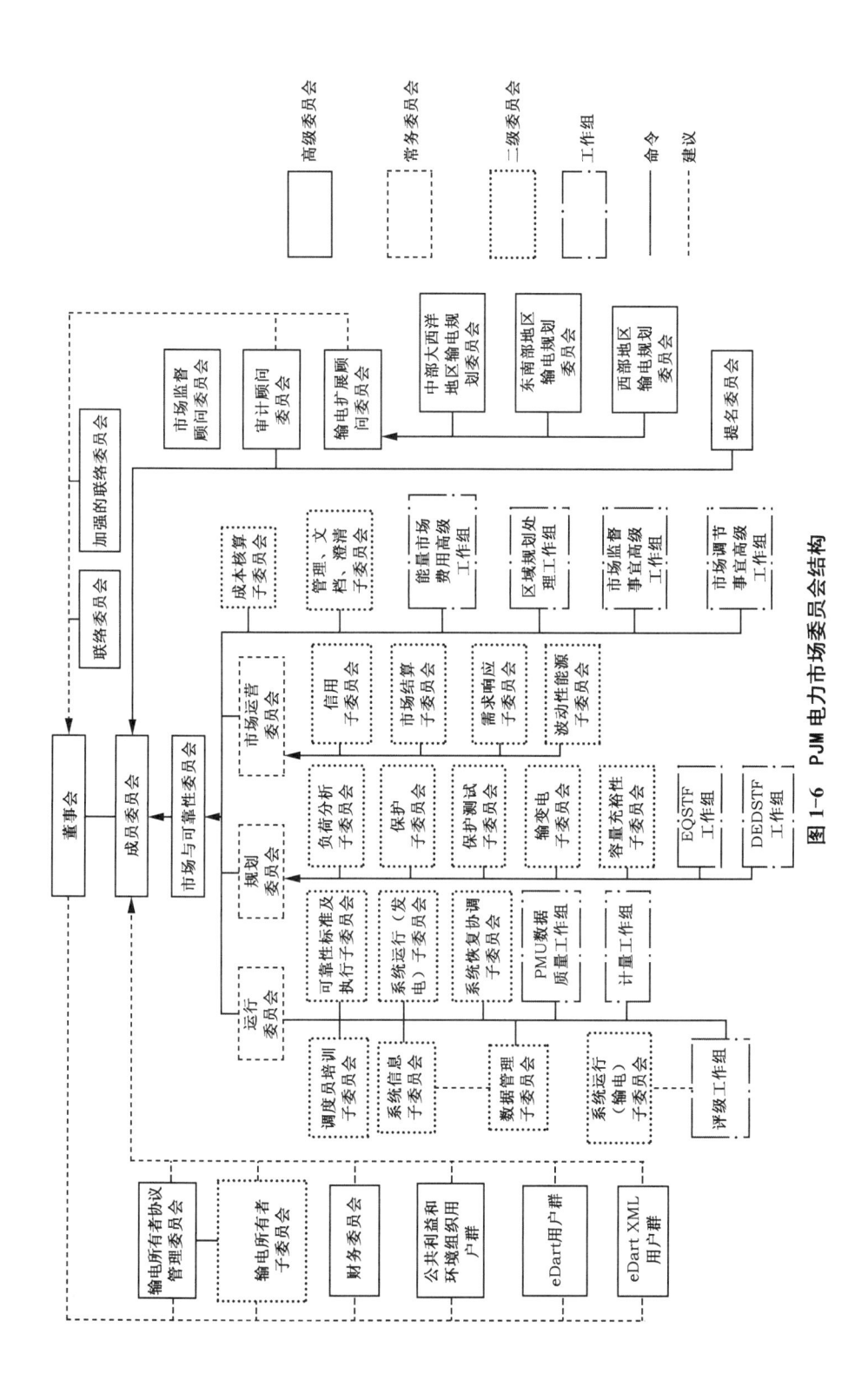

图 1-6 PJM 电力市场委员会结构

(1)董事会。董事会是 PJM 的最高决策机构,其职责为创立一个坚强的、充分竞争的电力市场以及防止市场成员施加不当操作。与一般公司董事会代表股东利益不同,由于 PJM 的市场成员具有广泛多元和利益诉求相互冲突的特征,董事会应该是代表公众利益的中立治理机构。董事会成员由成员委员会选举产生,每 3 年改选一次,负责监督联络委员会的各项事务。PJM 董事会包括 7 名独立的、无联系的成员和 PJM 总裁,董事提名人选由独立咨询机构提出(注意并非市场成员),由成员委员会选举任命。其中 4 人应担任过公司高管或具备非输电性质的公用事业公司运行经验,1 人须具备输电系统规划和运行经验,另外 1 人要具备金融市场、交易和风险管理方面的经验。董事会采用多数票决机制,诸如免除董事会成员、合并重组和机构设置等重大事项需要 70% 以上绝对多数票决通过。

PJM 董事会成员在任期内不能以任何形式担任市场成员的雇员。董事会被赋予了监督 PJM 及其运行相关的一切事务的权力,主要职责包括:①任命 PJM 高管;②批准运行预算;③批准区域输电规划;④向 FERC 申请修改不合理的市场规则条款;⑤成员委员会提交市场规则变化建议;⑥对没有履行市场规则规定义务的市场成员实施制裁;⑦介入涉及 PJM 利益的联邦和州诉讼;⑧征集市场成员关于市场绩效的意见,委托第三方独立评估市场成员和 ISO 合规情况。

其中董事会任命 PJM 的高级管理人员,主要包括总裁、财务总监等,总裁全面负责 PJM 的日常事务,在董事会监督下享有充分的运行决策权。董事会监督联络委员会的各项事务,并任命 1 名执行总裁(CEO)直接负责管理联络委员会。

(2)联络委员会。联络委员会(Office of Interconnection,OI)是市场运营的核心,负责对市场成员的运营进行协调。它与市场各成员无经济上的纽带关系,从而保证了系统运营的公正性和独立性。PJM 联络委员会(PJM-OI)的管理模式如图 1—7 所示。

(3)委员会。PJM 委员会分为高级委员会(Senior Committee)、常务委员会(Standing Committee)、二级委员会(Subcommittee)。成员委员会(Members Committee,MC)和市场与可靠性委员会(Markets&Reliability Commit-

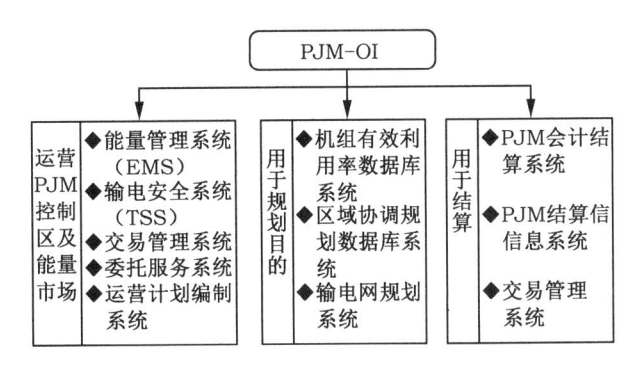

```
                    ┌──────────┐
                    │  PJM-OI  │
                    └────┬─────┘
        ┌────────────────┼────────────────┐
        │                │                │
┌───────┴────────┐ ┌─────┴──────┐ ┌──────┴───────┐
│运│◆能量管理系统│用│◆机组有效利│用│◆PJM会计结   │
│营│  (EMS)      │于│  用率数据库│于│  算系统      │
│PJM│◆输电安全系统│规│  系统      │结│              │
│控│  (TSS)      │划│◆区域协调规│算│◆PJM结算信   │
│制│◆交易管理系统│目│  划数据库系│  │  息系统      │
│区│◆委托服务系统│的│  统        │  │              │
│及│◆运营计划编制│  │◆输电网规划│  │◆交易管理    │
│能│  系统        │  │  系统      │  │  系统        │
│量│              │  │            │  │              │
│市│              │  │            │  │              │
│场│              │  │            │  │              │
└──┴──────────────┘ └──┴──────────┘ └──┴────────────┘
```

图 1-7 PJM-OI 管理模式示意图

tee，MRC)是 PJM 的两个高级委员会;运行委员会、规划委员会和市场运营委员会是 3 个常务委员会。其他主要委员会还包括审计顾问委员会和财务委员会等。有共同利益的成员可以组成用户群,成员委员会负责批准用户群,并要求其中必须包括体现公众利益和环保利益的代表,少数群体的利益可以通过用户群提交给 ISO 董事会。PJM 委员会是 PJM 市场不可分割的一部分,为成员积极完善和改进 PJM 的规则、政策和流程提供了一个平台。总的来说,PJM 委员会有助于 PJM 积极变革,向前发展。

高级委员会具体职责如下：

①成员委员会:成员委员会作为 PJM 的高级委员会,其代表来自各市场主体,即发电公司、输电公司、配电公司、大用户组织和其他组织,按成员类别分设 5 个分会,即发电公司分会、输电公司分会、配电公司分会、大用户分会和其他成员分会,代表各自单位利益,向 PJM 提供有关 PJM 控制区安全可靠运行、建立和运营强大、有竞争力和非歧视性电力市场的所有事项的建议。成员委员会负责整个 PJM 市场的运行、规划与监督。同时,成员委员会根据职能的不同划分出多种专业工作组,工作组通过建立如负荷预测精度、风电预测精度、联络线交换偏差和输电检修协同等电力系统运营指标来对整个 PJM 电力市场的运行进行监控。

成员委员会有权终止或修改运营协议(Operating Agreement),有权改选董事会。成员委员会审查并决定委员会和用户群提出的所有重大变更和举措。

成员委员会的任命由 PJM 的 5 个类别全体成员决定,这是因为 PJM 全体成员作为支付年费用的市场参与者,具有决定权。PJM 成员委员会中的 5 个类别成员分别享有 20% 投票权,每个类别至少有 5 位成员,每位成员 1 票。发电、电网、配电公司可以单独提出议案(如市场规则),议案成立与否由大家投票决定。只有当各方的平均支持率超过一定值(如 2/3)时,议案才能通过。独立调度公司没有投票权,但可以提出议案。如果发电、电网、配电公司不能达成协议,则联邦能源管理委员会负责仲裁。委员会投票方式如图 1-8 所示。

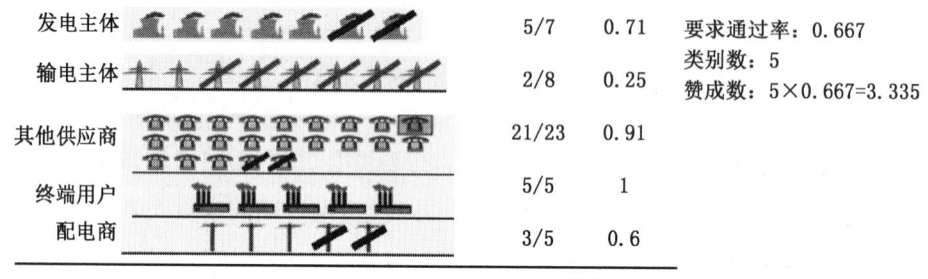

类别		票数	比例	
发电主体		5/7	0.71	要求通过率:0.667
输电主体		2/8	0.25	类别数:5
其他供应商		21/23	0.91	赞成数:5×0.667=3.335
终端用户		5/5	1	
配电商		3/5	0.6	

平均值:0.694 > 0.667
决议结果:议案通过

图 1-8 PJM 电力市场中的委员会投票方式

② 市场与可靠性委员会。市场与可靠性委员会为可靠性协议(Reliability Assurance Agreement,RAA)服务,其成员来自每个协议当事方,负责可靠性协议的准确实施,控制区内的负荷预测,制定合理的备用容量标准。如征得委员中 2/3 的同意票,可对 RAA 进行修改、终止,或开除某个协议当事方。市场与可靠性委员会确保 PJM 市场的持续可行性和公平性以及 PJM 电网的可靠运行和规划。市场与可靠性委员会按照运营协议中的规定向成员委员会报告。

常务委员会具体职能如下:

① 运行委员会(OC)。运行委员会每季度审查系统运营情况,确定新出现的需求、供应和运营问题。运行委员会负责推荐与运营协议相联系的有关运营方式,推荐适当的市场运营策略以保证系统运营安全、可靠、经济、高效。该委员会通过定期对现行电价体系进行评价来决定是否有必要对有关电价条款进行修改。运行委员会向市场与可靠性委员会报告。

② 规划委员会(PC)。规划委员会为运营协议服务,其成员来自各协议当事方。负责审查和推荐 PJM 供电系统的规划策略、政策以及工程设计,从而保证

各成员单位在开放的经营环境下经济、可靠运营。该委员会的各项政策要与大西洋沿岸中部地区协会(MAAC)的有关协议条款相一致。

③市场运营委员会(MIC)。市场运营委员会负责向成员委员会和联络委员会汇报 PJM 系统的运营情况,推荐与运营协议相关的运营方式和市场运营策略以保证系统运营安全、可靠,并对现有运营方式进行评价并提出有关建议和意见。其行为要与大西洋沿岸中部地区协会和北美电力可靠性公司有关规定相一致。市场运营委员会发起并制定提案,供市场与可靠性委员会审议,以促进 PJM 批发电力市场的竞争力。

二级委员会履行常务委员会的具体职责并定期向常务委员会报告,具体职责如下:为运营协议服务,负责监管电力市场和辅助服务市场的运营,保证有关规定在各市场成员中得到贯彻,平衡市场供需,并向成员委员会和联络委员会提供有关意见和建议。

其他主要委员会具体职责如下:

①财务委员会。监管 PJM 年度运营情况和资金预算完成情况,并形成有关报告上交董事会,同时对 PJM 上交给董事会或成员委员会的预算进行审查和修改,并向董事会提出建议。

②市场监督顾问委员会。定期对现行电价体系进行评价,决定是否有必要对有关电价条款进行修改,形成有关建议上报给联络委员会。

③审计顾问委员会。由成员委员会成立,向董事会报告年度结算情况及对有关成员单位的特殊审计要求进行协调。同时向联络委员会提出强化审计的办法,保证市场成员的利益不受侵害。

④输电所有者协议管理委员会。其成立目的是更好地管理输电网所有者协议,由签订协议的各个输电网所有者组成。该委员会负责向联络委员会提出区域输电网的扩建计划及其他与输电网有关的事宜,有权修改或终止输电网所有者协议。

用户群与工作组的具体职责:

①用户群是由成员委员会成立,由五个成员组织组成,旨在代表环保组织和公众的利益,可参与 PJM 的各方面工作,使 PJM 制定的规则、处理程序更趋合理、完善。该组织不定期举行讨论会,彼此交换意见,形成合理建议,送交董

事会和成员委员会，以提高 PJM 管理电网的能力，建立一个更加充满活力的趸售市场。该组织是 PJM 市场管理模式中的一部分。

②工作组是临时利益相关方团体，负责解决特定的非常规问题或在规定的章程范围内分配的其他职责。工作组在完成特定的工作活动后解散。

PJM 采用两层式管理：独立董事会和成员委员会。此外，PJM 还有专门的独立市场监督者（IMM），直接汇报给 PJM 董事会和联邦能源管理理员会，其指定的市场监督计划不受制于各市场成员的变动。PJM 委员会定位及其协调关系如图 1-9 所示。

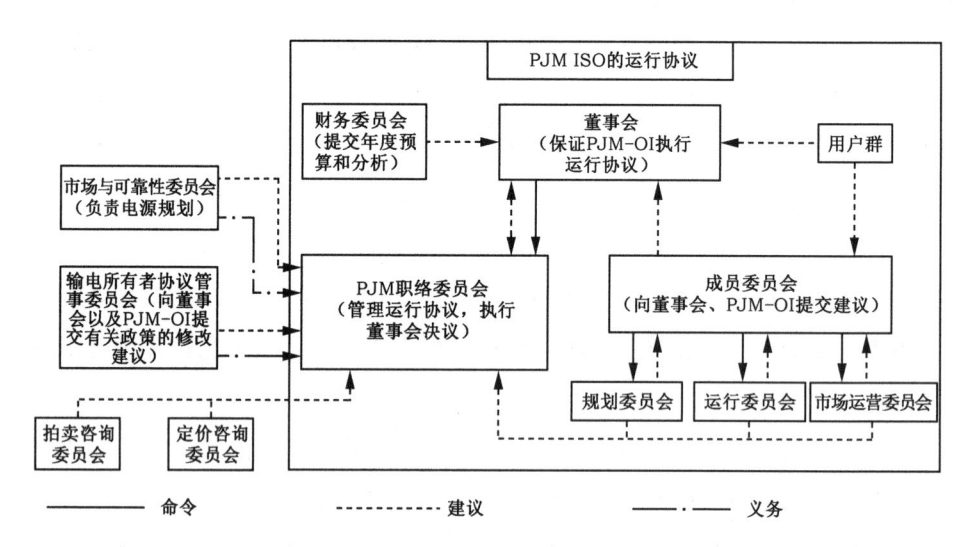

图 1-9　PJM 委员会定位及其协调关系

1.4.7　PJM 财务状况

1.4.7.1　收入概况

PJM 通过向会员收取固定费用来支付其管理成本、运营电力传输系统和批发电力市场的成本。如果 PJM 收取的费用多于每个日历季度的实际费用，那么 PJM 会在随后的日历季度向会员退还过度收款。如果 PJM 收取的费用低于每个日历季度的实际费用，那么 PJM 可能会使用之前由 PJM 成员缴纳的长期储备金。

1.4.7.2 成本构成

PJM 的成本由薪酬(47%)、折旧和利息(20%)、外部服务(19%)、技术费用(9%)、其他费用(5%)组成，如图 1—10 所示。薪酬包括工资、加班费、奖励补偿、员工福利和退休福利；折旧和利息是 PJM 资本支出和相关债务融资的支出；外部服务表示 PJM 承包商和顾问的成本；技术费用是软件许可费和硬件维护的总和；其他费用包括设施维护、电信、公用事业、保险、培训、会议和差旅费等。

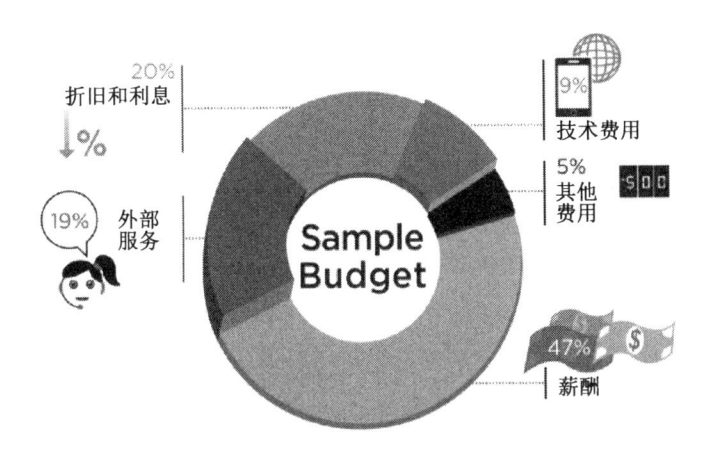

图 1—10　PJM 成本构成

1.4.7.3　PJM 财务报表

PJM 作为非营利性公司，总收入和支出必须在长期内保持平衡。并且作为一家非股份公司，PJM 既无权发行股票以筹集股权资金，也无权向公众发行或公开交易债务(如债券)。

PJM 的财务报表如表 1—8 和表 1—9 所示。

表 1—8　　　　　　　　　　PJM 资产负债表　　　　　　　　　单位：美元

资产	2017	2016
流动资产：		
银行存款	1 458 744	1 501 650
货币资金	308 321	392 725
应收账款	93 815	39 344
研究和互联应收款	7 065	16 077

续表

资产	2017	2016
预付所得税	17 968	1 414
递延的 FERC 费用	2 229	2 073
预付款项和其他	11 337	8 541
应收票据	2 158	2 535
合计	1 901 637	1 964 359
非流动资产:		
固定资产	113 111	110 867
土地	1 420	1 420
在建工程	22 710	32 447
应收养老金和退休费用的延期费用	38 617	15 045
递延所得税	22 646	46 065
应收票据	1 025	2 373
其他	23 172	19 298
合计	222 701	227 515
总资产	2 124 338	2 191 874
流动负债:		
应付账款与应计费用	29 197	30 430
应付会员费用	397 396	438 305
研究和互联应付账款	7 134	16 017
应付工资和福利	30 506	26 405
当期部分长期债务	1 317	1 317
当期部分资本租赁	1 631	1 556
递延监管负债	132	4 332
递延收入	3 387	3 218
退休金	1 241	1 157
其他员工福利	164	109
存款	1 458 744	1 501 650
合计	1 930 849	2 024 496

续表

资产	2017	2016
非流动负债：		
长期借款	19 429	20 746
长期资本负债	16 774	18 406
递延监管负债	9 777	4 971
利率互换	540	1 020
退休金福利负债	60 935	45 107
医疗保险负债	49 746	47 432
其他员工福利	27 698	21 598
合计	184 899	159 280
负债总计	2 115 748	2 183 776
承诺和以外开支：		
实收资本	722	722
留存收益	7 197	6 834
其他综合收益	671	542
实收资本总额、留存收益和其他综合收入	8 590	8 098
负债总额、实收资本、留存收益和积累的其他综合收入	2 124 338	2 191 874

表 1—9　　　　　　　　　　　　PJM 利润表　　　　　　　　　　　　单位：美元

	2017	2016	2015
营业收入：			
服务费	307 963	275 499	268 710
递延的监管收入	(15 847)	(2 144)	3 881
FERC 费用报销	63 502	56 652	52 038
学习和联网费用	3 869	3 521	3 291
会费	3 460	3 352	3 392
其他	3 211	2 426	2 755
总营业收入	366 158	339 306	334 067

续表

	2017	2016	2015
营业费用：			
薪酬	135 402	126 311	124 320
FERC 费用	63 502	56 652	52 038
外部服务	56 157	50 227	49 664
折旧和摊销	45 708	51 673	53 940
软件许可证和费用	16 699	17 145	15 162
其他费用	10 170	12 336	12 295
计算机维护和办公用品	9 181	6 924	7 146
养恤金福利	8 646	10 103	10 289
研究和互联服务	3 869	3 521	3 291
租赁费用	2 169	1 480	1 342
退休后医疗福利	1 415	1 255	1 170
总营业费用	352 918	337 627	330 657
营业利润	13 240	1 679	3 410
收入(费用)：			
利息收入	5 422	2 992	847
利息费用	5 729	3 590	1 907
其他总收入(费用)	(307)	(598)	(1 060)
所得税前收入	12 933	1 081	2 350
所得税费用	12 571	991	1 394
净收入	362	90	956
其他综合收入：			
证券未实现收益净额	129	(48)	21
净综合收入	491	42	977
实收资本、留存收益和积累的其他综合收入：			
期初余额	8 098	8 056	7 079
净收入	362	90	956
其他综合收入	129	(48)	21
期末结余	8 589	8 098	8 056

1.4.8 PJM 结算及流程

1.4.8.1 电力期货

纽约商业交易所(NYMEX)和洲际交易所(ICE)为 PJM 市场提供的电力期货产品均只进行现金结算,不涉及实物交割。最后交易日之前对冲平仓的收益为买卖差价,最后交易日之后仍持有的合约,由交易所根据期货合约基准价格(以 PJM 提供的数据为准)与期货收盘价价差进行结算(丁琪,2018)。两个交易所提供的电力期货产品主要信息如表 1-10 所示。

表 1-10　　　　　　　　PJM 市场电力期货产品概况

交易场所	合约类型	合约周期	基准价格	基准价格来源
纽约商业交易所	峰荷期货/非峰荷期货	月度	系统电价/LMP	日前市场/实时市场
洲际交易所	峰荷期货/非峰荷期货	月度、日	系统电价/LMP	日前市场/实时市场

1.4.8.2 中长期市场

PJM 市场实行配售分离,在零售侧引入竞争机制。其中,参与 PJM 合约市场的各市场主体首先必须与 PJM 签订参与市场合同,约定必须遵守的条款,鼓励各市场主体签订双边合同。RTO 不介入双边合同的具体协调工作,但是负责制定相关规则。各市场主体遵循相关规则签订售电协议,并将双边交易的合同和协议的电力、电量等主要技术内容(不含交易电价)报送给 RTO 以便安排系统运行和电量结算。

目前,PJM 电力市场是一个自由竞争的电力批发市场,发电商以市场价售电,负荷服务商以市场价购电。大部分零售市场是受管制的,用户侧的零售电价由政府制定。作为电力系统两大重要环节的发电和供电都处于电力市场价格波动的巨大风险之中,发电商还承担着上游的化石燃料价格波动的风险。因此,发电商和负荷服务商都有规避风险的强烈要求。

规避风险的一个重要手段就是通过长期双边交易将价格锁定,特别是对于负荷服务商来说,如果能将电力批发价格固定在风险范围之内,就能保证企业的正常收益。因此,发电商和负荷服务商之间会签订不同类型的双边交易合约,提前将批发电价固定。因为电力商品具有特殊性,所以双边合约如何与 PJM 电力市场结合就变得非常重要。

由于双边交易中双方的实际发电和负荷往往不是在电网的同一个节点上，并且每个节点的电价也不相同，因此合约中一般都约定一个节点为双边交易的交货节点。交货节点和负荷服务商的实际负荷节点间的 LMP 价差由负荷服务商承担。

1.4.8.3 现货市场

PJM 的现货市场由日前和实时两级市场构成，各级市场的交易标的均包括电能和辅助服务（备用与调频）。其中，日前市场实现了电能与备用的联合出清，市场成员可在 12:00 前进行投标，12:00 市场关闭，16:00 完成出清计算并公布交易结果。实时市场则实现了电能、备用与调频的联合出清，市场成员可于 16:00—18:00 之间对次日不同时段进行投标，市场将于次日实时运行前滚动出清。

PJM 现货市场采用"全电量优化"模式。在日前市场上，发电商需要申报其所有的发电资源与交易意愿，市场对全网的负荷需求进行匹配，通过出清计算形成发电商的日前交易计划，并按照日前的节点边际电价进行全额结算。因此，可以认为日前市场的交易量即为全网交易量的 100%。发电商对于此前在中长期阶段所签订的双边交易与自供应合约，可以在投标时进行标识，即此部分电量将在出清时保证交易。双边交易与自供应合约的结算由购售双方自行完成。

实时市场同样采用"全电量优化"的模式，在实时运行之前，根据最新的预测与系统运行信息对全网的发电资源重新进行全局优化配置（基于日前封存的交易申报信息）。所形成的实时交易计划与日前交易计划将存在差异，对于此偏差部分的电量，将按照实时节点边际电价进行增量结算。实时市场交易量大概是日前市场的 1%～2%。

举例说明两结算系统的结算过程：某发电机在日前市场上竞标得到 20 万千瓦的发电功率，该发电机所在节点 LMP 为每 1 000 千瓦 20 美元，则在日前市场，该发电机可以获得 4 000 美元的收入。而在实时市场，如果该发电机通过竞价，获取发出 30 万千瓦电能的机会，所在节点 LMP 为每 1 000 千瓦 22 美元，多发的 10 万千瓦电能应按照实时电价结算。此时，发电机可以获取 PJM 100×22=2 200 美元的收入，总的收入为 6 200 美元。但是如果由于发电机故障,发电机只能发出 10 万千瓦的电能,它必须退还在日前市场多得到的 10 万千瓦功率的收益,这部分收益用实时市场的 LMP 结算,因此它在实时市场应该支付给 PJM100×22＝2 200 美元的费用。最后,该发电机实际发电为 10 万千瓦,得到 4 000－2 200＝1 800 美元的收入。

实践证明,采用日前、实时分步出清的两部制结算体系,有利于实现不同级别市场化上价格信号的趋同,规避套利空间,降低市场风险。

在 PJM 市场中,市场主体主要有三种选择,一是现货市场(日前＋实时市场),二是双边合约,三是自调度。不管选择哪种形式,都必须服从 PJM 调度。

其中,自调度指的是电厂可以通过在日前市场中对自己基本固定的发电量报零价,成为批发市场价格的接受者。换句话说,假设电厂 A 的满发电量为 100 兆瓦,它可以选择 80 兆瓦作为自调度电量,另外 20 兆瓦在现货市场中参与竞价,确定出清价格。

自调度的具体比例取决于市场主体的竞价策略,通常在现货市场中,发电商希望能获得尽量高的价格,于是采用小部分电量来博弈。通俗地理解,自调度电量在一定程度上可以类比为国内的"基数电量",不参与市场"冒险"。

从 2008 年到 2017 年,PJM 市场中三者比例变化并不明显,现货市场电量基本保持在 25%左右,而双边协议和自调度电量占比达到 75%。见表 1－11。

表 1－11　　　　　2008－2017 年美国 PJM 市场三种交易形式占比

年份	双边合约	现货市场	自调度
2017	14.5	25.1	60.7
2016	12.9	23	63
2014	10.6	26.7	62.7
2013	10.6	25	64.4
2012	9.0	23.2	67.8
2010	4.9	19.3	75.8
2009	12.9	17	70.1
2008	14.6	20.1	65.2

1.4.8.4　虚拟交易

虚拟交易属于 PJM 日前市场的一种报价形式。虚拟电源申报功率、节点和价格,虚拟用户申报用电负荷、节点和价格。参与主体主要是金融机构等没有真实发电能力或者用电需求的市场主体,与真实发用电报价、阻塞交易一并进行经济调度出清。虚拟电源所定节点 LMP 高于申报价格时出清,虚拟负荷所定节点 LMP 低于申报价格时出清,出清需满足真实物理网络约束与安全约束。PJM 在日前市场中引入虚拟交易可以实现两大目的:

(1)增加市场流动性,促进日前市场和实时市场的价格趋同,将实时市场中价格风险的一部分转移给虚拟交易方,帮助有真实发用电需求的市场主体规避实时市场价格风险。

(2)增加市场竞争,抑制买卖双方市场力的行使。从虚拟负荷角度来看,虚拟负荷主要通过低买高卖赚取差价收益,在日前市场上,用户不申报用电量,从而使得日前市场价格偏低,产生市场供过于求的价格信号,诱使发电方降价,此时虚拟负荷会因发现投资机会进行交易从而拉高电价,使价格趋于合理。从虚拟电源角度来看,在日前市场上,由于不影响真实发电计划,发电方有动机报高价,虽然日前市场不成交,但是可以在重新投标阶段再次报出相对合理的价格保证成交,使得日前市场价格偏高,此时虚拟电厂会发现投资机会进行交易从而拉低价格,使价格趋于合理。

1.4.8.5　阻塞交易

阻塞交易与虚拟交易同属 PJM 日前市场上的一种报价形式,参与阻塞交易的市场主体申报卖出节点、买入节点、功率以及可以接受的买入节点与卖出节点的最大价差。参与主体主要是金融机构等没有真实发电能力或者用电需求的市场主体,与真实发用电报价、虚拟交易一并进行经济调度出清。阻塞交易可进一步区分为两种类型:顺流交易与逆流交易,顺流交易指买入节点价格大于卖出节点价格的报价,逆流交易指卖出节点价格高于买入节点价格的报价。

参与阻塞交易的市场主体需明确卖出节点以及买入节点,在卖出节点虚拟卖出一定电量,在买入节点买入相同数量的电量,电能价格相互抵消,因此参与该交易的市场主体盈利方式为日前市场(阻塞费用＋线损费用)与实时市场(阻塞费用＋线损费用)的差额。也可以将阻塞交易看作申报量与出清量均相等的卖出节点的虚拟电源交易和买入节点的虚拟负荷交易的结合。

1.4.8.6 拍卖收益权/金融输电权交易

金融输电权是一种金融权利,并不代表有实质上的能量传输权利,只要求在发生输电阻塞时获得经济补偿,可以帮助市场主体规避阻塞费用不确定性带来的价格风险,也可以作为一种纯粹的投机工具。PJM 在市场中引入 FTR 交易的最初目的是解决阻塞费用归属问题,PJM 作为市场的中央结算对手方,对发电机组以及发电母线处的 LMP 结算,对负荷方以及负荷母线处的 LMP 支付,由于阻塞费用的存在,仅就电能市场来看,PJM 的收支很可能是不平衡的,产生阻塞资金盈亏,FTR 交易是为了解决这部分阻塞资金归属问题。

PJM 最初引进 FTR 交易时采用分配制度,直接把 FTR 分配给输电用户,帮助其规避阻塞费用波动风险,后来为了将 FTR 发展成为一种纯粹的金融产品,PJM 将 FTR 由分配制改为拍卖制,包括输电用户在内的所有市场主体均可参与 FTR 拍卖。与此同时,为了保护输电用户的利益,PJM 创设了拍卖收益权(ARR)。拍卖收益权是一种长期权利,按年分配给输电服务用户(包括交易大用户和负荷服务商)。拥有 ARR 后,市场主体可以按比例获得年度 FTR 拍卖收益,也可将其在 FTR 拍卖市场中转化为相应节点的 FTR。与 FTR/ARR 相关的现金流如图 1-11 所示。

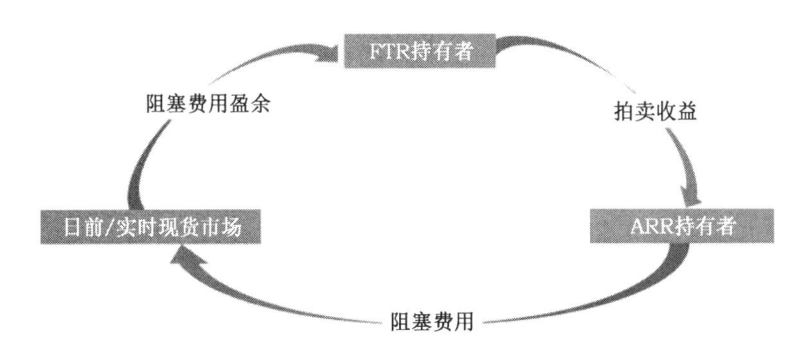

图 1-11 FTR/ARR 交易现金流

1999 年 4 月,PJM 建立了世界上第一个金融输电权市场,开展点对点债权型金融输电权的交易。为了进一步改进 FTR 市场,PJM 于 2003 年 3 月至 2005 年 4 月先后 4 次修改其输电权市场规则,并根据 FTR 不同的有效时段引入了"高峰时段 FTR"(on-peak FTR)、"低谷时段 FTR"(off-peak FTR)和"24 小时

FTR"(24-hour FTR)。FTR 可以通过 4 种市场方式获取：长期 FTR 拍卖、年度 FTR 拍卖、月度 FTR 拍卖和二级市场交易。

(1)FTR 分类。FTR 分类参见表 1—12。

表 1—12　　　　　　　　　　　FTR 分类方法

分类方法	收益性	跨度性	时段性
FTR 种类	义务/期权	三年/一年/一个月	峰时/谷时/全时

从收益性上可分为义务型和期权型，其区别在于当 FTR 所制定的方向与实际阻塞方向相反时的收益情况，对于义务型 FTR，此时 FTR 持有者需要支付阻塞费用，而对于期权型 FTR，其持有者可免除阻塞费用，没有收益。

当 FTR 所制定的方向与实际阻塞方向相反时，义务型 FTR 拥有者是拥有发电厂的零售商，可以提供或预订一个逆向潮流，获得节点价格差额以冲抵支出。

从跨度上分类，PJM 提供了三年期、一年期和一个月的 FTR，即在提供的时间跨度内，若持有的 FTR 进行竞卖、二级市场交易等其他动作，则 FTR 的收益信用账户将一直有效。拥有跨度性长的 FTR 持有者将获取更多的收益，同时对于义务型 FTR 来说，也可能产生更多的阻塞债务。

从时段性分类，PJM 提供峰时、谷时和全时 FTR。峰时 FTR 指白天（如 8:00—20:00）的节点电价阻塞分量之差计入 FTR 收益信用账户，而除此之外的时段节点电价阻塞分量之差不计入 FTR 收益账户。谷时与峰时相反。而全时 FTR 则计入全部时段的节点电价阻塞分量之差收益信息。

(2)FTR 拍卖。长期 FTR 拍卖指未来 3 年的 FTR 拍卖，市场中拍卖的容量为假设所有前一年度分配的 ARR 都自动转化为 FTR 后的剩余输电容量。在拍卖中，ARR 在模型中表示为固定的输入和输出，长期 FTR 拍卖市场只能拍卖义务型 FTR，而不能提供期权型 FTR。长期 FTR 拍卖一般分为 3 轮，每轮只拍卖 1/3 的输电容量，前一轮中购买的 FTR 在后续轮次中还可以再出售。

年度 FTR 拍卖的容量为年度可用输电容量减去已经批准的长期 FTR，年度 FTR 一般分 4 轮拍卖，每次拍卖 1/4 的输电容量，前一轮中购买的 FTR 在后续轮次中也可以再出售。年度FTR拍卖的产品包括义务型FTR和期权型FTR。

月度FTR拍卖每个月只进行一个轮次,拍卖的是除去长期和年度拍卖市场中已卖出的FTR剩余的输电容量,其拍卖的义务型FTR和期权型FTR周期是1个月或3个月,月度拍卖也给市场参与者一个卖出其持有FTR的机会。月度市场中可以交易义务型FTR和期权型FTR。

年度拍卖所得收益分配给ARR持有者,长期和月度FTR拍卖收益按照年度FTR收益缺口比例分配给ARR持有者,如果月度FTR拍卖收益仍有剩余,则在市场结算中按照阻塞收益处理。

FTR拍卖中一个很重要的特点是,FTR可以被重新设置。这意味着FTR的买方既可以购买FTR卖方出售的FTR,也可以购买卖方没有提供的FTR。为了防止拍卖出清困难,只有部分路径可以存在权益型FTR。

(3)二级市场。FTR二级市场是一个挂牌交易的双边市场,市场参与者通过FTR拍卖交易系统的电子公告牌交易其持有的FTR。在二级市场中,一个FTR可以被分割成几个不同容量、不同时间的FTR进行出售。但需要注意的是,其总容量不能超过原FTR容量,时间起始点也不能超过原FTR的时间范围。同时,交易后FTR的注入点和输出点必须保持不变,FTR的类型(义务型或期权型)也不能改变。

只有PJM成员或输电用户才有资格在PJM的FTR拍卖流程中买卖FTR或者在FTR二级市场中参与交易。

(4)FTR市场的结算。FTR市场的结算主要由两个部分组成:与FTR拍卖收益分配相关的ARR结算和与能量市场阻塞管理盈余分配相关的FTR结算。ISO用于支付金融输电权的资金来自日前市场与实时市场的阻塞资金结余,而金融输电权拍卖市场所得收入则用于支付给拍卖收益权的所有者。

1.4.8.7 辅助服务市场

PJM电力市场是一个集中调度的竞争性电力批发市场,PJM辅助服务市场建设主要分为三个阶段:电力工业重组期、辅助服务市场体系建设期、辅助服务市场体系完善期。PJM辅助服务市场发展过程如图1-12所示。

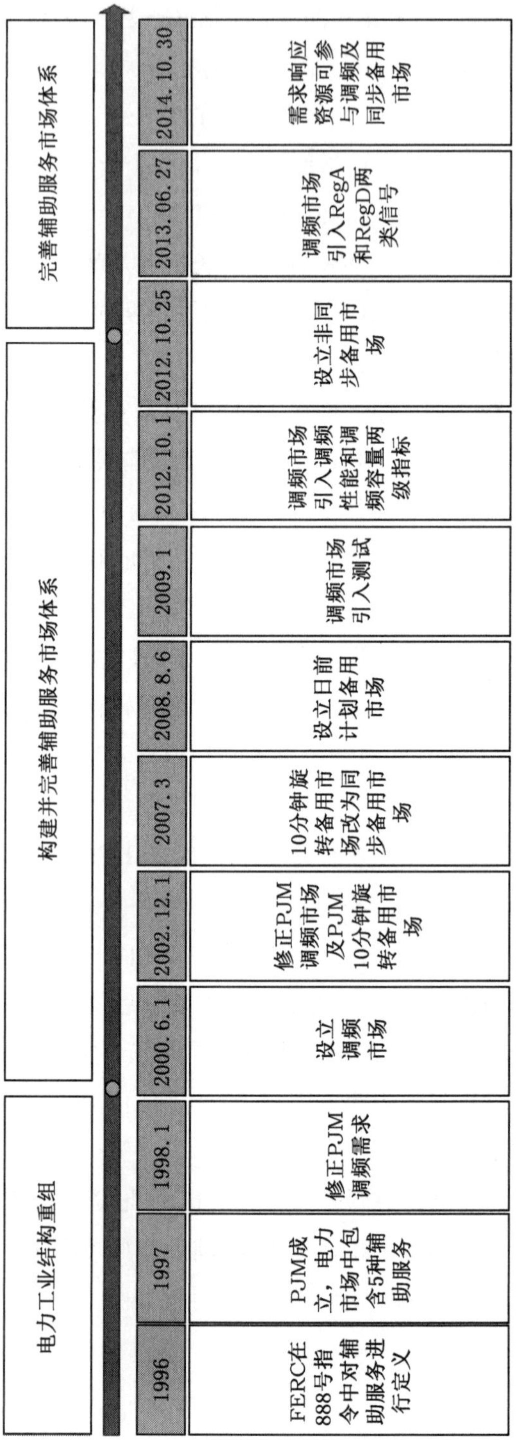

图 1-12　PJM 辅助服务市场演变

PJM 有两个辅助服务区域，一个是将整个 PJM 的控制领域作为一个整体，称为 PJM-RTO，另一个是它东部的一个子区域，称为 PJM-MAD。

辅助服务市场是现代电力市场不可缺少的组成部分。通过辅助服务市场，在电力系统可靠运行所必需的运行备用和应急备用得到保证的前提下，有了更充足的资源以供实时调度之需，从而实现了更经济的调度。

PJM 辅助服务的建立是为了保障电力需求和供应的实时平衡。同传输服务一样，辅助服务的价格也是受到管制的。辅助服务收入一部分是 PJM 的服务费用，另一部分归电厂。

(1) 辅助服务类型。定义的辅助服务产品包括调频、备用、无功/电压控制、黑启动和不平衡电量。其中，PJM 调频和备用辅助服务采用集中式市场化交易，通过市场化竞争获得，而无功/电压控制、黑启动和不平衡电量服务是通过签订合同或协议来获得的。PJM 辅助服务产品介绍参见表 1—13。

表 1—13　　　　　　　　　PJM 辅助服务产品介绍

类型	产品类型	提供商	交易方式	响应时间	需求量
调频辅助服务	基于传统调频信号	部分燃气机组、联合循环机组、燃煤机组	PJM 统一购买、双边交易	5 分钟内	峰段 800 兆瓦 谷段 525 兆瓦
	基于动态调频信号	储能、水力机组、部分燃气机组			
备用辅助服务	同步备用	与系统同步运行的发电机组		10 分钟内	初级备用为 150% 系统最大单一故障，同步备用为系统最大单一故障
	非同步备用	与系统非同步运行的但能在 10 分钟内投运发电机组			

①调频辅助服务。按照资源响应时间的快慢可以将调频响应类型细分为传统的 RegA 和动态的 RegD。RegA 是一种较慢的信号，旨在恢复系统条件下更大、更长的波动。RegA 要求资源在 5 分钟内达到指定出力即可，调节性能相对较差，适用于爬坡速率受限的电源（Ramp-Limited Resources），如蒸汽机组、燃气轮机、水电机组等。RegD 是一种快速、动态的信号，需要资源几乎瞬间响应。RegD 专门为具有有限存储能力的能量存储设备而开发，使存储设备可

以在短期内提供更多的信号。RegD 要求资源在几秒内开始响应,并能在一至两分钟内达到指定出力,调节性能较好,适用能量受限的电源（Energy-Limited Resources）,如电池、飞轮等。

调频资源对 RegA 和 RegD 的选择,具体取决于其特性和能力。随着系统条件全天变化,在任何给定时间都需要不同数量的这些资源。

②备用辅助服务。发电备用是目前尚未使用的电力供应,但在发生意外损失的情况下可迅速获得。备用类型有：

一是运行备用：30 分钟内可以接收的电量。这种电量来自并网或离网的同步发电机、可以从电网中切除的,指定为需求侧响应某些负载。

二是主要备用（初级备用）：10 分钟内可以接收的电量。这种电量来自并网或离网的同步发电机、可以从电网中切除的,指定为需求侧响应某些负载。

三是同步备用：可在 10 分钟内接收的电量（连接到电网）。这种电量来自与电网同步的发电机、可以从电网中切除的,指定为需求侧响应某些负载。

同步备用包括两层：第一层为服从经济调度的主能量市场边际机组、部分负荷、同步运行的任何资源以及能够增加出力以提供备用的机组；第二层为与电网同步、可调相运行的机组（燃气机、水轮机）以及愿意偏离经济运行点运行的机组。如果在给定持续时间内预测的第一层同步备用的预测量不足以满足 PJM 同步储备要求,则 PJM 必须承诺第二层同步备用能够提供剩余的要求。

ISO 将提交任何预测的经济非灵活资源,以便在营业时间内提供同步储备。如果解决方案没有预见到需要提交第二层备用或由于经济原因而没有提供足够的非灵活资源来满足同步储备要求,PJM 将联合优化实时所需的第二层备用与电力的平衡。

四是快速启动备用（非同步备用）：在 10 分钟内可以接收电量。主要电量来自离线发电机。主要备用包括同步备用和非同步备用,同步备用和非同步备用之间的平衡没有限制,主要取决于经济性。非同步备用如果是经济的情况下也会被购买。

五是补充备用（二次备用）：在 10 到 30 分钟内可以接收的电量。这种电量来自与电网同步或离网的发电机、可以从电网中切除的,指定为需求侧响应某些负载。

日前调度储备市场是基于市场机制的构建,用于在 PJM 系统上采购补充的 30 分钟储备。日前调度(30 分钟)储备市场是一个基于报价的市场,将在日前前瞻基础上清除现有的准备金要求。

日前调度储备市场旨在为短期内 PJM 市场的额外辅助服务创造明确的价值。日前调度(30 分钟)预留市场可以提供定价方法和价格信号,这些信号可以鼓励生成需求资源提供日前调度预留,鼓励部署新资源并提供此类服务的能力。

日前调度储备市场旨在与当前的 PJM 运营储备结构进行交互。虽然日前调度(30 分钟)储备的清算市场可能会以运营储备信用额的形式减少对发电机的市场支付,但不会消除它们,剩余的运营储备成本将继续分配。

③调频与备用要求。根据 NERC 的可靠性标准,整个 PJM-RTO 的调节备用的要求是峰荷区间(05:00—23:59)的 700 兆瓦和非峰荷区间(00:00—04:59)的 525 兆瓦。子区域 PJM-MAD 对调节备用没有专门的要求。

整个 PJM-RTO 的同步备用要求是可靠性第一公司(Reliability First Corporation,RFC)强加的最小要求或系统中的最大单一故障这两者中的最大者。子区域 PJM-MAD 对同步备用的要求是子区域内的最大单一故障。

整个 PJM-RTO 的主要备用(同步备用和非同步备用)的要求是 150% 系统中的最大单一故障,子区域 PJM-MAD 对主要备用的要求是一个预先设定的值,通常为 1 700 兆瓦。因为没有对非同步备用的明确要求,所以如果同步备用的价格比非同步备用的低时,可以购买较多的同步备用来满足主要备用的需求。

(2)提供方式。所有的负荷服务商(LSE)根据其在实时市场的负荷比例来承担相应的提供调频和备用这两项辅助服务的义务,每个 LSE 可以自己提供调频 AGC 资源,也可以与市场参与者签订购买合同,或者通过 PJM 调频市场购买 AGC 服务来完成调频的义务。PJM 电力市场是一个开放的电力市场,其备用获取的最大特点是不指定机组作为备用,而是规定每个供电企业必须承担备用义务,义务量根据其负荷的比率来确定。备用需求加上合理的补偿方法,形成了 PJM 备用市场的供需杠杆。负荷服务商可以通过多种途径履行提供同步保留或非同步保留的义务,如使用他们自己的发电资源;与另一方签订合同,通过同步储备市场或非同步储备市场购买。来自发电方的无功供应和电压控制服务由 PJM 直接提供,传输用户必须向 PJM 购买这个服务。由 PJM 安排不同区域的 LSE 来履行提供黑启动服务的义务,对于没有黑启动机组的 LSE 则需要向 PJM 购买。

1.4.8.8 容量市场

能量市场和辅助服务市场解决短期的发电负荷平衡问题,不能保证长期的发电容量的充裕性。引入 PJM 容量市场的初衷正是为了保证有充足的资源能被调动以保证电网运行的可靠性。PJM 的容量市场能够提供透明的信息,为远期容量市场提供信号,对电力投资具有较强的指导意义。

容量市场的设计基础是可靠性定价模型(RPM)。RPM 的设计目标是将容量定价的稳定性与系统的可靠性要求结合在一起,增加容量价格信号的提前量,以期为所有市场参与者提供透明信息使其能据此做出相关反应。

PJM 容量市场另一种参与形式,即固定资源要求(FFR)方式。FFR 使得负荷服务商可以选择提交一份 FFR 容量计划并满足一项固定的容量资源要求,以此作为参加 PJM 市场中 RPM 可变容量要求的替代。

RPM 的完善开始于 2007/2008 目标年份。PJM 的计划时期是从每年的 6 月 1 日到次年 5 月 31 日。目标年份则是资源已经被承诺并且整个 PJM 大区都有一个恒定的负荷义务的计划时期。

(1)基础拍卖。基础拍卖在目标年份开始的前三年的 5 月举行。它允许通过获取资源承诺来履行地区的自然装机容量义务,并通过分区可靠性定价费用方式将这些承诺的成本分配给各个负荷服务商。

(2)追加拍卖。基础拍卖后至少举行三次追加拍卖,以获得所需的额外的资源承诺来满足目标年开始前由市场动态引起的潜在变化。前三场追加拍卖中由于可靠性要求的调整,允许增加或减少资源承诺和延迟短期资源获得。如果一条重要的输电线路延期导致 PJM 在某个分区输送区域需要获得额外的容量来解决相关的可靠性问题,则会举办一场额外的追加拍卖,即有条件的追加。

(3)双边合约。为资源供应者提供一个补偿任何承诺短缺的机会,也为负荷服务商提供对冲掉 RPM 拍卖过程中产生的分区可靠性费用的机会。

1.4.9　PJM 对市场的监管

成员委员会和来自 5 个不同电力行业的代表(发电、电网、独立供应商、配电网和终端用户)负责监管 PJM 的所有业务,并且能够修改规则。市场成员深度介入 ISO 决策,对电力市场的稳定运行和发展成熟至关重要(夏清,2003)。

利益相关方包括:输电所有者、发电所有者、配电公司(包括地方政府公用事业公司和合作社)、终端用户和零售商、新能源发电商、公众利益群体、电力市场中介、输电开发商、州监管者、用户利益代表、环保组织。市场成员参与者可以自主选择加入某一类别,如 PJM 市场中部分输电商和终端用户选择加入其他供应商类别。

1.4.10　PJM 子公司简介

(1)PJM 结算公司(PJM Settlement,Inc)。它是 PJM 受 FERC 监管的公用事业分支机构,属于非营利性公司,与 PJM 签订服务协议,负责处理电力市场的结算、计费、信用管理和财务结算。所有的 PJM 成员自动成为 PJM 结算公司的会员,其所有的结算交易将由 PJM 结算公司提供,根据 PJM 开放获取传输电价、运营协议和可靠性保证协议,PJM 结算公司为每个会员发送每月和每周所有电网服务的发票,发票信息可通过市场结算报告系统(MSRS)获取。PJM 结算公司通过为 PJM 结算提供明确的法律地位来减少 PJM 成员的信用风险。该子公司还有一个明确的法律地位,即如果成员申报破产,则可以收取成员的未付余额。

(2)PJM 技术公司。它是 PJM 的全资子公司,并非 FERC 监管的实体。PJM 技术公司为现有能源市场、系统运营商提供技术解决方案。

(3)PJM 环境服务公司。它是 PJM 技术公司的全资子公司,不受 FERC 监管。PJM 环境服务公司提供了购买和出售可再生能源证书的平台以及提供碳排放和可再生能源证书的报告和数据跟踪服务。数据跟踪服务由 PJM 环境服务公司通过生成属性跟踪系统(Generation Attribute Tracking System,GATS)管理,该系统由 PJM 环境服务公司拥有和运营。

(4)PJM联合公司。2018年1月1日,PJM完成了对公司未受监管子公司的重组。作为此次重组的一部分,新成立的PJM联合公司成为技术公司和环境服务公司的母公司。PJM联合公司是不受FERC监管的实体。PJM联合公司将深厚的电力行业经验与前沿思维相结合,为全球能源行业提供强大的咨询、培训和运营服务。

1.4.11 PJM与其他ISO/RTO互联性分析

PJM的长期区域规划过程从广泛的、跨州角度出发,以最有效和最经济的方式来改进电网,在确保全系统供电可靠的基础上实现经济效益最大化。所以ISO/RTO会跨越广泛的地理区域协调发电和输电,保持发电和负荷的平衡,保证区域电网安全可靠经济运行。这就要求ISO/RTO之间能够跨区域输电,以确保在需求变化时发电量与耗电量能够实时平衡。PJM和中大陆独立系统运营商、纽约独立系统运营商、田纳西河流域管理局(TVA)等多家ISO/RTO之间保持广泛的互联关系。

美国的发电厂有两种制度模式把电通过输电线路输出:区域输电组织和非区域输电组织的平衡监管区。非区域输电组织的平衡监管区是传统一体化运作模式,大小相当于中国的地方电网或省级电网;区域输电组织是最近二十年内在高人口密度且高负荷的区域内出现的新市场模式。区域输电组织在地域上相当于中国的区域电网,但是对地方发电机组的控制性更高,虽然它不拥有发电资产。

在美国,相互毗邻的区域输电组织依赖联合运营协议来管理电力从一个区域输电组织到另一个区域输电组织的流动。在安全约束经济调度中,与另一个区域输电组织的传输接口由系统边缘的一个节点来代表。电力流动根据可靠性依据联合运营协议进行管理,但是交易价格是通过安全约束经济调度计算来确定的。两个区域输电组织之间的连接点在这两个区域输电组织的独立安全约束经济调度中都由一个节点来代表。例如,将风电从一个区域输电组织输送到另一个区域输电组织涉及两次同步调度。在风电机组所在的区域输电组织中,这个节点会成为一个负荷,负荷量与要输出的电量一致。但在接收风电传输的那个区域输电组织的安全约束经济调度中,这个节点为发电节点,发电量按照连接点注入的发电调度。这两个安全约束经济调度将确定传输电能的价格,与这笔风电交易有关的可靠性问题则由两个区域输电组织根据联合运营协议解决。区域输电组织和非区域输电组织平衡监管区之间的交易可通过交易枢纽进行管理,枢纽代表高容量输电中转站,通常是汇聚于一个主要发电站的数条高压输电线路的交汇处。

第 2 章　英国电力交易机构

2.1　英国电力市场历史沿革

1989 年以前,电力由国家经营,专设中央发电局(CEGB),全面管理英格兰和威尔士电网的发电、输电和配电,实行高度垄断。

1989 年,英国通过电力法,将中央发电局拆分为四部分:国家电网公司(NGC)、国家电力公司(NP)、国家发电公司(PG)和核电公司(NE)。英国电力行业实现了发电、输电、配电和售电的分离,并建立了强制性的电力交易市场——电力库(POOL)。所有发电厂都需要通过电力库售电,此时的 NGC 扮演了系统运营商和市场运营商的双重角色,既负责主、配网传输和调度,提供辅助服务,又负责管理电力库市场的结算系统和资金。

由于电力库模式管理过于集中,是纯粹的单边市场,投标和竞价过于复杂,价格信号不透明等问题,英国政府于 2001 年 3 月 27 日推出新的电力交易规则——新电力传输协议(NETA),从全电量竞价的强制性发电侧竞争市场电力库模式向以双边交易为主,市场主体自愿参与的 NETA 交易机制转变。NETA 模式的最大特点是以中长期交易的双边交易为主,以平衡机制和事后不平衡结算为辅。在新的机制下,NGC 随着电力库模式的取消不再负责电力库交易的运作和结算,而只负责平衡市场以完成实时调度、阻塞调度和平衡合同的任务。同时市场交易管理权从 NGC 独立出来,由其下属子公司——英国电力结算公司(ELEXON)承担计量和不平衡结算。尽管 ELEXON 与 NGC 是隶属关系,但其日常运营完全独立,不受任何市场参与者左右。

2005 年 NETA 模式推广到包括苏格兰在内的地区,从而形成了全英国统一的电力市场,称为英国电力贸易和传输机制(BETTA)模式。为了推动可再生能源的发展,2013年针对差价合同(CFD)和容量市场两项政策提出改革草案,并于2014年正式实施新一轮电力市场化改革,举行了首次差价合同和容量市场拍卖,并对相关规则进行了修订。2013年3月31日,英国政府终止发放可再生能源义务,最终通过差价合同替代可再生能源义务支持英国可再生能源的发展。对于2017年3月31前的可再生能源装机,可再生能源义务制度仍然有效,但之后装机的可再生能源机组,将不再实行可再生能源义务。2017年8月,英国的天然气与电力管理办公室(OFGEM)宣布将对英国NGC的调度职能实施法律分离。新成立的英国电力系统调度机构将作为英国NGC的子公司,拥有独立的经营执照,并与NGC其他业务保持独立性。英国电力体制改革的总体历程如图2-1所示。

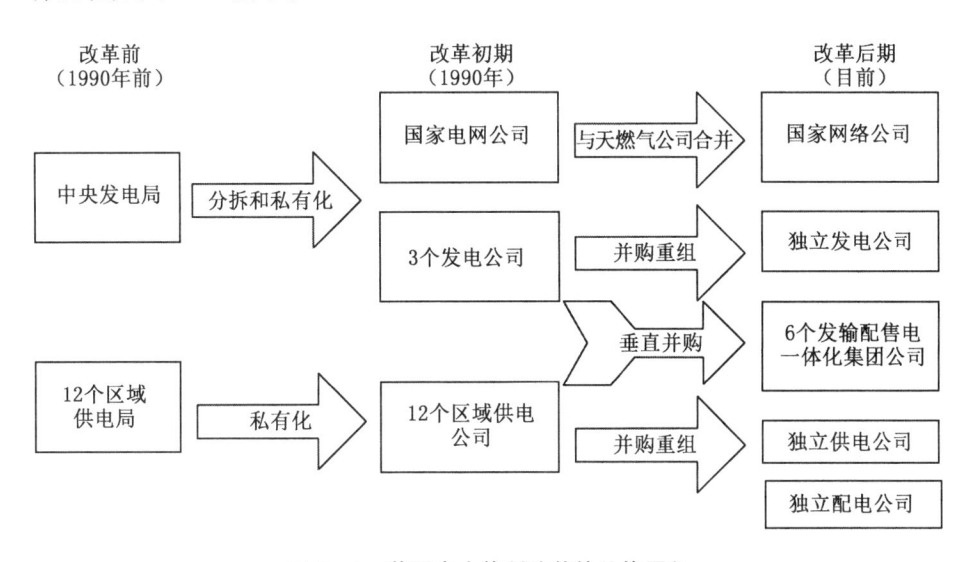

图2-1 英国电力体制改革的总体历程

在英国电力市场改革历程中,英国电力市场历经电力库模式、新电力传输协议模式、英国电力贸易和传输机制模式以及低碳化改革四次变革,形成了场外中长期双边交易为主,交易所现货交易为补充的典型分散式电力市场(李基贤等,2021)。

2.2 英国电力市场基本情况

2.2.1 英国电力市场机构设置

在英国电力市场改革历程中,电力库模式下并没有建立独立的电力交易中心,而是由国家电网公司负责电力库的运营。直到2000年,英国成立了第一个独立的电力交易中心——英国电力交易所(UKPX)以开展现货交易。紧随其后,荷兰的阿姆斯特丹电力交易所(APX)在2001年也开设了针对英国电力市场的现货交易。2004年,UKPX被APX收购。2010年,北欧电力现货交易所和纳斯达克—欧麦克斯集团(Nasdaq OMX)推出了专门针对英国电力现货交易的N2EX交易平台,与APX形成了竞争关系。2015年4月,欧洲电力交易所(EPEX SPOT)和APX宣布整合其业务,自2016年12月31日起,所有APX实体均以EPEX SPOT品牌名称运营。交易中心的各类交易均采用匿名方式开展,市场成员必须以现金或信用证的形式提供抵押担保。

英国的调度和交易机构相互独立、解耦。其中调度业务由英国国家电网公司承担,英国国家电网的调度中心(National Grid Electricity Transmission,NGET)负责购买辅助服务,可通过签订双边合约或集中招标的方式实施,属于私营企业(曾鸣、段金辉等,2013)。电力物理交易业务由两家电力交易机构APX和N2EX负责,电力金融交易则由Nasdaq OMX负责。

英国电网调度机构分为两级:

一是国家电网公司输电网运行控制中心。主要负责275千伏、400千伏等高压输电网。国家电网公司输电网运行控制中心除了负责调度管辖范围内设备的安全监视、事故处理和抢修等之外,还要负责全网负荷的实时平衡,其调度职能在整个调度体系中居于主导地位。

二是各区域配电公司配电网运行控制中心。主要负责132千伏以下配电网。各区域配电公司配电网运行控制中心负责调度管辖范围内设备的安全监控、事故处理和抢修等。上述两层调度之间既无资产关系也无行政关系,只有纯业务联系。

UKPX 与 NGET 基本上没有业务上与信息上的交互，也不掌握电网的实际物理拓扑信息。实时的平衡机制则需要考虑真实网络约束，并要求发电商申报其实际的运行参数，在实施平衡调节与阻塞管理时考虑。基于电力交易与调度完全分离，实物合同和金融合同均无须安全校核。双方具体业务如下：

(1) NGET 的调度业务主要是确保系统平衡、阻塞管理和确定电网设备的运行与检修计划等，以每年、每星期、日前为分析周期，结合已有交易、负荷预测信息、预分析平衡裕度、输电阻塞等情况，调整线路的停运计划与传输限值，同时提前签订辅助服务合约用于实时调度，以适应市场成员的交易结果。

在实时平衡阶段，根据系统的供需不平衡量、阻塞区的阻塞情况，以最小再调度成本为目标，选择调用 NGET 事先签订的一些备用资源，或对市场成员所提交的发用电计划曲线进行调整。

(2) N2EX 负责短期、场内物理交易，APX 与纳斯达克交易所提供标准化的期货合同交易，电力期货交易是在交易所内进行集中交易。其具体业务内容包括交易申报、市场出清、市场定价及交易结算等工作。市场范围包括：即期付款市场(Prompt Market)、现货市场(Spot Market)、日前拍卖市场(Auction Market)。

英国电力结算公司进行不平衡结算。ELEXON 是国家电网公司的全资子公司，但是国家电网公司不能参与 ELEXON 的运营和管理。ELEXON 是英国电力供应和分销行业的核心，管理英国现货电力市场的平衡结算及安排，涉及英国的约 2 800 万客户、能源公司和电力供应商。该公司还负责制定电力市场交易规则——平衡和解决代码(BSC)。

2.2.2 英国电力市场交易类型

2.2.2.1 电能市场

(1) 双边合约。英国电力市场中的电能市场交易包括中长期合同市场和平衡机制两部分。其中，中长期合同市场的运作按照时间尺度的不同，又划分为中长期双边合同和短期现货交易合同两大类。

中长期的双边合同主要采取双方见面、场外交易(OTC)的方式进行，占电力合同签订总量的 90% 左右。双方达成双边交易后，需要将合同签订的电量通知给经过授权的报送机构,由报送机构将合同信息提交给 ELEXON。远期合同可以由交易双方根据合同,自行对交易电量按照合同电价进行结算,或者通过电力交易中心进行清算与最终结算。

(2)非双边合同。非双边的现货合同通过电力交易中心来进行交易与结算,占电力合同签订电量的 10% 左右。电力交易中心提供三种不同时间尺度的交易合同类型:日前拍卖、现货和即期付款市场。其中,日前拍卖市场指的是日前进行双向匿名的交易,交易范围为次日每小时的电量,撮合成功后通知买卖双方。现货市场的运营时段为实际运营前 2—7 天,可以交易 0.5—4 小时"整块"的电量。即期付款市场的运营时段为实际运行前 7—28 天前,可以交易 8—168 小时"整块"的电量。交易成功的合同由电力交易中心报送 ELEXON。

(3)平衡机制。平衡机制的流程是:日前 9:00,NGET 公布相关的市场信息;日前 11:00,市场成员提交初始的发用电曲线(IPM),在关闸之前一直可以修改;日前 16:00,调度部门不再接收申报的买方报价和卖方报价(Bid/Offer),并形成最终的发用电曲线(FPN)和次日的发电计划。英国电力市场对于运行日的定义是从 5:00 至次日的 5:00。

①公布市场信息。NGRT 首先会公布市场相关信息,主要包括:次日不同时段的负荷预测(以半小时为粒度),包括事先分析的阻塞区域负荷;次日各个时段市场成员增减出力的申报情况;次日各个时段的系统平衡裕度和不平衡情况;公布系统运行的安全预警情况。

②申报 Bid/Offer。市场成员直到关闸前可以进行增减出力的 Bid/Offer 申报,且必须成对提交。其中,Bid 就是平衡机制单元(BMU)需要向调度付钱,是指减少发电机出力或增加负荷的报价。Offer 就是 BMU 向调度收费,是指增加发电机出力或减少负荷的报价。当 BMU 按照成本最小的原则确定了需要接收的 Offer/Bid 时,ELEXON 会按照报价对中标量进行结算,即一机一价的原则,而不是采用市场出清的边际价格进行结算。此外,除去价格参数外,BMU 还需要申报一些与运行有关的物理参数,如最大最小出力、爬坡速率和受阻情况等。

实际运行结束后,可能出现实际生产或使用电量与交易电量不相等的情况,由 ELEXON 进行不平衡结算,不平衡电量等于计量电量减去合同电量和平衡调整量。不平衡电量的结算价格采用两部制,分别为系统买入价(Pb)和系统卖出价(Ps)。发电商超发或售电商少用电时的不平衡电量按 Ps 结算,Ps 是被接受的平衡下调量价格的加权平均值;发电商少发电或售电商多用电时的不平衡电量按 Pb 结算,Pb 是被接受的平衡上调量价格的加权平均值。不平衡电量的结算费用由不平衡电量与不平衡电价计算得到:

$$C_m = \begin{cases} Q_{im}P_s & \text{发电商超发或售电商少用电时} \\ Q_{im}P_h & \text{发电商少发或售电商多用电时} \end{cases}$$

平衡机制的意义在于:一是为 NGET 提供了在实时运行前 1h(H-1)阶段调整发电与负荷的手段;二是为市场成员的不平衡电量提供了结算价格。

比较有特色的是,英国国家电网为了降低系统运行成本,除通过平衡机制来解决电能不平衡和网络阻塞之外,还可以在平衡机制开启前,主动提前购买或出售一些电能。例如,当调度机构预测次日某些时段会出现电力短缺时,可参与电力交易所的日前或日内交易,提前购买部分电能;当调度机构预测某些区域会出现网络阻塞时,可与特定区域的机组签订双边合同(一般为长期合同)进行阻塞管理。

与 POOL 模式相比,NETA 模式的主要变化体现在:

①市场需求者参与市场定价,由发电侧单边市场转向双边市场;

②双边合同成为市场的主要部分,年、月、日的期货交易均是双边合同,短期的现货交易依托平衡机制实现;

③平衡机制主要用于调整额外的供求变化。

NETA 模式在英国取得了巨大的成功。为此英国政府在其基础上进一步扩大,将其推广至苏格兰地区,开始实施 BETTA 模式。BETTA 模式是以 NETA 模式为基础,建立全国统一的电力交易、平衡和结算系统,统一了输电定价方法和电网使用权合同,制定了《英国电力平衡与结算规范》和《联络线与系统使用规范》,在全国范围内实行单一的交易、平衡和结算机制,使电力市场的扩展、运行、管理、监管更为容易,运营成本更低。

2.2.2.2 辅助服务

(1)辅助服务简介。平衡机制是通过组织实时的短时交易(半小时为交易周期)实现的,而其他非电能量交易的平衡手段则可以纳入辅助服务范畴,这些辅助服务连同平衡机制一起,在英国被称为平衡服务。英国的辅助服务全部类型有 22 种,但多数仅在一些特殊情况下被调用,常用的服务品种有:频率响应、快速备用、运行备用、短期运行备用、平衡机制启动、黑启动、无功电压的调整等。英国国家电网通过平衡机制、招标和双边合同等方式获取辅助服务。

频率响应服务用来保持系统频率在安全范围内,提供者既可以是电源也可以是负荷,该服务可以在事故发生的第一时间投入使用。英国的频率响应服务又分为强制频率响应、固定频率响应和需求侧频率控制。强制频率响应包括一次调频、二次调频和高频响应,这些服务由并网运行的机组义务提供,没有组织相应的市场。强制频率响应并不能完全满足系统运行的需求,剩余需求由固定频率响应实现,通过自动发电控制系统完成控制和记录。固定频率响应允许集成资源(如负荷和可再生能源发电等资源的整合)参与提供,并通过月度或多月招标方式获取。需求侧频率控制由可中断负荷提供,这是一个低频减载的预先约定,要求至少能在 2 秒钟响应指令,且提供持续 30 分钟 3 兆瓦以上的容量,该服务通过双边合同协商确定。

快速备用相当于旋转备用,是对上述频率响应的补充,可根据英国国家电网的指令由发电机组增加出力或者负荷减少用电来实现,通过月度招标获取。技术上要求 2 分钟内启动,并达到 25 兆瓦/分钟的爬坡速率,至少有 50 兆瓦的容量且能持续 15 分钟。

短期运行备用即事故备用,也可以由发电和负荷提供,通过每年三轮的竞争性招标获取。技术上要求至少 3 兆瓦容量,24 分钟内完全启动,至少持续 2 小时。

平衡机制启动服务给予英国国家电网在必要时启动离线平衡机组的手段,通过标准合同获取,按小时付费。该服务包括平衡机组冷启动和热备用两种形式,冷启动要求在 89 分钟内完成,而热备用则要求更快。

综上所述,英国电力市场对有功平衡的服务,按响应时间、持续时间、最小容量、联网/离网状态,根据系统运行的具体需要和相关资源的技术性能,产生一系列产品类型的组合,并根据装机结构、负荷特性、供需形势等条件的变化随时进行调整。

黑启动服务,包括签订黑启动协议与快速启动协议。快速启动指在接到命令的 5 分钟内与电网同步,将其出力升到满负荷并能持续 4 小时。黑启动服务通过长期的双边合同协商获得。

无功电压的调整。英国国家电网利用发电商的无功功率调整能力和自己的输电资产来控制实时的无功潮流。

(2)辅助服务交易。双边合同的执行偏差需要英国国家电网兜底,以确保系统整体供需保持平衡,而英国国家电网在维持系统平衡过程中所扮演角色是经过政府授权的,具体措施主要在平衡与结算规则里规定。类似于电能量交易,发电商也能通过谈判和竞价等形式卖出各类服务,一般而言,发电商出售辅助服务时通常会得到两笔费用:容量费用和使用费用。

辅助服务的最小时段为 0.5 小时,并以此作为结算周期。市场成员之间签约并在每个结算周期之前 1 小时将合同约定执行的详细信息报送英国国家电网。这些信息包括供需关系、预计发用电功率以及买卖报价等。然后基于综合报价信息,英国国家电网就可以调用各种服务。

2.2.2.3 容量市场

长期以来,英国只有电量市场、没有容量市场。在 2011 年前,英国一直拥有足够的容量富余来保障安全供应。但是游戏规则悄然发生改变。首先,风电容量迅速增加,市场因为负荷和不稳定的天气而受较大影响。其次,为了在 2020 年前实现 15% 的可再生能源目标,英国需确保 30% 的电力来自可再生能源,于是政策对火电采取限制的态度。

按照 2013 年年底颁布的《英国电力市场改革执行方案》描述,此次改革的重点是成立一个容量市场,即通过给予可靠容量以经济支付,确保在电力供应紧张的时候市场仍拥有充足的容量,保证现有机组的盈利能力和电力供应安全。

英国容量市场是在电量市场外单独设置的,范围包括英格兰、威尔士和苏格兰,但不包括北爱尔兰。发电商可以同时参与电量市场和容量市场的交易。为保证电力运行有足够的备用容量支持大比例间歇性的可再生能源上网,在原有电量市场外新设立容量市场机制,容量机制包括在市场之外通过行政手段获得的目标型容量机制,以及独立于电能市场之外的市场型容量机制。对于市场型容量机制,除差价合同支持或有可再生能源义务的发电企业之外,大部分符合规定的电力生产者和消费者可以参与该市场。备用容量的需求分析由电网调度机构执行，备用容量的参与方必须按需提供相应的容量。

2014年11月，容量市场进行了首次交易，这次交易以拍卖形式进行，标的物为容量交付年系统所需的发电容量。英国国家电网公司在政府授权下，作为实施容量市场的监管者，对电力需求做出评估后组织容量拍卖。

在竞标完成后，容量提供者将在2018/2019年冬季交付容量，以确保电力供应安全，并会得到相应的报酬，否则就要被采取罚款措施。与电量市场一样，容量合同的费用将根据市场份额由供应商提供，经ELEXON支付给容量提供者，如果容量提供者面临罚款，罚款也会经ELEXON交给供应商。

容量市场与电量市场的区别之一是，在容量市场中，分为一级市场和二级市场，两个市场均有各自的适用范围，但拍卖的原则一般是满足一级市场之后再分配给二级市场。比如，如果在2014年11月交易的容量提供者有需求，可以在2017年进行二次交易。同时只要符合资格，之前未参与一级市场拍卖的容量提供者也可以参与到二级市场中。

2.2.2.4 金融市场

英国电力市场中的电力金融产品包括低碳承包公司（LCCC）提供的差价合同、洲际交易所（ICE）提供的电力期货以及APX/纳斯达克交易所提供的电力金融产品。LCCC提供的差价合同本质上是由符合条件的间歇性发电资源（包括风电、光伏发电等）、基荷发电资源（核电、化石燃料发电等）业主与LCCC自愿签订的购电协议，为双向差价合同。差价合同签订后，无论市场批发价格如何波动，发电者都将获得合同规定的执行价格。即市场价低于执行价时，发电商可以获得市场价与执行价之间的差额作为补贴，市场价高于执行价时，发电商需要退还市场价与执行价之间的差额给LCCC。LCCC负责签署和管理差价合同以及管理差价合同支付，差额资金由国家补贴进行支付，国家对每年补贴的总额规定了具体的额度，执行价格随时间进行动态调整，不同类型的可再生能源发电量执行价格可能不同。

洲际交易所为英国电力市场提供的电力期货包括峰荷电力期货及基荷电力期货，且与其他大多数电力期货产品不同，这种期货到期只能进行实物交割，需要将成交电量均分到交割周期内的每个小时。电力期货产品得以进行实物交割与英国分散式电力市场模式有关。英国电力市场以中长期双边交易为主，且为物理合同，少部分电量日内平衡。交易截止日之前，期货合同的做多者以及做空者可以通过对冲平仓机制对冲了结，但最后交易日过后，未对冲了结的期货合同的买方或者卖方将分别被视为物理电力的买方和卖方，按合同量均分到期货合同对应日期和对应时段，具体买卖数据由洲际交易所提交英国国家电网公司控制的调度机构进行调度安排，并提交不平衡电量给 ELEXON 进行履约结算。洲际交易所为英国电力市场提供的电力金融产品主要信息如表 2-1 所示。

表 2-1 英国电力市场电力金融产品概况

	峰荷电力期货	基荷电力期货
时间段	7:00—19:00	23:00—22:59
最后交易日	实际送电前两个工作日	实际送电前两个工作日
结算价格	市场竞价决定	市场竞价决定
结算方式	实物交割，均分到对应周期、对应时间段的每小时	实物交割，均分到对应周期、对应时间段的每小时

2.2.3 英国电力市场结算

英国电力批发市场的数据信息流如图 2-2 所示。在合同交易市场中，对于通过场外交易签订的远期合同，交易双方需要授权一个通知代理在 BSC 中央系统中进行注册，由通知代理将合同电量通知给 BSC 中的合同电量采集系统。对于期货交易和日前交易的合同电量，由交易中心直接进行通知。合同电量采集系统整合每 0.5 小时结算周期的所有合同电量数据，一并传送至结算管理系统。对于平衡机制，在运行时段结束后，将所接受的所有上调或下调量，以及相应的 Bid/Offer 价格数据传送至结算管理系统。另外，用电计量系统和发电计量系统将该运行时段用户或发电商的实际用电量和发电量进行采集并传送至结算管理系统。结算管理系统利用收到的信息与数据对系统运行机构购买的不平衡电量的费用进行计算，将得出的费用传送至资金管理系统进行信息通知与结算。

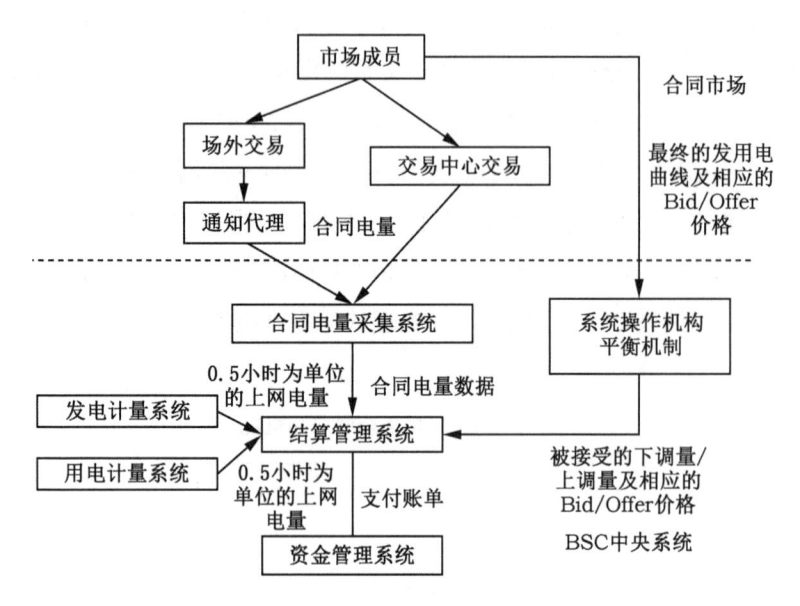

图 2—2　英国电力批发市场数据信息流

2.3　英国电力市场监管体系

2.3.1　英国电力工业私有化之前的电力监管

第二次世界大战后,英国有大约560家电力供应商,其中约1/3是私营企业。1947年的电力法案对英格兰、威尔士和苏格兰南部的电力工业进行了重组和国有化,该法案将英国电力局(British Electricity Authority, BEA)建立为负责发电和输电以及供应政策和财务的公共公司,此外,该法案还创建了14个区域委员会——其中12个位于英格兰和威尔士,2个位于苏格兰南部,每个区域都是一个独立的公共公司,负责本地区的电力配送和零售。1954年英国电力局调整为中央电力局(Central Electricity Authority, CEA),并在苏格兰建立了独立的苏格兰南部电力委员会(South of Scotland Electricity Board, SSEB)和苏格兰水力发电委员会(Hydro-Electric Board, H-EB)。1957年,英国电力法案进一步重组了英格兰和威尔士的电力行业,为了将权力有效下放,CEA分为中央发电委员会(Central Electricity Generating Board, CEGB)和电力委员会(Electricity Council, EC)。CEGB

在英格兰和威尔士拥有发电厂和电网,负责向英格兰和威尔士的12个区域电力委员会供电,拥有极大的自主权。EC由3名全职成员和12个区域电力委员会的主席以及CEGB的3名代表组成,在电力行业的重点问题上发挥协调作用,并代表电力行业向政府建言献策,以促进和协助英格兰和威尔士电力局的维护和发展,实现电力系统的高效、协调和经济运行。

英国电力工业私有化前结构的特点是发电、输电、配电和供电的广泛垂直整合。英格兰和威尔士的国有化产业结构由一家大型发电和输电公司主导,该公司将电力批量出售给12个区域配电商,每个配电商都有一个独立的供应区或特许经营区(见图2-3)。在苏格兰,由两个垂直整合的委员会行使区域垄断,二者在使用发电厂时密切合作,以确保以最低成本满足各自需求。

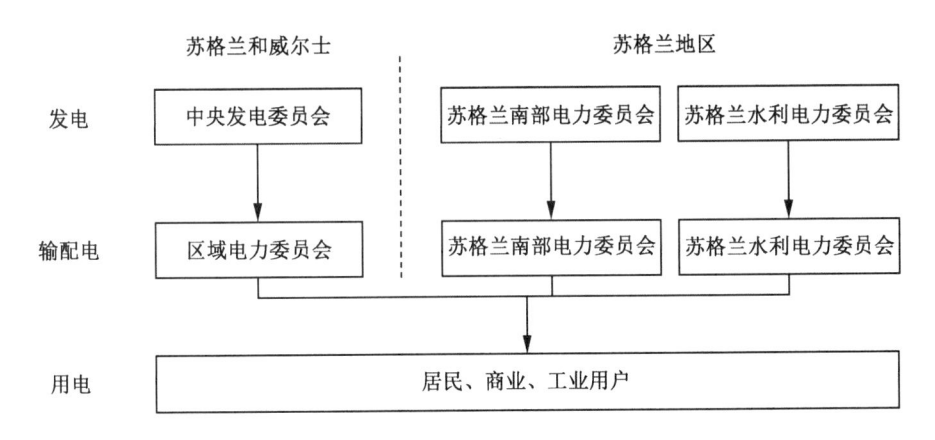

图2-3 英国电力工业私有化前结构

此时尚未形成有效的监管体系。在这种集中管理体制下,像其他国有化产业一样,电力产业及其监管的主要问题是,在产品市场和资本市场上不存在竞争机制,经济决策具有浓厚的政治色彩,外部监管或管制内部化。这主要表现在三个方面:一是由于不允许新企业进入电力产业,消费者对电力供应者缺乏选择权,与此相适应,电力企业没有考虑消费者刺激;二是由于政府负责电力企业的资金需要和价格管理,企业不存在破产的危险,因而也就不存在提高效率的刺激;三是企业制定决策服从政府的政治需要,这就使企业没有明确的管理目标,无法确定首先应考虑"商业"目标还是"公共利益"目标,事实上,企业的投资项目和价格都受政府短期政治需要的影响或控制。

2.3.2 英国电力工业私有化之后的电力监管

2.3.2.1 电力市场结构及监管职能

1989年英国电力法为英国电力工业的重组和私有化奠定了立法基础。该法案规定了从国家到私人投资者的所有权变更、引入了竞争市场以及建立了独立监管体系。英国电力行业在私有化之前进行了重组，由公共垄断基本上转变为私人垄断。

1990年3月31日，英格兰和威尔士引入了一种新的产业结构，这次重组：

(1)将CEGB拆分为三家发电公司和国家电网公司。

(2)用12个区域电力公司(Regional Electricity Companies，REC)替换了区域委员会。当地的配电系统被转移到REC，每个REC都有义务根据要求在其授权区域提供所有合理的电力需求。在确定REC的授权供应区域时，对区域配电商的边界进行了一些小的修改。REC共同拥有NGC，每个REC持有与其规模成比例的股份。

(3)建立POOL作为在英格兰和威尔士交易电力的批发市场机制。

(4)废除电力委员会。随着电力产业私有化及电力市场改革的进程加速发展，1989年英国政府颁布《电力法》，为电力产业建立了新的政府管制体制框架(潘立春，2017)。按照这一法律，设立了新的电力监管办公室(Office of Electricity Regulation，OFFER)，并由能源大臣委任一个电力供应(管制)总监(Direct or General of Electricity)，由电力供应(管制)总监担任电力监管办公室主席，任期五年。电力产业的政府管制权力主要由电力供应(管制)总监、能源大臣和统管各个基础设施产业的垄断与兼并委员会三者共同实施，所做的工作主要有重构了电力市场的参与主体，在电力生产和电力销售方面引入了竞争，同时加强了电力产业的环境管制。

电力监管办公室对电力产业总的管制途径可以总结为以下两点：一为防止在电力产业中从事自然垄断性业务(如电力输送与分销)的企业滥用垄断力量，实行最高限价管制；二是采取适当的管制措施，以促进电力生产与供应企业之间的高效率竞争。英国这种由单一机构负责电力工业管制的制度其决策过程比较简单，独立性与权力也比较大。电力监管办公室推动了英国电力体制改革,提高了市场的竞争水平,这在私有化改革前或非单一机构管制下是难以完成的。

2.3.2.2 电力监管办公室对电力行业的监管

(1)促进电力产业市场结构的调整。在新的管制体制下,把原来 CEGB 从横向和纵向划分为四部分。从横向来看,CEGB 原有的电力生产资产被划拨到国家电网公司、发电公司和原子能电力公司。从纵向来看,CEGB 原有的电力输送资产转给新组建的国家电网公司,原来的几个区域电力企业改组为区域电力公司,它们共同拥有国家电网公司。这样,电力输送与电力生产实现垂直分离后,又与电力分销实现了垂直一体化。

国家电网公司负责许多原来由 CEGB 承担的协调活动,协调活动的主要依据是国家电网公司与发电公司、各区域电力公司和电力批发市场的其他企业签订的有关协议。12 个区域电力公司按照其经营许可证的规定,对本地区范围内电力最大需求量小于 1 000 千瓦的用户拥有垄断供应权,但要对电力分销与供应业务实行独立核算。这样,区域电力公司在电力零售供应方面是竞争者。管制当局为协调电力生产与输送设计了批发电网(Wholesale Power Pool),它是一个大批量电力交易的"批发市场",这个电网的经营者是国家电网公司。发电公司以获取"电网采购价"(Pool Purchase Price,PPP)向批发电网供电,区域电力公司、电力零售供应者和大型用户以"电网销售价"(Pool Selling Price,PSP)从批发电网取得电源。发电公司与电力零售企业、区域电力公司之间通过合同关系实现协调。

(2)促进电力市场竞争的政府管制措施。尽管电力监管办公室重构了电力市场,但由于电力产业的技术特征和供求特点及信息不对称,电力生产、输送、配送、供给各环节依然有不同程度的垄断存在,特别是改革初期,这种情况很普遍。为促进电力市场竞争,电力监管办公室主要有以下几方面的工作:

①促进电力生产市场竞争。尽管电力监管办公室不实行价格限制,但它可以通过对某些怀疑有垄断行为的公司向垄断与兼并委员会提出调查请求,对寡头垄断实施干预。此外在发电公司与配送公司兼并、重组问题上,电力监管办公室也坚持了维护电力市场竞争的立场。随着独立电厂(IPP)的大量出现,电力市场竞争已比较充分。

②促进电力供应市场竞争的政府管制措施。在电力供应市场上,电力监管办公室积极推进用户对电力供应企业自由选择进程,同时规定了电力供应企业的职责和义务:14个发电公司(英格兰与威尔士的12个地区电力公司和苏格兰的苏格兰电力公司与水电公司)应执行两种基本职能:一是每个企业在本地区内应高效、经济操作和维护电力分销网络系统,使其他供应企业能有效运用其电力分销网络;二是每个企业作为电力供应者,按照其经营许可规定,有权向最终电力消费者提供电力。同时,电力监管办公室指出,加强"第二层次供应企业"对居民消费者的法律责任,以充分保护消费者的利益。

③输送、配送电力方面的政府管制措施。电力输送、配送具有自然的垄断的特点,在这些领域,政府通过价格管制对输送、配送电力企业产权实施较严格的界定。

(3)进行价格管制。在电力产业能实现较充分竞争的领域,电力监管办公室则放开价格,充分发挥价格配置资源、协调供求的作用。在竞争不充分或自然垄断的领域引入价格管制。价格管制的模型就是零售物价指数(Price Retail Index-x,PRI-x),在具体运用中,以平均效益为管制基础的。在确定 x 时,电力监管办公室既要考虑到消费者的利益,又要对电力企业产生较强的经济刺激。

2.4　北欧电力交易所基本情况

2.4.1　北欧电力交易所的发展历程

1996年,挪威和瑞典建立了联合电力交易所,命名挪威—瑞典联合电力交易所(Nord Pool ASA),是第一个跨国界交易的电力市场。

1998年,芬兰加入 Nord Pool ASA。同年,Nord Pool ASA 在丹麦的欧登塞开设了丹麦办事处。同年,北欧电力市场咨询公司(Nord Pool Consulting AS)成立,由挪威电网公司、瑞典电网公司和芬兰电网公司三家出资建立,各持股1/3。该公司主要提供电力市场战略和管理服务,主要在欧洲以外地区,为政府公共当局、监管机构和欧洲输电系统运营组织者(ETSO)服务,属于北欧电力交易所的全资子公司。

2000年，丹麦全网正式加入北欧电力市场交易，北欧电力交易所（Nord Pool）正式成立。

2002年，北欧电力交易所的市场被分离出来，成立北欧电力现货交易所（Nord Pool Spot）。同年，北欧电力交易所清算业务被拆分为独立的公司——北欧电力清算所有限公司（Nord Pool Clearing ASA）。

2003年1月6日，北欧电力清算所有限公司也从北欧电力交易所独立出来，成为北欧电力交易所的全资子公司，负责北欧电力交易所和双边交易中标准合同的清算业务。

2005年，北欧电力交易所成为第一家开始交易和清算欧盟排放配额（EUA）的交易所。

2008年，Nasdaq OMX收购了北欧电力衍生品交易所。北欧电力衍生品交易所作为世界上最大的电力衍生品交易所，业务范围不仅覆盖了北欧地区的电力衍生品交易，还是欧洲碳排放交易的重要交易所。但不包括物现货交易，后者由Nord Pool Spot经营。Nasdaq OMX已经于2008年10月收购了北欧电力交易所的清算所、衍生品交易所与咨询公司。新的合并企业被命名为纳斯达克—欧麦克斯欧洲商品交易所（Nasdaq OMX Commodities），以北欧电力交易所原有的能源为基础，于Nasdaq OMX旗下负责全球的商品交易。原北欧电力交易所的结算部分并入Nasdaq OMX结算事业，咨询公司并入Nasdaq OMX的国际事业市场服务（Nasdaq OMX International Market Services）。

2010年，Nasdaq OMX Commodities和北欧电力现货交易所推出英国N2EX市场。前者提供出清服务，后者运营现货市场。

2014年10月，北欧电力现货交易所正式接管英国电力市场N2EX的现货出清和运行业务。移交完成后，Nasdaq OMX将负责运营英国金融衍生品市场，北欧电力现货交易所拥有英国市场的独家所有权，与北欧电力市场通过区域价格耦合（PCR）项目进行耦合。

2015年，北欧电力现货交易所被指定为10个欧洲国家（奥地利、丹麦、爱沙尼亚、芬兰、法国、英国、拉脱维亚、立陶宛、荷兰和瑞典）指定电力市场运营商（NEMO）。

2016年，北欧电力现货交易所重新命名为北欧电力交易所。

2017年，北欧电力交易所宣布计划将电力市场引入爱尔兰，并推出了新的清算和结算系统，以帮助简化欧洲区域的电力交易结算。同年，和北欧电力交易所宣布计划为保加利亚推出日内市场。

2.4.2 北欧电力交易所的职能

北欧电力交易所是欧洲领先的电力市场交易机构，提供遍及欧洲的有效、简单和安全的电力交易。目前，来自20个国家的380家公司接受北欧电力交易所提供的电力市场日前交易、日内交易，以及相应的清算和结算服务。但它并不负责电网调度，电网调度由各国调度机构负责。

2.4.3 北欧电力交易所的市场主体

北欧电力交易所的市场主体包括发电商、电网运营商、零售商、交易商和用户(周明，2017)，发电侧和零售侧开放竞争，输配电仍为垄断。电网运营商为国家电网公司、区域电网公司和本地电网公司。交易商一般是没有发电机组的中间商，通过合理的购电策略购得电量并出售给零售商，他们的存在增加了市场的活跃度。零售商直接面向用户，除展开售电业务外，一些零售商还兼具平衡职责，成为平衡供应商(Balance Responsible Part，BRP)，负责一定区域内的电力交易平衡。

2.4.4 北欧电力交易所的主要产品

场内短期集中交易N2EX的交易分为周前主拍卖市场(Main Auction)、周前半小时拍卖市场(Half-hour Auction)和日内市场(Intraday Market)。N2EX由北欧电力交易所运行，其周前交易品种、日内交易品种均与APX相反。

(1)Main Auction。Main Auction提前一周周二进行，交易标的为下周的每小时的负荷块。

(2)Half-hour Auction。Half-hour Auction提前一周周二进行，交易标的为下周的每半小时的负荷块。

(3)Intraday Market。Nord Pool日内交易的交易标的与APX的Prompt Market和Spot Market一样，但开展时间为日前到日内。Nord Pool日内市场

具体交易品种及开展时间如表2-2所示。

表2-2　　　　Nord Pool 日内市场具体交易品种及开展时间

交易品种	执行时间	开始时间	关闸时间
基荷	日前23:00—当天23:00	日前00:00	实时前79分钟
峰荷	07:00—19:00	日前00:00	实时前79分钟
延长峰荷	07:00—23:00	日前00:00	实时前79分钟
3+4能量块	07:00—15:00	日前00:00	实时前79分钟
通宵能量块	23:00—07:00	日前00:00	实时前79分钟
4小时能量块	6个区间块可选,第1个区间从日前23:00开始。第6个区间到当天23:00结束	日前00:00	实时前79分钟
2小时能量块	12个区间块可选,第1个区间从日前23:00开始。第6个区间到当天23:00结束	日前00:00	实时前77分钟
1小时能量块	24个区间块可选,第1个区间从日前23:00开始。第24个区间到当天23:00结束	日前00:00	实时前76分钟
0.5小时能量块	48个区间块可选,第1个区间从00:00开始。第48个区间到当天00:00结束	日前00:00	实时前75分钟

2.4.5　北欧电力交易所组织结构

(1)2008年前北欧电力交易所的组织结构。北欧电力交易所并不是仅仅指一个机构,而是根据功能的不同形成了三个实体:

①北欧电力交易所负责金融交易,由电力交易所全资拥有。

②北欧电力清算所(Nord Pool Clearing)。由于电力交易法案规定同一个公司不能既负责交易又负责清算,所以单独成立电力清算所负责北欧电力市场的清算工作。除了电力交易以外,还为其他标准化的商品交易提供清算服务。

③北欧电力现货交易有限公司,该公司承担着组织现货交易的职责,并受到银行保险和证券委员会的监督。

北欧电力交易所还成立了北欧电力市场咨询公司提供市场战略与管理服务,为政府公共当局、监管机构等提供咨询服务,由北欧电力交易所全资拥有。

北欧电力芬兰公司(Nord Pool Finland Oy)负责北欧电力平衡市场,为北欧电力现货交易所全资拥有。北欧电力交易所的机构设置如图2—4所示。

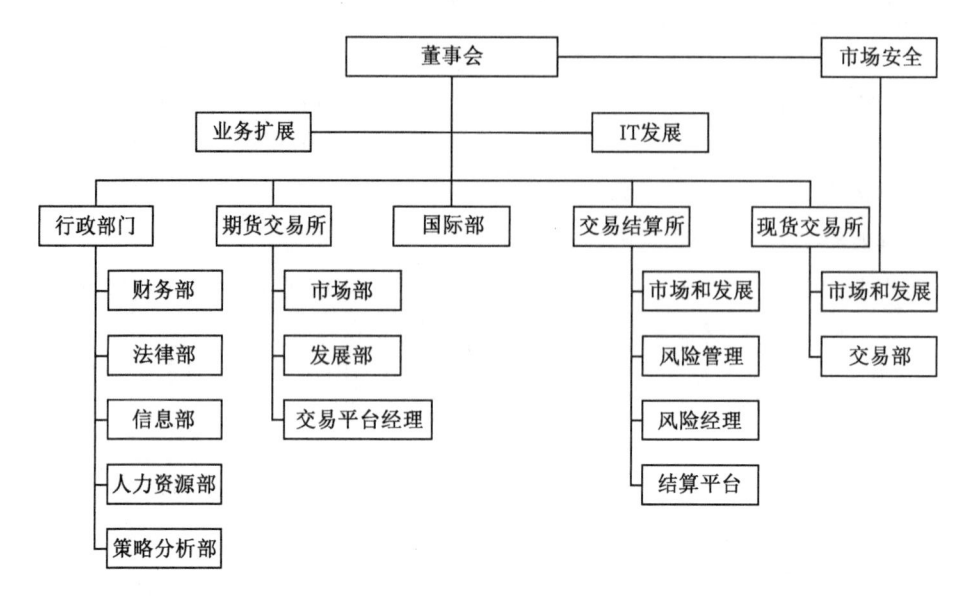

图2—4 北欧电力交易所的机构设置

股东大会是北欧电力交易所的权力机关,董事会是股东大会的执行机关,董事会由董事长、首席执行官和其他7个董事会成员构成。按功能下设业务扩展、IT发展、国际部,按业务下设期货交易所、现货交易所等多个部门。

北欧电力交易所业务涉及多个区域,涵盖385个市场主体,所以在机构设置上拥有数十家子公司,按照国家进行划分设立,该中心既涉及电力现货交易,又经营电力金融交易,甚至有来自美国、英国、德国、瑞士等国家的金融市场参与者。

北欧电力交易所的核心责任如下:

①给电力市场提供价格参考;

②运营现货市场和期货市场;

③作为独立的交易机构参与交易;

④利用现货市场的价格机制优化使用可用容量以缓解电网阻塞;

⑤向调度机构提供交易数据和输送计划。

(2)2008年后北欧电力交易所的组织结构。包括董事会、客户顾问委员、管理团队等。

①北欧电力交易所的董事会负责公司的整体治理，由 8 名成员组成。分别有 1 位董事会主席和 7 名董事会成员构成，董事会主席为首席执行官，其余 7 名董事会成员分别担任市场发展主管、电力系统运营商高级副总裁、市场与系统开发高级副总裁、高级副总裁、CFO 高级副总裁和 2 名员工代表。

②客户顾问委员会是北欧电力现货市场的高级别顾问委员会，是北欧电力交易所和客户之间众多的沟通渠道之一，负责北欧电力交易所运营的所有活动，对所有与北欧电力交易所运营有关的活动提出建议。委员会由电力交易商和行业代表组成，向北欧电力交易所的董事会报告。

③管理团队由 9 人构成，为首席执行官、首席财务官、首席运营官、首席数据官、总法律顾问和员工职能主管、市场耦合运营商总监、市场总监、市场整合和咨询公司的首席执行官。

2.4.6　北欧电力交易所财务状况

总体来说，北欧电力交易所的收入主要来自向市场成员收取的年度固定费用和与交易电量相关的可变费用，提供交易、培训、电力数据、信息管理、咨询等服务获得的收入，以及投资收益。在现货市场的收费标准较为简单，包括：准入费 12 000 欧元/年，服务费 350 欧元/月，交易的手续费买卖双方都支付，标准为 0.08 欧元/兆瓦·时。北欧金融交易市场的收费较为复杂，如表 2—3 所示。

表 2—3　　　　　　　　北欧电力金融市场交易机构收费明细表

收费项目	准入费（NOK）	年费（NOK）	合同交易费（NOK/MW·h）				期权合同（NOK）
			日、周合同	季合同	年合同	差价合同	
费用	50 000	100 000	0.07	0.05	0.04	0.04	小于权利金的 10%

注：挪威克朗（NOK）。

成本由员工开支、折旧、摊销和减值损失、为员工准备的养老金福利以及其他业务费用等构成。其中，其他业务费用包括外部服务提供商进一步开发和运营 IT 基础设施的其他费用、咨询费用、基础设施和市场营销费用、场地和办公室的成本以及主要在销售活动中产生的差旅费用。

北欧电力交易所是一家盈利性的公司,2017年盈利共计33 179 000挪威克朗,折合人民币2 711千万元。

北欧电力交易所设立了保证金制度,作为安全保障机制。在北欧电力现货市场进行交易的成员必须缴纳保证金,保证他们能够支付他们所选择的合约。保证金可以以担保账户的现金形式缴纳,也可以以见索即付保函的形式(An On-demand Guarantee)缴纳。北欧电力交易所在英国的收费明细如表2—4至表2—7所示。

表2—4　　　　　　　　　每年固定费用

参与者(仅限GB市场)	1 600英镑
参与者(GB市场,仅限日内)	9 900英镑
参与者(GB市场和Nord Pool Markets)	2 580英镑
仅查看许可证(View only license)	8 800英镑
客户协议	4 000英镑

表2—5　　　　　　　　　可变费用(拍卖)

交易和清算组合	0.020英镑/兆瓦·时
EVC通知(每个能源账户的净费用)	0.000英镑/兆瓦·时
总成交量费用	0.003英镑/兆瓦·时
最高总体积费(每个日历年)	6万英镑

表2—6　　　　　　　　　可变费用(现货交易)

交易和清算组合	0.024英镑/兆瓦·时
EVC通知(每个能源账户的净费用)	0.000英镑/兆瓦·时

表2—7　　　　　　　　　可变费用(额外费用)

额外交易组合拍卖市场	1 000英镑
额外的日内投资组合	1 100英镑(每年)
现货市场交易取消费	1 000英镑

2.5 欧洲电力交易所的基本情况

2.5.1 欧洲电力交易所发展的历史背景

1996年第一份欧洲内部能源市场指令生效,为欧洲批发能源市场的自由化奠定了基础。2001年法国电力交易所(Powernext)成立。2002年莱比锡电力交易所和法兰克福欧洲能源交易所合并为欧洲能源交易所(EEX)。Powernext和EEX都是欧洲电力交易所(EPEX SPOT)的前身。2003年第二份欧洲内部能源市场指令生效,核心要素是所谓的电力公司业务分拆,它规定公司的发电和销售业务要与其传输网络分离。

2.5.2 欧洲电力交易所的发展历程

2008年9月17日,欧洲电力交易所创立,Powernext和EEX各自拥有欧洲电力交易所50%的股份。

2009年第三个欧盟能源计划生效,其目的是促进欧洲能源市场的合作。

2010年欧洲电力交易所为日前拍卖市场推出欧洲电力交易系统,法国电力交易市场是第一个运行欧洲电力交易系统的市场,德国、奥地利和瑞士于同年9月依次跟进。2010到2013年间,匈牙利、奥地利、瑞士等国电力交易所在欧洲电力交易所的支持下,也以欧洲电力交易系统为基础,推出日前拍卖市场。

2012年,欧洲电力交易所和欧洲能源交易所根据所有欧洲电力交易所的市场数据推出欧洲电力指数,并且推出日前跨境交易解决方案,法德两国电力市场可以跨越边境进行交易,如今两个市场都已整合完毕。

2015年,为了形成中西欧和英国的电力交易,欧洲电力交易所和APX集团宣称整合其业务。整合后欧洲电力交易所成为APX的100%股权所有者。欧洲电力交易所在其所有核心市场获得电力市场运营商地位,并宣布延伸服务至北欧和波兰。

2016年英国、荷兰和比利时市场(原由悉尼证券交易所运营)的电力清算活动迁移到欧洲商品清算所(European Commodity Clearing,ECC),这为APX

和欧洲电力交易所之间进一步整合系统奠定了基础。

2017年交易电量达到5 350亿千瓦·时,约等于欧洲用电量最大的国家——德国全年的用电量,其中4 640亿千瓦·时来自日前拍卖市场,710亿千瓦·时来自日内市场。

目前有280多名交易成员在欧洲电力交易所进行电力现货交易,分公司设立于阿姆斯特丹、伯尔尼、布鲁塞尔、莱比锡、伦敦以及维也纳等城市。

2.5.3 欧洲电力交易所职能

欧洲电力交易所的核心业务是为德国、法国、英国、荷兰、比利时、奥地利、瑞士和卢森堡的市场提供电力交换。欧洲电力交易所根据公共交换规则以透明的方式匹配这些订单,其中包括用于匹配订单的优先级和算法。作为订单匹配的结果,欧洲电力交易所产生的交易是具有法律约束力的协议,用于到指定的交付区域购买或出售确定数量的电力以获得匹配(或"清算")价格,此价格绝不高于买方确定的购买价格或低于卖方提供的销售价格。交易立即转移到欧洲商品清算所,由它扮演买卖双方的对手方。ECC既承担买方(支付电费)相对于卖方的义务,同时也承担着卖方(交付电力)相对于买方的义务,它保证交易所会员的订单公正有序地执行,以及全程匿名交易。由于交易是交易所会员之间大规模、公开和透明的订单竞争产生,因此得到的价格能够反映当时市场情况,而且无论是在提前一天拍卖的日前还是盘中交易的日内都可以此价格进行短期电力交易。

2.5.4 欧洲电力交易所的主要产品

欧洲电力交易所根据时序可将短期集中交易分为即期付款市场、现货市场和日前拍卖市场三类(Joscha Markle-Huβ, et al., 2018)。即期付款市场和现货市场是持续滚动的撮合交易,同集中竞价市场存在差异,但由于潜在交易对手增加且交易价格明确,交易效率要高于场外双边交易。日前拍卖市场是买方和卖方双向的匿名拍卖,通过形成供给和需求曲线集中出清。

(1)即期付款市场。即期付款市场一般提前两周或提前一周开放,持续到运行前一小时滚动交易,买卖双方可以随时提交Bid/Offer。交易平台按照"时间优先、价格优先"的原则对买卖方报价进行持续的撮合匹配,类似于股市9:30之后的连续交易。滚动交易中,市场成员可以看见市场中已经提交的买电和卖电报价(匿名报价),然后提交自己的报价。交易标的为连续的能量块或能量块组合,根据用电特点,欧洲电力交易所在月前市场中定义了以下几种标准化的能量块产品,如表2—8所示。

表2—8　　　　　　　　　即期付款市场交易品种

交易品种	覆盖周期	持续小时	开始交易时间
周末能量块	周五23:00—周日23:00	48	提前2周任意时间购买
基荷	日前23:00—当天23:00	24	提前7天滚动
峰荷	07:00—19:00	12	提前7天滚动
延长峰荷	07:00—23:00	16	提前7天滚动
非峰负荷	23:00—07:00+19:00—23:00	12	提前7天滚动
3+4能量块	07:00—15:00	8	提前7天滚动
通宵能量块	23:00—07:00	8	提前7天滚动

(2)现货市场。现货市场提前一周或48小时开放,持续到运行前一小时滚动交易。日前拍卖市场的目标是通过买卖交易达到平衡,交易商品为离散标准化的独立半小时能量块。交易品种如表2—9所示。

表2—9　　　　　　　　　现货市场交易品种

现货限价订单	报价方式为磅/兆瓦·时,精确到小数点后两位,最小单位为0.1兆瓦·时
现货区块订单	自定义连续时间能量块,如1—3小时和6—8小时组成能量块,并满足要么连续成交要么不成交原则
连接区块订单	定义某组能量块的出清建立在另外一组能量块出清前提下,如当A成交时,B才成交。这允许成员考虑技术和经济方面的约束,如启动成本、燃料成本和消费趋势
特殊区块订单	在指定的一组能量块中,最多只有一个能够出清

(3)日前拍卖市场。日前拍卖市场提前一天开放,分为上午和下午两场组织,上午交易标的针对第二天1小时能量块,11:00报价截止,11:42发布市场出清结果。下午交易标的针对第二天0.5小时能量块,15:30报价截止,15:45

发布市场出清结果。

日前拍卖市场是一个日前双边匿名拍卖市场,供需双方互不知道对方的供需及报价,所有供需成员提交每小时的报价,每小时报价可以不同,形成次日供需曲线。所有的生产商、分销商、大用户、工业终端用户、中间商都可以作为买方或卖方,所有供需报价均电子化,提前一天处理和出清。市场价格是第二天每小时价格。日前拍卖市场交易品种如表2—10所示。

表 2—10　　　　　　　　日前拍卖市场交易品种

交易品种	执行周期	持续小时	开始交易时间
4 小时能量块	6 个区间块可选,第 1 个区间从日前 23:00 开始。第 6 个区间到当天 23:00 结束	4	提前 7 天滚动
2 小时能量块	12 个区间块可选,第 1 个区间从日前 23:00 开始。第 12 个区间到当天 23:00 结束	2	交付前 49.5 小时
1 小时能量块	24 个区间块可选,第 1 个区间从日前 23:00 开始。第 24 个区间到当天 23:00 结束	1	交付前 48 小时
0.5 小时能量块	48 个区间块可选,第 1 个区间从 0:00 开始。第 48 个区间到当天 0:00 结束	1/2	交付前 49.5 小时

2.5.5　欧洲电力交易所组织结构

欧洲电力交易所由监督委员会(Supervisory Board)、交易委员会(Exchange Council)和市场监督办公室(Market Surveillance Office)三个独立机构组成,参见图2—5。

(1)监督委员会。它是由股东们任命,由欧洲能源部门的参与者组成,批准公司的战略和预算,并控制管理层的行为,其成员包括市场管理委员会主席兼欧洲电力交易所首席执行官、首席运营官、首席财务官3位组成。

市场管理委员会由电网代表、交易主体代表、清算所代表等组成,负责讨论协商市场规则和新产品的合理性以及负责日常交易的运营。其成员是:欧洲电力交易所管理委员会主席兼首席执行官、欧洲电力交易所管理委员副主席兼首席运营官、欧洲电力交易所首席财务官和主管4位。

(2)交易委员会。交易委员会是交易所的官方机构,每季度召开一次会议交易,委员会确保提供的服务和产品符合市场需求,并且可以在法律和运营方

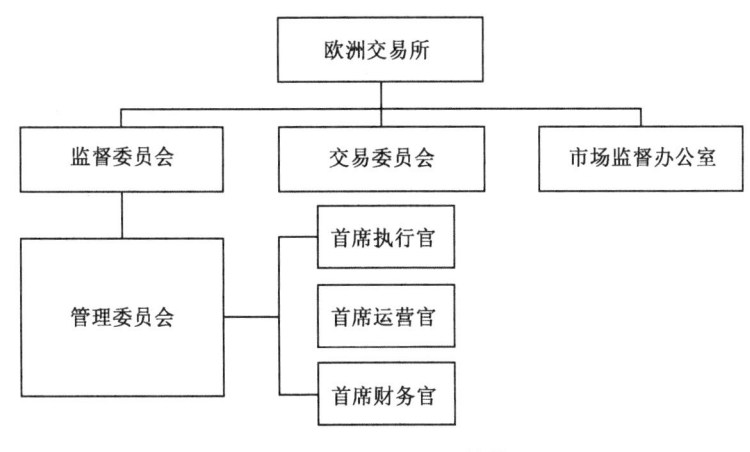

图 2—5 EPEX 组织结构

面实施。它的职责包括制定交易规则和条例,修订以及引进新的交易系统,任命市场监督办公室的主管。交易委员会成员组成如表 2—11 所示。

表 2—11 交易委员会成员组成

成员类别	所占席位
银行和金融服务提供商/清算会员	1
公用事业/聚合商	14
当地供应商/消费者	3
贸易公司	5
传输系统运营商(TSO)	3

由 26 个成员代表和 7 个顾问组成。这种多样性反映了在欧洲提供有效和竞争市场的目标。

每个类别的席位数量取决于每个类别的成员数量和交易量。但是,任何类别都不得超过一半的选举席位。在会议期间还有一些永久或者临时的顾问,这些顾问可以是学术界、交换成员或任何其他利益相关者的代表。成员选举程序如下:

首先,欧洲电力交易所成员将被提名,被指定正式授权代表其公司(选民)投票,并确认所属的类别。如有不同意见,欧洲电力交易所选举委员会将决定该类别中任何公司高管、技术专家或被公司管理层信任的人作为他们类别中最终的候选人。根据欧洲电力交易所交易规则的要求,他们必须可靠并具有电力交易所需的专业资格。选民和类别形式以及候选人简短的简历和原则声明表必须返回欧洲电力交易所,原则声明表包括一份简短的文本,候选人在文本中解释为什么他/她被认为是合适的人。

其次,欧洲电力交易所将在其网站上公布选民登记册和候选人名单,直至选举结束,所有简短的简历和候选人原则声明表在欧洲电力交易所网站上公布。选举以电子投票方式举行,票数最高的当选。

最后,选举结果将通知欧洲电力交易所成员,并在欧洲电力交易所网站上公布。

(3)市场监督办公室。市场监督办公室负责监测市场运行。市场监督办公室是一个独立的交流机构,直接向欧洲电力交易所管理委员会和交易委员会报告。市场监督办公室持续监控欧洲电力交易所市场并检查会员是否遵守欧洲电力交易所市场规则和行为准则,如果涉嫌违反市场规则,市场监督办公室有权要求交易所成员提供信息;如果证明违反了市场规则,欧洲电力交易所可以决定制裁程序(例如会员资格暂停)。因此,市场监督办公室在实现公平有序的市场中发挥着重要作用。

2.5.6 欧洲电力交易所的财务状况

欧洲电力交易所的收入主要来自提供培训、市场数据等服务获得的收入,会员每年的会费,市场成员的入场费以及抵押账户和银行存款所赚取的利息。成本由员工开支、折旧、摊销和减值损失以及其他业务费用等构成。其中,其他业务费用包括外部服务提供商进一步开发和运营IT基础设施的费用、基础设施和市场营销费用、场地和办公室的成本以及主要在销售活动中产生的差旅费用。其财务报表如表2-12和表2-13所示。

表2-12　　　　　　　　　　　资产负债表

	千欧元(Thousand Euros)	31/12/2017	31/12/2016
资产	Assets		
固定资产:	Fixed assets:		
商誉	Goodwill	11 046	11 046

续表

千欧元(Thousand Euros)		31/12/2017	31/12/2016
无形资产	Intangible fixed assets	27 818	26 012
不动产、厂房及设备	Property, plant and equipment	1 851	1 972
递延税	Deferred tax assets	1 078	969
金融资产	Financial assets	158	68
固定资产总额	Total fixed assets	41 951	40 067
短期资产：	Short-term assets:		
债权人及相关账户	Trade debtors and related accounts	22 215	18 585
其他应收款	Other receivables	5 290	5 771
现金抵押品	Cash collaterals	0	0
现金及现金等价物	Cash and cash equivalents	20 762	21 814
短期资产总额	Total short-term assets	48 268	46 171
资产总额	Total assets	90 219	86 238
资本及储备：	Capital and reserves:		
股本	Capital	6 168	6 168
已发行股票、并购、资本公价	Premiums on shares issued, mergers, contributions	35 320	35 320
其他准备金	Other reserves	−1 902	4 299
财政年度利润	Profit for financial year	22 049	16 733
少数股东权益	Minority interest	71	71
资本及储备总额	Total capital and reserves	61 706	62 591
长期负债：	Long-term liabilities:		
准备金	Provisions	548	396
递延税	Deferred tax liabilities	4 855	5 097
长期负债总额	Total long-term liabilities	5 403	5 493
短期负债：	Short-term liabilities:		
准备金	Provisions	1 170	1 679
金融负债	Financial liabilities	0	0
债权人及相关账户	Trade creditors and related accounts	12 829	8 008

续表

千欧元(Thousand Euros)		31/12/2017	31/12/2016
现金抵押品	Cash collaterals	0	0
其他负债	Other liabilities	9 111	8 468
短期负债总额	Total short-term liabilities	23 110	18 155
负债与权益总额	Total liabilities and equity	90 219	86 238

表2—13　利润表

千欧元(Thousand Euros)		31/12/2017	31/12/2016
营业收入：	Operating income：		
净营业额	Net turnover	79 608	77 126
其他收入	Other income	120	1 242
营业收入总额	Operating income	79 728	78 368
营业费用：	Operating charge：		
其他营业费用	Other operating expense	−28 295	29 217
员工福利成本	Employee benefits costs	−19 517	−20 419
固定资产折旧拨款	Fixed assets Appropriations to depreciation	−3 296	−2 976
营业费用总额	Operating charge	−51 108	−52 612
营业利润或损失	Operating profit or loss	28 620	25 756
财务收益：	Financial income：		
财务收益	Financial income	0	363
财务费用	Financial expenses	−50	−380
财务损益	Financial profit or loss	−50	−17
特殊收入	Extraordinary incomes	0	0
特殊费用	Extraordinary charges	−240	0
特殊损益	Extraordinary profit or loss	−240	0
权益结果	Equity result	−35	−54
所得税	Income tax	−6 248	−8 953
盈利或亏损	Profit or loss	22 047	16 732

第 3 章　欧洲电力交易机构

3.1　欧洲电力市场历史沿革

3.1.1 欧洲电力市场建设背景及历程

3.1.1.1 "第一指令"阶段

欧盟是由欧洲共同体发展而来的大型区域经济一体化组织。早在 20 世纪 50 年代，欧洲各国开始以欧洲煤钢共同体、原子能共同体等形式加强在能源领域的跨国合作。1986 年，《单一欧洲法案》的签署，形成了建设欧盟统一能源市场的设想。1993 年，欧盟提出建立统一电力市场的改革目标。

1996 年，欧盟发布了第一个关于放宽电力市场的指令（Directive96/92/EC）。按照改革指令，要求垂直一体化电力公司的发输配售业务必须实行财务和管理的分离。各成员国的电力市场化改革以此为起点在欧盟统一框架下全面展开。

2000 年 3 月，作为各成员国首脑组织，欧洲议会要求欧盟委员会加快电力自由市场建立的进程。

3.1.1.2 "第二能源法案"阶段

2003 年，被称为"第二能源法案"的政策进入实施阶段。按要求，所有相关立法要在 2004 年 7 月之前转换为各成员国的国内法律。与此同时，所有的非居民用户可以自由选择供电商，其余电力用户在 2007 年之前也将全部自由化。欧洲电力市场指令首次敦促所有成员国建立专门的行业监管机构。但对于其决策是否独立于政治没有任何要求，在许多成员国内，行政主管部门仍然握有诸如"过网费"等事务的决策权。尽管如此,当时的法律规定还是保证了一定程度的监管透明,由于监管者必须把决定草案提交给主管部门,当主管部门的最终决定偏离草案时,监管者就会迫使主管部门提供充分的干涉理由。这一阶段欧盟电力市场监管者的主要任务,就是执行由欧盟指令转化而来的国内立法。

"第二能源法案"包含了一个指令和一个法规,这一法规主张开始设计跨国境的电力市场。在这一法规中,阐述了一些新问题:

(1)跨境输电系统运营商补偿机制(ITC)。该机制用于补偿由于跨境输电造成的损失和成本。

(2)明确了对应于电力潮流起点和终点的过网费用公平无歧视原则。

(3)输电系统运营商(TSO)阻塞收入如何使用。

(4)规定了在特定条件下新的跨境联网可以享受电网接入豁免。

(5)公司年度营业额的1%被用于惩罚和执法。

"第二能源法案"阶段的第一个重要支柱,是增加了系统相关成员的独立性。这些系统相关成员包括批发市场里的输电系统运营商、零售市场里的配电系统运营商(DSO)和监督执法的监管机构。这一阶段的另一大支柱是,实现了激励与市场化改革相一致。

尽管如此,新的欧盟电力市场法规转换为各国国内法以及监管的实施过程却令人失望。新法规的转换未能给欧洲带来统一电力市场的模式,而输电线路阻塞成了市场一体化的障碍。可用容量有时按非市场化,如"先到先得"原则分配,这给本地交易者提供了方便。除此之外,监管者也没有足够的执行力来贯彻现行规定,这样一来使得不按规定执行所能获得的经济利益远大于可能支付的罚款。

监管部门于2006年启动了一项名为"区域行动"的项目。该项目提出了在7个相互重叠的欧洲区域内实现电力市场一体化的路线图。从地理上看,这些区域也是线路阻塞区。

从本质上来看,程序透明的目的是向所有参与者施压,不要延迟市场一体化的进程。同时,从一体化中获益的市场行为主体(主要是电力交易商),能够更加清晰地识别那些阻碍他们签订有利合同的管制性因素。

当时的电价相关性数据很能说明一些问题。就像大多数市场之间展现的较低的相关系数那样,价格变动彼此之间并无规律,在这种情况下,套利盈利交易的机会会大大增加。这也是为何电力交易中心和交易商非常希望积极推进市场进一步整合的原因。

3.1.1.3 "第三能源法案"阶段

2009年,欧盟颁布"第三能源法案",其中包括关于电力市场化改革的第三个指令(European Union,2009)。该指令主要包括4项内容:①进一步加强对电网运营的监管,确保电网业务与竞争性发电、售电业务独立;②增加售电市场透明度,保障消费者权益;③增强市场监管力量,加强国家能源监管机构(National Regulatory Authority,NRA)建设;④促进各成员国之间的合作,包括成立欧洲能源监管合作机构(Agency for the Cooperation of Energy Regulators, ACER)、欧洲输电网运营商联盟(European Network of Transmission System Operators for Electricity,ENTSOE)。2011年,欧盟提出在2014年之前建成欧洲内部统一能源市场的目标,并且要求各成员国加快天然气管道、输电网络等基础设施的互联,保证在2015年前在欧盟范围内实现能源的自由输送和供应,并为推进能源市场立法、统一运行规则和技术标准等各项工作列出计划时间表。

2015年2月4日,为进一步加强成员国之间的政策协调及保障能源安全,欧盟委员会宣布成立欧洲能源联盟,并于2月25日通过了能源联盟的战略框架,进一步强调加快建立完全一体化、具有竞争力的内部能源市场,提出到2020年所有成员国跨国输电能力至少占本国发电容量的10%,2030年达到15%的目标。

3.1.2 欧洲推进统一电力市场的重要举措

为了推进统一电力市场建设,欧盟重点开展了三个方面的工作(魏玢、马莉,2007):一是改善和扩大能源基础设施建设;二是制定统一的电网和市场运行规则;三是推动各国电力市场之间的连接和融合。

(1)改善和扩大能源基础设施建设。欧洲电网是一个非常复杂的体系,将欧洲的能源基础设施进行现代化改造和扩建,建立跨国能源供应网络,是增强欧盟能源独立性和构建统一能源市场的必要选择。

(2) 制定统一的电网和市场运行规则。统一能源市场的建立和有效运作依赖于一套获得各方认可的通用电网规则,创建并协调这些规则是一个复杂的过程,需要调和不同主体的利益诉求,因而需要欧盟委员会、欧洲输电运营商联盟、欧盟能源监管合作机构及各成员国相关机构合作。规则的建立包括欧盟顶层设计和区域实践两个层面。

① 欧盟顶层设计层面。顶层设计主要由欧洲输电运营商联盟和欧盟能源监管合作机构完成。欧洲输电运营商联盟成立于 2008 年,其主要职责之一就是制定通用的电网运行、发展规划及市场整合规则,包括运行安全与可靠性、容量分配、阻塞管理及并网要求等。欧盟能源监管合作机构成立于 2011 年,负责起草框架性指导原则等。

② 区域实践层面,在设计制定通用网络规则时,欧盟区域电力市场行动组开始在一些区域按照欧盟目标模型实施一些具体项目,例如,在西北欧区域实施日前拍卖市场整合项目,在中西欧和中南欧区域实施长期输电权分配项目,在中西欧区域实施基于潮流的容量计算与分配项目等。区域项目实践中获得的经验将反馈到通用网络规划的设计中,以便对其进行改进和完善。这些网络规则在经过欧盟委员会批准通过后,将成为欧盟立法条款,并对欧盟市场成员产生约束力。

(3) 推进各国电力市场之间的连接和融合。欧盟提出"逐步建立区域电力市场作为向统一市场过渡的步骤,最终建立泛欧洲电力市场"。近年来,通过电力交易机构之间进行的联合交易,逐步实现了各国电力市场的融合,进一步扩大了电力市场交易范围和流动性,提升了市场竞争充分性和资源配置效率,使得欧盟区域电力市场的建设逐步向前推进,为欧盟统一电力市场的建设创造了条件。欧盟电力交易所合并和市场融合的主要历程如表 3—1 所示。

表 3—1　　　　　　　欧盟各国电力市场融合的主要历程

时间	有关事件
2002 年	莱比锡电力交易所与法兰克福欧洲能源交易所合并成为欧洲能源交易所。
2004 年	荷兰阿姆斯特丹电力交易所收购了英国电力交易所(更名为 APX UK)。
2006 年	法国电力交易所、荷兰阿姆斯特丹电力交易所和比利时电力交易所开始进行交易联合。

续表

时间	有关事件
2008年	德国能源交易所与北欧电力现货交易所联合成立了欧洲市场联合公司,进行德国与丹麦日前拍卖市场的联合交易以及跨国电能交易。
2008年	欧洲能源交易所和法国电力交易所合作,这两个交易所的合作范围包括德国、法国、奥地利和瑞士,其电力消费量占全欧洲的1/3。
2009年	捷克和斯洛伐克的日内市场实现联合。
2010年	荷兰能源交易所、比利时电力交易所、欧洲电力交易所、意大利电力交易所、北欧电力现货交易所和西班牙电力交易所6家电力交易所宣布将实施区域价格联合出清,从而形成一个覆盖北欧、中西欧和南欧地区的联合市场。
2010年	北欧电力现货交易所将日前拍卖市场扩展到爱沙尼亚。
2011年	捷克、斯洛伐克和匈牙利3个国家电力市场联合项目正式启动。
2011年	欧洲最大的两家短期电力交易所北欧电力现货交易所和欧洲电力交易所宣布将建立联合交易平台。
2012年	爱沙尼亚、拉脱维亚和立陶宛输电系统运营商共同签署协议,3家输电公司将各自持有北欧电力现货交易所2%的股份。北欧电力现货交易所在立陶宛开设了新的竞价区域。
2013年	北欧电力现货交易所在拉脱维亚开设了新的竞价区域。
2014年	欧盟4家电力交易所与13家输电系统运营商实现了西北欧地区日前拍卖市场联合出清

3.1.3 欧洲促进清洁能源发展的重要举措

若输电系统无阻塞,则整个联合市场形成统一价区;若系统存在阻塞,则联合市场分割成不同价区。2006年以来,欧盟已陆续实现多国、多区域市场的联合交易,基于统一市场规则、实现联合出清的市场机制已经逐步建立。2014年2月4日,欧盟实现了西北欧地区日前拍卖市场联合出清,范围覆盖中西欧区域、英国、北欧、波罗的海以及瑞典和波兰等15个国家和地区,用电量占欧洲整体电力需求的75%。在此基础上,未来将进一步向其他区域开放,最终形成泛欧洲统一电力市场。

为更好地促进欧洲能源清洁化转型,实现2030年减少碳排放40%的发展目标,同时促进经济现代化以创造更多的就业和发展机会,2016年11月30日,欧盟委员会发布了促进欧洲清洁能源发展的一揽子措施。主要是推动建立欧盟在全球可再生能源发展中的领导地位,为用户提供公平交易环境。

作为一揽子措施的重要组成部分,欧盟委员会提出了新的电力市场设计建议。鉴于当前的能源市场是基于之前的集中式的化石能源电厂设计的,为了使可再生能源比例从较低水平(如2014年为29%)提高到2030年计划的50%,需要基于可再生能源消纳重新设计能源市场规则。欧盟委员会提出市场规则设计相关提案,以促进可再生能源比例提升、提供给用户更好服务,主要包括以下方面:

(1)容量机制。从过去五年的情况来看,欧盟整体上电力容量备用是充足的,但存在地区/国家之间备用容量水平参差不齐的情况。未来容量市场机制旨在建立跨境的容量市场,在更大范围、更有竞争性的容量市场下考虑各国的安全问题。其措施主要包括以下几个方面:①准入方面。一是扩大容量市场参与主体范围,让各种类型的容量提供商在相同的市场平台上参与竞争;二是逐步剔除各国因解决准入限制而设置的重复、碎片化的附加性机制,提高容量机制效率,逐步设计和完善跨境容量备用机制,进一步引导容量投资和电网互联投资。②在价格形成方面。目前容量市场的非竞争性价格机制和竞争性价格机制在欧盟各国普遍存在,未来将逐步增加拍卖竞争机制来彻底代替行政性分配价格机制。③在惩罚措施方面。新规则旨在提高容量市场提供商未完成容量义务时的惩罚力度,以此增强容量市场主体的可靠程度。此外,包括在负荷侧响应的容量机制下区分发电商和需求响应提供商的惩罚措施。④在容量机制与整体市场协调方面。增强容量市场本身的竞争性,减少容量市场对整体市场的不良影响(例如容量市场利益集中于固有的容量提供商,而新加入的容量主体难以获益,从而影响整体市场的竞争性)。措施包括为新容量主体提供启动金或签署合同以保障其收益,允许电力供求紧张时的价格采用市场化形成机制等。

(2)用户侧服务,增强电力用户权利,逐步引入保障电力用户在电力市场中核心地位的规则。规则内容主要包括:①允许用户免费选择和更换电力供应商/售电商;②为用户安装智能表计,允许用户签订价格可动态调整的合同,以使其在日前和日内集中市场中对价格波动做出响应;③允许其参与需求侧响应,提供自发自用接入服务;④提供更清晰具体的账单信息、认证或授权的市场比较工具;⑤增加用户与电力供应商、服务提供商等市场主体共享数据的可能性,厘清和区分相关数据管理机构职责,建立欧洲统一的数据信息格式。

(3)市场配套机制。①建立输电容量和阻塞管理的指导原则;②设计规则以解决长久以来由于国家内部经济利益等因素而对跨境潮流进行的限制和约束问题,保障跨境电能输入输出的市场化;③对已有的输配电收费规则和金融输电权规则进行修正和补充,推进稳定统一的输配电收费和阻塞管理方式形成;④建立配电网运营机构的欧洲范围实体机构,定义建设流程和股东协商制度,确定配电系统运营机构与输电系统运营机构之间涉及电网规划和运行的具体规则。

(4)紧急情况处理。①当紧急情况在某处发生时,各国之间互相通告,使危机发生时不只在本国层面采取措施,而是联合各成员国寻求国家之间的合作;②在零售侧保持紧急情况下的价格管制(但在非紧急情况下要去除零售价格管制以推进市场化);③建立对于紧急情况的判断和评估方法,制定紧急情况规则手册等。

(5)监管机制。随着跨境交易的增加,国家级的监管机构不断增加与其他国家级监管机构的协作,而 ACER 为这类协作交流提供了平台。电力市场仍然主要在国家内部层面上实施监管,ACER 并非监管的代理执行机构,而是各个独立的国家监管机构监管决策的协调者。这种结构维护了各个市场监管者之间的权利平衡,也受到目前法案的保护。当这种平衡被打破时(转变为欧洲统一化的监管)很可能会破坏各国监管机构的职能权利。需要注意的是,所有监管机构的设计、预算与策略等文件仍然需要由欧洲统一监管机构批准。

3.2 电价情况——欧洲竞价分区原则

目前欧洲的竞价分区主要与国界相同,但也有特例。北欧和意大利就被划分成多个竞价区,而德国、奥地利、卢森堡却合成了一个大区。分区的划分考虑两方面因素:一方面是政治,一个国家有统一的电价在某种程度上减轻了政府管理的工作量;另一方面是经济上的考虑,分区越大,市场流动性越大,市场力越小,能优化出的社会福利就越大。但大的分区同时也带来基础设施成本和遇到阻塞时再调度成本的增加,因此分区大和小之间有一个最优平衡。欧盟会对竞价分区通过 20 多个具体指标来进行评估和重新划分,如果有分区阻塞情况无法确定,就通过分区分裂来尽量达到无阻塞时大分区追求流动性,有阻塞时分裂成下一级更小的分区。欧洲的输电网运营商也做过尝试,把分区分到非常小,甚至到节点,但最后仿真结果并不理想。如果整个欧洲用节点价格的话,一方面不同地区电价差异会非常大,另一方面总的社会福利也没有增加。

3.2.1 欧洲电力市场架构

欧洲电力交易所的市场设计有很大包容性,已经被欧洲大部分国家所接受。如图 3-1 所示为欧洲统一电力市场框架。从时间尺度上来看,欧洲统一电力市场建设主要包括 4 个方面:跨国双边物理合约、日前拍卖市场、日内市场、辅助服务与实时平衡市场(潘登等,2019)。同时,为更好地支撑跨国电力交易的开展,促进跨国输电通道的充分、高效利用,欧盟建立了跨国输电通道的阻塞管理与容量分配机制。

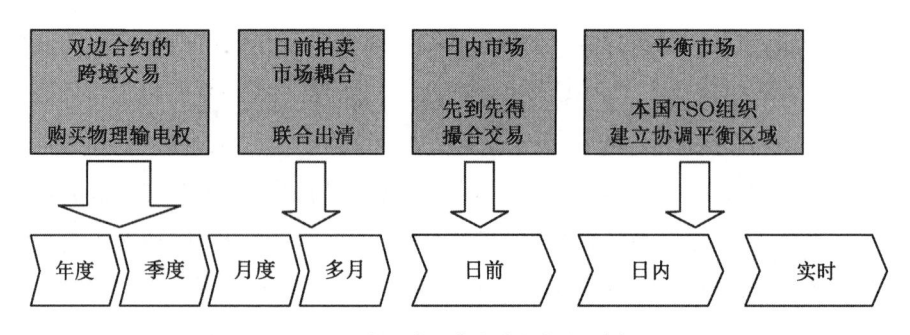

图 3-1 欧洲统一电力市场框架示意图

3.2.2 欧洲电能市场类型

3.2.2.1 跨国双边市场

跨国双边合约主要由市场成员自行签订,一般为中长期物理跨境交易。为保证双边合约能够执行,需要由市场成员向交易涉及国家的 TSO 购买物理输电权,并且在规定时间内向电力送出国和受入国的 TSO 提交跨境输电计划。

3.2.2.2 日前市场

日前拍卖市场拍卖市场追求的是最大流动性,是要涵盖整个市场最大的信息量,因此是一次性的竞价市场。每日正午竞价,全年无休,能够交易细分到每个小时的产品,日前拍卖市场的竞价出清价格是大部分电力金融衍生品的对标指数。

欧洲各国的日前拍卖市场目前通过市场耦合的方式实现跨境联合出清。

2006年,法国、比利时、荷兰日前拍卖市场成功实现了耦合,成为日后欧洲日前拍卖市场耦合的雏形。

2010年,中西欧日前拍卖市场耦合完毕,主要包括德国、法国和荷比卢地区。

2014年初,北欧地区、中西欧地区及英国完成耦合,形成了西北欧耦合区域。这是欧洲统一电力市场建设进程中的里程碑,因为它首次采用了现有的价格耦合(Price Coupling of Regions,PCR)算法。

随后,在2014年5月、2015年2月又分别与西班牙、葡萄牙、意大利、斯洛文尼亚实现耦合,进一步扩大市场范围。

截至2017年2月,欧洲已实现日前拍卖市场耦合的国家共23个,正在实施日前拍卖市场耦合的国家共5个,如图3-2所示。

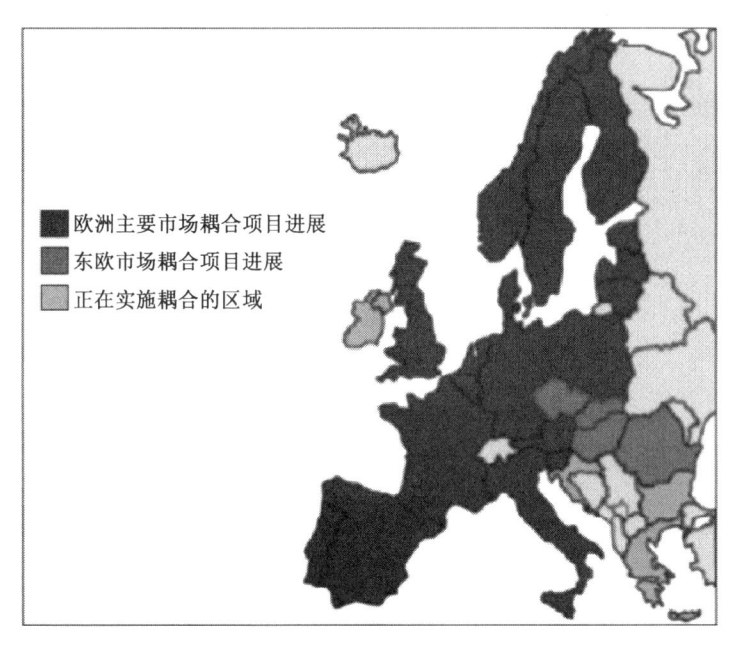

图3-2 欧盟日前拍卖市场耦合进展示意图

3.2.2.3 日内市场

日内市场是为了给市场主体最后的机会来纠正日前与日内预测的偏差,因此交易量比较少,且需要关闸时间离发/用电时间越近越好。因此日内市场设计为连续交易,可以交易比一个小时更细分(如 15 分钟)的交易产品。

欧洲主要电力交易所的日内市场均采用类似于股票市场的撮合交易模式。交易流程如下:

(1)在开市时间内,市场成员可自行在日内交易系统中进行"挂牌",订单内容包括订单方向(买入/卖出)、电量、价格及所在价区信息。

(2)系统自动进行订单匹配,匹配原则为:若新进入系统的买方订单价格高于系统中最低价卖方订单,或新进入系统的卖方订单价格低于系统中最高价买方订单,则自动匹配成交。否则,订单将进入系统待匹配状态。欧洲目前正在积极进行日内统一市场的建设,其目标模型是通过搭建统一的信息系统(Common IT System)实现订单共享(Shared Order Book),跨境输电容量由隐式拍卖法进行分配。截至 2017 年 2 月,已有 14 个欧洲国家实现了日内订单共享。

3.2.3 欧洲辅助服务市场

欧洲大部分国家的电网相互连接,拥有同步的频率。欧洲互联电网的区域中包括了 5 个系统频率同步的区域(欧洲大陆、北欧、波罗的海、英国、爱尔兰),以及 2 个孤立系统(塞浦路斯、冰岛)。互联电力系统的好处在于,当某一国家的电力系统产生干扰或事故时,整个互联地区的系统容量都可以用来迅速恢复系统频率和安全稳定运行,从而避免大规模连锁停电事故的发生。除此以外,互联电力系统促使各国间的辅助服务市场进行融合,使各国发电商拥有更多的市场资源,而各 TSO 也可以在更大的范围内购买更加实惠的平衡或辅助服务电能,从而达到"双赢"的局面。由于辅助服务及实时平衡市场与各国电力系统运行方式紧密结合,因此长期以来欧洲各国的辅助服务市场与实时平衡市场均由各国 TSO 自行组织。

目前,欧洲各国采用的平衡市场模式主要有两种:一是建立平衡机制(Balancing Mechanism),由市场成员提交调整出力的报价,调度机构按照报价和机组情况进行调用,如英国、北欧、法国等;二是通过三次调频采购和调用实现系统平衡,如德国。这两种方式的本质都是通过市场化手段,根据机组报价,实现机组出力的上调或下调。近年来,随着欧洲统一电力市场建设的推进,在欧洲输电运营商联盟协调组织下,各国正积极探索建立跨国平衡和辅助服务采购机制。目前共有 7 个试点项目,试点内容主要包括跨国平衡和调频备用共享等。

跨国电网控制合作(International Grid Control Cooperation,IGCC)是基于跨国平衡的试点项目。其基本原理是将不同控制区相反方向的区域控制偏差(ACE)相互抵消,减少调频辅助服务的调用量,从而提高系统运行的经济性。目前,该试点项目已经覆盖了欧洲大陆 8 个国家的 11 个 TSO。调频备用共享机制的主要原理是建立调频备用的统一采购平台,由各国辅助服务提供商在平台上进行报价,采用统一出清方式,满足各国的调频备用需求。目前,欧洲输电运营商联盟的成员包括来自欧洲 34 个国家的 41 个输电网运营商。欧洲输电运营商联盟核定的欧洲大陆电力系统中一次调频备用的总需求为 3 000 兆瓦,但针对各国的一次调频备用要求是每年根据电力供需形势动态调整的,并且允许各国进行备用容量的交换。因此,欧洲大陆主要开展一次调频备用跨国共享,其范围已覆盖德国、荷兰、瑞士、奥地利等多个国家。

3.2.4 欧洲电力市场耦合

市场耦合其实就是不同国家市场间电力交换,通过优化出清算法实现,其目标是将整个欧洲的购电成本优化到最低(丁一等,2020)。举例来说,对于 2 个国家的市场,出口市场出口电价比较低,而进口市场进口价格较高,市场耦合保证了电力从价格比较低的区域流向比较高的区域。对于出口市场,需求增加,则电价升高;反之,进口市场电力供应增加,电价降低,优化结果是两个市场价格越来越相近,这被称作市场耦合后的电价趋同。

欧洲电力市场耦合通过日前拍卖市场耦合和日内市场耦合两个项目,起初日前拍卖市场耦合只是输电网运营商间自愿参与的试验项目,后来大家看到好处后,都愿意参与进来。最后欧盟把这两个项目变成了法规,规定市场必须耦合。

整个市场进行耦合后,当一些特殊事件对某一个国家产生比较大的影响时,就能通过整个欧洲市场这个大池子去吸收和降低波动,如金融方面的次贷危机、银行危机,天气方面的寒流和热流,以及政策刺激下的电力装机快速增长等因素引起的负面效果都会均摊到整个欧洲市场。

3.2.4.1 区域价格耦合

区域价格耦合（PCR）项目是由欧洲 7 大电力交易所共同倡议的，包括欧洲电力交易所、意大利电力交易所（GME）、北欧电力交易所、西班牙葡萄牙电力交易所（OMIE）、捷克共和国交易所（OTE）、罗马尼亚天然气和电力市场运营商（OPCOM）和波兰电力交易所（TGE）。市场耦合的最大优势在于可以提高电力市场的流动性，增强电力市场的稳定性，减小电价波动。此外，市场参与者也将受益于市场耦合，在进行跨区（国）交易时不再需要获得相关的输电权（Transmission Capacity Right），不同地区的售电商报价和购电商报价可以进行无障碍匹配，大大提高了市场的交易成功率，使买卖双方的利益最大化。PCR 项目只完成了对日前拍卖市场的耦合，其关键成果之一是构建了统一的电价联合出清算法来计算潮流和电价，该算法名为 Euphemia。在过去，不同的交易所采用的算法也不尽相同，如 COSMOS、SESAM、SIOM 和 UPPO 等。为了能够将各电力市场耦合到一起，必须研究出一种能够满足所有要求的算法，不管针对哪一家电力交易所，都能提供合适的出清价格。Euphemia 算法的开发从 2011 年 7 月起就开始进行了，在 COSMOS 算法的基础上进行。一年后第一个稳定的版本出台，并进行不断调试修正和改进，直到 2014 年 2 月，Euphemia 第一次将西北欧的交易所和西南欧的交易所耦合起来，并逐渐完成了对 GME、中西欧和东欧的耦合。使用 Euphemia 计算欧洲的能源配置和电价，最大限度地提高了整体福利，提高了价格和电力系统潮流计算的透明度。

3.2.4.2 日前拍卖市场耦合基本原理

欧洲日前拍卖市场耦合的基本原理是：由 TSO 向电力交易机构发布跨境传输通道的可用传输容量（Available Transmission Capacity，ATC），市场 A 和市场 B 的市场成员各自提交报价，使用该传输容量作为约束进行统一优化出清，得到各自市场的成交电量及价格。由于 ATC 作为出清模型的约束条件，因此实际通道传输电力一定不大于通道的 ATC。如图 3-3 所示，当连接市场 A 与市场 B 的输电通道未发生阻塞时，两批发市场的成交价格相等。如图 3-4 所示，当输电通道发生阻塞时，市场 A 与市场 B 的成交价格不相等，电力由价格较低的价区流向价格较高的价区。此时，所形成的价格差反映了市场 A 与市场 B 之间的阻塞程度，由此产生了一定的阻塞收益（Congestion Revenue），此部分收益由 TSO 获取,在监管机构的监督下用于投资建设跨境输电通道或对已有通道进行扩容。

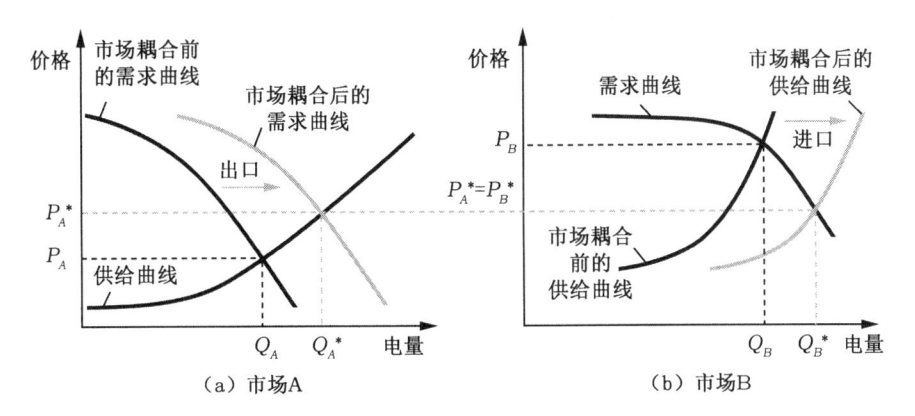

图 3—3 通道无阻塞时的市场交易示意图

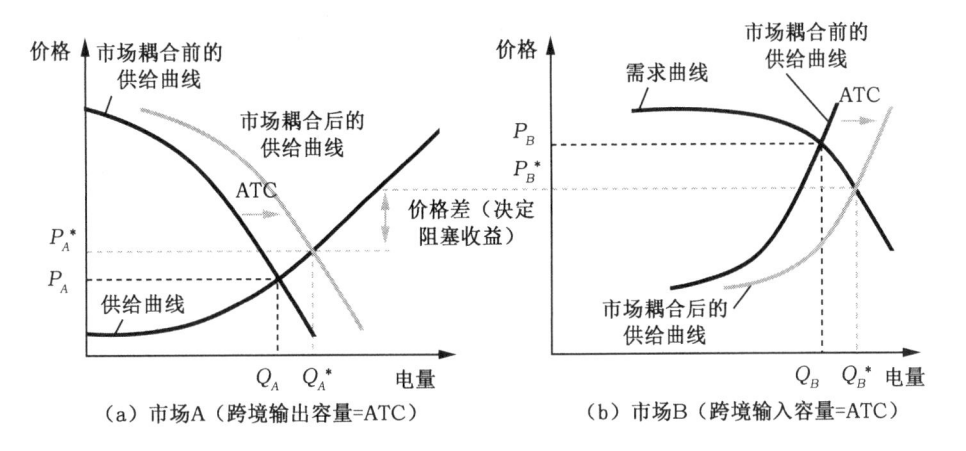

图 3—4 通道有阻塞时的跨境电力交易示意图

根据欧洲能源监管合作机构发布的 2016 年欧洲电力市场监管报告,中西欧地区、北欧地区、波罗的海地区的价格耦合程度,即一年中该区域内各价区出清价格一致的小时数所占比例分别达到了 21%、29% 和 37%。

3.2.4.3 日前拍卖市场报价和出清基本原理

在耦合的电力市场中,各市场成员在其所属的交易所报价,然后由 PCR 统一出清。出清的基本原则不变,仍然是按供给曲线和需求曲线的交点出清。

该算法的输入分为三类:报价数据、拓扑数据和网络数据。其中,报价数据主要包括小时报价、复杂报价、打包报价等不同类别的报价信息，并且在形成供需曲线时可以采用阶梯、分段线性和混合三种模式。拓扑数据主要指物理电网的节点信息和各价区的报价上下限。网络数据则主要包括物理电网的各种约束条件，如净出力位置爬坡约束、联络线容量约束、商业联络线收益约束、传输线爬坡约束、平衡约束等。

在进行市场耦合之前，每个交易所会运行若干个竞价区，在市场耦合之后，这些竞价区仍然存在，所有竞价区同时出清，但是每个价区的出清价格可能不同，并且各价区的出清价格必须满足该价区的价格上下限。

在形成供需曲线时，阶梯模型和分段线性模型都会用到，这是因为各交易所采用的模型本就不同，为了避免给市场成员造成额外负担，在市场耦合后，这些模型都被保留下来。对于阶梯模型而言，在出现特殊交点时的处理原则如下：当供需曲线的交点位于一段价格区间时，市场出清价为卖方报价和买方报价的中点；当市场出清价对应一段电量时，出清量取符合条件的最大值。

3.2.4.4 报价区间与网络模型

报价区间（Bidding Area，BA）是区分市场成员报价的最小单位。出清算法为每个报价区域、每个时段计算一个价格。报价区域之间可以通过可用传输容量模型、基于潮流的模型或混合模型交换功率。

可用传输容量模型下，BA用一个拓扑模型表示，BA之间通过一些联络线连接，每个联络线有给定的最大传输能力。除了传输能力，模型还可以考虑网损、商业输电线的输电价格约束（一般是直流线路可以控制线路上的潮流，要求两端价差超过一定的数值）、联络线功率变化速度等。

基于潮流的（Flow Based，FB）模型是另外一种考虑电网约束的方法，相对ATC方法可以更加准确地对物理潮流进行建模。它有两个主要的概念：剩余可用裕度（Remaining Available Margin，RAM）和潮流分布因子（Power Transfer Distribution Factor，PTDF）。

3.2.4.5 典型的报价类型

欧洲电力市场的特色之一是设计了多种多样的报价形式，如小时报价、复杂报价、打包报价等，使得市场成员可以根据其发电、用电设备的特性选择采用不同的报价形式。这里进行简要介绍。

小时报价：市场成员为第二天24小时的每个小时分别申报电量和电价，这24个报价是独立的。这是最普通的报价，也是常规的报价。

复杂报价：是针对卖方而言的，指的是将一组不同时段的阶梯报价组合起来，并给出一些成交的约束条件，如最小收入条件和负荷梯度条件。其中，最小收入条件约束主要考虑这组报价获得的总收入不小于其申报的总成本（反映启停成本的固定成本加上反映运行成本的变动成本），负荷梯度条件约束主要反映不同时间的出清电量之间的约束。

打包报价：分为常规打包报价、配置打包报价、互斥报价、关联报价、灵活小时报价几类。常规打包报价是指将连续的几个小时的电量打包到一起，要么全部成交，要么全部不成交。配置打包报价是指可以设置一个比例，只要出清的比例大于设置的阈值，就可以出清。互斥报价是指两个配置打包报价的成交比例之和不能大于1，其中一个特例就是两个打包报价，一个全部成交，另一个全部不成交，因此叫做互斥报价。关联报价是指父报价和子报价之间具有关联关系，当父报价成交时，子报价才能成交。灵活小时报价是指市场成员申报了价格和电量，并设置成交比例为1，但没有申报是为哪个小时进行报价，具体是哪个小时成交要由Euphemia的计算结果决定。

3.2.4.6 日前拍卖市场耦合的组织流程

欧洲日前拍卖市场耦合目前由包括欧洲电力交易所、北欧电力交易所在内的7个电力交易机构轮值进行出清，每两周轮换一次。日前拍卖市场耦合的流程如下：

（1）根据通道传输容量上限和之前显式拍卖的结果（以市场成员通报的跨境输电计划为准），各国TSO计算各价区间通道的可用传输容量，提交至市场耦合系统。

（2）各市场成员在统一规定的时间内向各自的电力交易机构提交报价订单，由各电力交易机构将汇总后的订单提交至市场耦合系统。

（3）由轮值电力交易机构运行市场耦合，根据ATC和所提交的订单，进行统一优化出清，计算得到所有订单的成交情况、各价区的出清价格，以及各价区间的"电力交易流"（Electricity Commercial Flow）。各市场成员需根据出清结果制订跨境交易计划，并提交至相关TSO。

(4)由电力交易机构统计并发布市场交易信息。

3.2.5 欧洲电力市场的阻塞管理

欧洲电力市场中的阻塞管理一般分为两种情况:一是各成员国(输电运营商调度区域)内的输电阻塞;二是跨国输电通道的输电阻塞(李竹,2017)。前者一般由各国 TSO 进行调整或组织相应的交易,主要采取的方式包括:再调度(Re-dispatch)、通过平衡机制利用市场成员的调整报价进行发电出力的调整。跨国输电通道的输电阻塞一般通过两种方式进行处理:输电容量显式拍卖法,类似于美国的物理输电权;输电容量隐式拍卖法,类似于美国的金融输电权。

3.2.5.1 显式拍卖

显式拍卖是指输电容量通过独立于电能量市场的方式单独拍卖。由图 3-5 显式拍卖时序可见,所有进行跨境物理双边交易的市场成员需要根据成交电量购买相应的输电容量。该拍卖通常在年度、月度和每日的时间尺度上进行,由市场成员在平台上提交输电容量的购买意向和报价,再按照报价从高到低的顺序依次成交,通常在能量市场成交前完成出清。

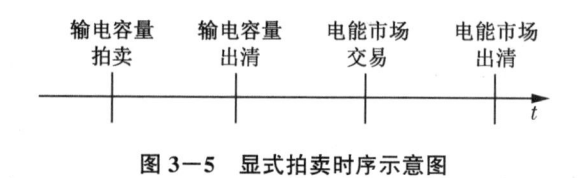

图 3-5 显式拍卖时序示意图

跨境电力交易物理输电权的拍卖由输电容量联合分配办公室(Joint Allocation Office, JAO)负责组织。该办公室成立于 2015 年,由原先位于德国的 CAO 和位于卢森堡的 CASC 合并成立,是一个服务于欧洲 17 个国家、20 个 TSO 的机构。显式拍卖的主要优点在于与能量市场独立,简单明了、易于操作,适用于电力市场起步初期、跨境电力交易不频繁的情况。主要缺点在于往往由于预测不准或个别投机行为,导致实际潮流方向与输电容量购买方向不一致或通道容量未能充分利用,因此难以达到跨境输电通道容量的最优配置。

3.2.5.2 隐式拍卖

隐式拍卖即不单独开设输电容量拍卖市场,而是将输电通道容量作为约束条件,纳入电量优化出清中统一考虑,不需要由统一的拍卖机构进行容量拍卖。

在日前拍卖市场开始以前，各国 TSO 需要向电力交易机构提交跨境通道可用容量信息。参与交易的市场成员仅需向电力交易机构提交电能报价订单，而不用额外向 TSO 购买传输容量。日前拍卖市场耦合系统将根据所有市场成员的订单，进行考虑跨境通道容量限制的优化出清，形成成交结果（包括跨境交易电量）。与显式拍卖相比，隐式拍卖的优点在于能够使通道容量分配更加优化，实现了输电容量与电能量的统一出清，效率更高。主要的缺点在于算法较显式拍卖更为复杂，实现起来难度较大，因此适用于电力市场成熟阶段。

目前，欧洲采用显式与隐式拍卖相结合的方式处理跨境输电通道阻塞。一般来说，显式拍卖适用于跨境双边电力交易，隐式拍卖主要适用于日前拍卖市场耦合。近年来，随着欧洲统一电力市场建设进程的加快，跨境双边电力交易的比例逐年下降，显式拍卖的比例也随之降低。

3.3　欧洲电力市场交易机构

欧洲能源交易集团由欧洲能源交易所、欧洲电力交易所、法国电力交易所、泛欧天然气合作组织、中欧电力交易所（PXE）、北美衍生品交易所、欧洲能源交易集团亚洲交易所、欧洲商品清算所和北美衍生品结算机构组成。该集团有 441 个直接交易会员，涉及 34 个国家。欧洲能源交易集团在欧洲及美国、新加坡共设有 16 个办事处和 542 名雇员，总部位于德国东部的莱比锡市。集团各交易所专门针对不同的市场，为客户提供量身定制的交易产品和解决方案，以及为各市场交易者提供市场接入服务。欧洲能源交易集团最重要的业务在电力和天然气的现货和衍生品市场，其业务收入的 80% 来源于该领域。欧洲能源交易集团的战略目标是发展成为有影响力的全球性商品交易所。

3.3.1　欧洲能源交易所

20 世纪 80 年代，随着欧洲金融自由化改革，欧洲各国衍生品交易所相继成立。1998 年 9 月 28 日，德国期货交易所与瑞士期货期权交易所合并，于是欧洲期货交易所（EUREX）诞生。经过 20 年的发展，EUREX 成长为具有世界影响力的金融衍生品交易所，其交易合约数量一直位居全球前三大交易所之列。

2011年EUREX通过并购,成为欧洲能源交易所集团最大的股东,从此在EUREX的业务板块上有了商品衍生品交易。

欧洲能源交易所是欧洲领先的能源交易所。欧洲能源交易所市场中的电能量交易分为长期交易(1—6年)、中期交易(月、季度和年)和短期交易(日前)。欧洲能源交易所市场中的电价由供需关系确定。提供现货市场交易、选择权交易、期货市场交易、双边交易等多种业务:

(1)现货市场交易。建立欧洲能源交易所的初衷是运行德国的电力交易市场,从2000年夏季开始,逐步建立了以一天为单位的物理性质的现货市场。现货市场是次日1小时或几小时的短期交易。这里指的是60分钟时间档次的供电交易,也就是说,在交易所登记的电力公司今天购入或售出明天24小时中每1小时的电力。

现货市场交易的主要任务是推动短期贸易,促进产品的标准化,而所有交易参与者都有义务平衡短期内的买卖。此外,欧洲能源交易所的另一个任务是促进市场竞争,推动电力市场的发展。

(2)选择权交易。购电者有权在确定的时间点按确定的价格进行交易的权利。也就是说,购电者在确定的有效期内可以决定是否愿意交易。这时要区分购买选择权(购买者获得购买权)和销售选择权(购买者获得销售权)。

(3)期货市场交易。2001年3月,欧洲能源交易所建立了期货市场。期货市场的周期分为月、季、年,以预期的价格进行购买可以规避市场风险。

随着市场的开放,德国所有较大的公司都增设了电力交易部门,设立电力交易公司或与伙伴一起进入电力交易活动。除此之外,还有独立的电力交易商,他们既没有电厂,也没有自己的电力线路,或者本身也没有电力负荷需求。

德国电力交易已经全部市场化。终端客户可以自由选择电力供应商。只要区域供电公司或城市公用公司有自己的电厂,他们就优先满足自己的需求,其余不足部分则向当地供电商购买。大型联网公司虽然与供电商之间是相互支援的,但联网公司一般不付钱给供电商,而是缴纳相应的回扣。

(4)双边交易。德国电力市场85%—90%的电能量是采用双边交易模式交易,即用户或供电公司与发电公司直接交易。其交易结算形式主要有两种:第一种是用户只与发电公司签订用电协议,发电公司与配电公司签订网络使用协议，配电公司与输电公司签订输电网使用协议，并分别进行结算；第二种是用户与发电公司签订用电协议（不含网络使用费），用户还需与配电公司签订总的网络使用协议，配电公司与输电公司签订输电网使用协议，并分别进行结算。

除了双边交易以外，其余电能量在欧洲能源交易所市场中交易。每个能源集团专门成立能源交易部，在能源交易部进行集团的煤炭、天然气、电力等交易。欧洲能源交易所拥有自己的清算机构，欧洲商品清算所。使用欧洲商品清算所开展清算活动必须成为清算公司的会员，通过开设资金账户进行结算。

3.3.2 法国电力交易所

法国建立了由发电商、供电商、交易商参与的多层次的电力批发市场。双边交易是电力市场的主要形式，占远期交易的93%和日前交易的30%。这也是欧洲其他国家电力批发市场的基本特点，即双边合同占主导地位。

2001年，泛欧交易所（由2000年法国、比利时和荷兰三国交易所合并发展而来）、输电公司、电力公司共同创建了法国电力交易所。它是同步运行的电力批发市场，进行日前电力交易。2004年，该交易所推出了月度、季度和年度电力期货交易。

法国电力交易所总部设在巴黎，在"多边交易设施（MTF）"状态下经营。法国电力交易所是目前欧洲能源领域设计和经营状态最先进的现货及衍生品市场电子交易平台。

3.3.3 欧洲能源交易所和法国电力交易所合并

2008年5月，欧洲能源交易所和法国电力交易宣布两个交易所进行合作，将业务进行重新组合和划分：欧洲能源交易所的现货交易并入法国电力交易所的日前拍卖市场，由法国电力交易所负责管理和运行；欧洲能源交易所主要在法国和德国进行包括电力期货在内的电力期货衍生品交易；法国电力交易所和欧洲能源交易所所有交易的出清均由欧洲能源交易所的出清公司EEC来负责。目前，其市场范围包括德国、法国、奥地利和瑞士，这四个国家电力消费量占欧盟的1/3。

3.3.4 欧洲电力交易所

2008年9月17日,法国与德国合资成立了欧洲电力交易所,该交易所目前是欧洲较大的电力现货交易所之一,它隶属于欧洲能源及大宗商品交易中心(EEX集团),运营法国、德国、奥地利和瑞士等八个国家的电力现货市场,其交易量占欧洲总能源消耗的1/3以上,为东欧四国提供市场建设和代运营服务。2017年欧洲电力交易所交易电量达到5 350亿千瓦·时,相当于欧洲用电量最大的国家——德国全年的用电量,其中4 640亿千瓦·时来自日前拍卖市场,710亿千瓦·时来自日内市场。目前有280多家市场成员在欧洲电力交易所进行电力现货交易,主要交易当日(日内)结算或者次日(日前)结算的电力现货产品。此外,欧洲电力交易所还提供交易登记服务。

3.3.5 泛欧天然气合作组织

泛欧天然气合作组织是由法国电力交易所运营的EEX集团旗下天然气交易中央平台,为欧洲天然气市场的整合提供统一的交易平台,为成员提供进入奥地利、比利时、捷克、丹麦、荷兰、法国、德国、意大利和英国天然气市场的交易接入。泛欧天然气合作组织的产品范围包括欧洲主要天然气中心的现货和衍生品合同、跨地点跨时间的价差产品的交易,以及可以在荷兰天然气交易中心(TTF)交易的期权产品。

3.3.6 北美衍生品交易所

Nodal Exchange是一家位于美国弗吉尼亚州的衍生品交易所,主要为北美大宗商品市场参与者提供价格、信贷和流动性风险管理。2017年5月以来,推出了全球最大的一套电力定位(节点)期货合约,合约种类超过1 000个。与此同时,还推出了天然气合约、环境合约以及货运合约。该交易所进行的交易都通过北美衍生品结算机构进行结算。其保证金管理利用投资组合保证金法,为参与者提供了风险管理和资本效率优势。

3.3.7 欧洲商品清算所

欧洲商品清算所是欧洲能源及相关产品的中央结算中心,为欧洲商品清算所、欧洲能源交易所、欧洲电力交易所、匈牙利衍生能源交易所(HUDEX)、挪威浆纸交易所、中欧电力交易所、法国电力交易所提供清算服务(耿建等,2018)。欧洲商品清算所是许多欧洲国家传输系统运营商认可的合作伙伴,与相关国家的排放和能源证书注册中心有广泛联系。因此,欧洲商品清算所确保了电力、天然气和碳排放的实物结算。

交易所作为交易双方的中间合作商,将承担客户的亏空风险,换句话说当签订合同的一方无法履行合同时,交易所将替代此方,负责履行这个合同。但这也是交易所交易对比场外交易的一大优势,因为交易所将承担客户无法支付的风险。在交易所交易的具体过程如图 3-6 所示。

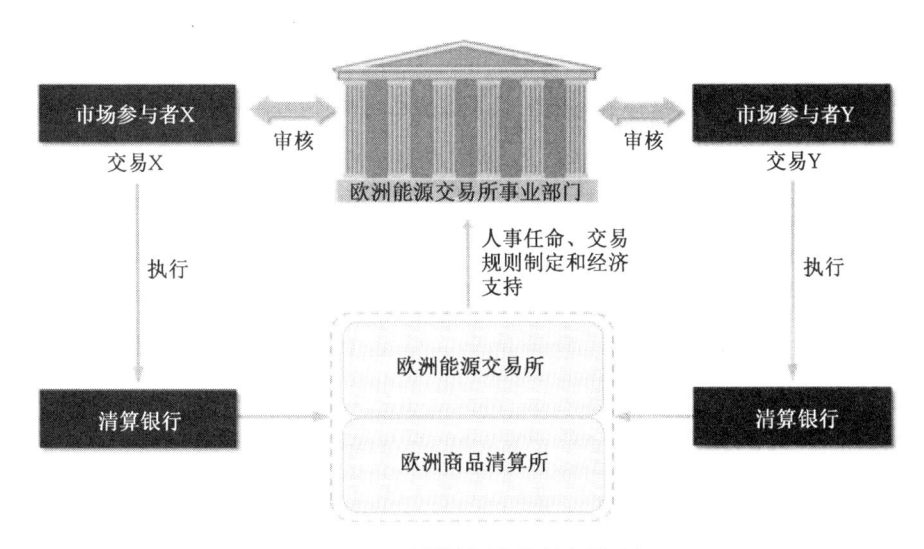

图 3-6　欧洲能源交易所交易过程

为此欧洲商品清算所要求每一个参与者都需缴纳支付保证金。需要交付的保证金必须至少与参与者的应收款项相等,并在整个合同履行的时间内被绑定,这样就能在下一个交易日出现交易价格极端变化时保证交易双方的清算。此外交易所的物理清算与场外交易相同,但是需要负责向相关的输电网运营商发送相关的发电计划。

第4章 其他电力交易机构

4.1 西班牙电力交易机构

4.1.1 西班牙电力市场历史沿革

在20世纪80年代初期,电力公司都是发电、输电和配电一体化的公司。自1985年以来,其中的输电和调度部分被西班牙电网公司(REE)兼并。在西班牙,所有的电力公司均是私有的,国家不占任何股份。这些公司既可以投资经营发电业务,也可以从事配电零售业务,(乔梁,1998)。西班牙电网公司设有2个调度中心实现异地双重化,可互为备用运行。西班牙电网公司负责调度、"准实时"市场及辅助服务市场的交易和管理、电网安全校核。1997年《电力法》也允许买卖双方签订双边合同,所有市场参与者都能签订金融双边合同,而只有发电企业和具有资质的大用户,才能签订物理双边合同。

1997年12月24日,伊比利亚能源市场交易运行机构(OMEL)成立,作为一个独立交易机构,其主要任务是管理西班牙电力和天然气交易市场的运行(姜绍俊等,2001)。据介绍,OMEL的员工大部分来自西班牙电网公司。

1998年1月,西班牙电网公司正式成立电力市场交易中心,开始负责运营电力批发市场,主要包括西班牙国内的日前拍卖市场和日间市场。电力交易机构推行"电力池"机制,使得发电商、大用户都可以参与并通过竞价,完成针对接下来24小时的电力交易。但是,随后不久,由西班牙电网公司管理的电力市场交易中心改组为独立的股份公司,股东为4家独立发电公司,1家电网公司,200家配电公司,12家电力经销商和其他主体。

2004年10月1日,西班牙和葡萄牙签订协议,建立伊比利亚电力市场(MI-BEL),由两国共有。协定条款修正如下:

(1)伊比利亚市场运营商(OMI)由两家控股公司组成,其各自的总部设在葡萄牙和西班牙,交叉持股比例为10%。两个实体将持有每个市场管理实体的50%。

伊比利亚市场运营商包括两个市场管理实体:一个在葡萄牙担任总部,作为伊比利亚市场运营商的葡萄牙部门(OMIP);另一个在西班牙办事处,作为伊比利亚市场运营商的西班牙分部(OMIE)。OMIP 将作为远期市场(Forward Market)的管理实体,OMIE 作为日前市场的管理实体,遵循总部所在地区的规则。

(2)两个管理实体 OMIP 和 OMIE 的管理委员会,将拥有相同的成员,同一任主席和副主席,流担任主席和副主席。每位代表的任期最初预计为至少六年,分别由主席和副主席以相同的三年时间划分。选举两个实体的主席和副主席的共同责任属于伊比利亚市场运营商葡萄牙分部和伊比利亚市场运营商西班牙分部的董事会成员。

(3)任何控股公司的资本均不得允许个人股东持有超过5%的股份。另外,电气和天然气部门的实体在每个公司中的总持股量不能超过40%。

2007年西班牙和葡萄牙电力市场统一后,由设在葡萄牙的运营商负责两国期货交易。

2011年6月1日,委托给 OMEL 管理并运行伊比利亚电力市场,OMEL 由此也独立为各相关方参股的股份公司。

2011年7月1日协议生效,OMEL 将其运行的业务转移到 OMIE。从此,OMI 集团包括伊比利亚能源清算所和伊比利亚电力现货市场以及期货市场。

4.1.2 西班牙电力市场交易机构

4.1.2.1 现货市场交易机构

OMIE 管理整个伊比利亚半岛的现货市场(日前和连续),其运营模式与欧洲市场的运营模式相同,制定容量分配指南和拥塞管理,对市场上交易的能源进行结算和开发票,并监督相应的金融结算。OMIE 受圣地亚哥国际协议监管,并受西班牙电力管理部门的规则和条例的约束。

(1)OMIE 组织结构及职能。组织结构如下:董事会(Board),指导委员会(Steering Committee),公司组织(Company Organization),部门(Department)。职能包括:①市场、市场运作;②市场监测;③规划和企业管理、公司管理、结算和计费;④欧洲和公共事务;⑤法律事务。

OMIE 市场运营商的职能可分为以下几类:

与市场活动规则和遵守合同有关的职能:①负责市场的运营和结算;②接受应用于各种情况的担保,有权直接或通过授权的第三方管理这些担保;③定义、开发和操作必要的计算机系统,以保证日常和盘中生产市场进行的交易的透明度。

与向市场参与者提供的信息有关的职能:①披露市场交易信息;②公布市场价格;③对市场参与者机密信息进行保密;④通知市场参与者的收付款。

与提供给第三方的信息有关的职能:①发布每日与连续市场的总供需曲线;②每小时公布每日和连续市场的平均价格指数;③计算并公布电力市场的最终价格以及最终价格成分;④发布有关市场发展的信息;⑤发布参与者的投标信息以及汇总的电力生产计划。

与独立性、透明度和客观性原则有关的职能:①确保有效遵守公司直接或间接持股的限制;②准备并发布市场经营者的行为准则;③通知主管当局市场参与者可能破坏市场运作的任何行为。

(2)市场代理委员会。市场代理委员会是一个没有法律地位的私人机构,应在电能生产市场准则以及所有其他适用的实施细则下组织和管理。其职能有监督和控制市场运营商遵循透明、客观、独立的原则下负责电力市场的运营和提出改善电力市场运作的措施。市场代理委员会成员不获得任何报酬。其成员组成如下:①不涉及可再生能源(除了那些属于水电管理单位的设施)、高效热电联产和废弃物的设施生产商六名代表;②涉及可再生能源(水电管理部门除外)、高效热电联产和废弃物的设施生产商四名代表;③代理人的一名代表;④非居民零售商的一名代表;⑤参考零售商的两名代表;⑥零售商的四名代表;⑦消费者的三名代表;⑧OMIE 的两名代表。

市场代理委员会的理事机构应为:全体会员、主席、副主席和秘书。全体会员应由市场代理委员会的所有成员组成,负责批准市场代理委员会的运作规则并提出修改建议,选举主席、副主席和秘书,任命工作委员会成员,审议和通过有关事项的决议,邀请那些知识或经验可能对其审议有用的人参加全体会议,批准和修订其内部运营法规等。

市场代理委员会主席是委员会的最高代表,主要负责主持全体会议、指导审议等。根据委员会通过的决议的性质,相对于此类决议的内容以及市场引起的任何相关事件,在适当时间向公共管理部门、市场运营商或任何其他方进行官方通信操作,颁发市场代理委员会决议的证明等。主席由委员会从其成员中选出,委员会同样可以就不同的成员组或任何其他系统之间的自动任命、轮值主席或轮流主席制度达成协议,条件是该系统明确规定了任命选定委员会成员的标准。委员会还应从其成员中任命一名副主席,副主席协助主席行使其职能,并在主席缺席时代替主席。

OMIE应向委员会提供履行其职能所需的人力和物力资源,该组织还应负责建立、维护和保存举行会议记录的文件,以及委员会的行动所产生的所有文件、信件等。OMIE在任何情况下都应向市场代理委员会成员,特别是主席和秘书为履行其职责提供必要的支持。

4.1.2.2 电力金融市场交易机构

根据葡萄牙与西班牙为伊比利亚电力市场达成的国际协议,作为一个市场运营机构,OMIP及其活动均由葡萄牙证券市场委员会(CMVM)监督。

在衍生品市场下,以电力和天然气为基础资产的产品可在葡萄牙、西班牙、法国和德国进行交易和交割(期货、远期、掉期、期权、金融输电权),这些产品每天由葡萄牙、西班牙以及其他欧洲和非欧洲国家代理商进行交易。

除了衍生产品市场外,OMIP还提供其他服务,例如开发、实施、管理和运营各领域的市场解决方案,特别是能源和电信。在能源零售市场,它在服务提供商的转换中提供服务。OMIP组织结构及职责如下。

一是董事会。董事会成员必须具有良好的声誉并且经验丰富。葡萄牙证券市场委员会有权反对他们的提名。根据适用法律,董事会必须具有多元化的组成。它目前由十名成员组成,其中两名,即主席和副主席,担任执行职务。

董事会职责如下：

①批准与市场总体组织相关的规则以及市场成员的接纳、暂停和排除；

②批准有关在市场上市交易、暂停和排除金融工具的规则；

③批准规定每个成员在交易所列金融工具的操作中可以采取的数量限制的规则；

④决定是否接纳市场成员，或者如果不再满足市场要求或由于纪律处分，则决定暂停或排除；

⑤执行纪律处分权；

⑥要求市场成员提供履行职责所需的信息，即使所要求的信息受到专业保密的限制；

⑦监督交易的执行、市场成员的行为和履行信息保密义务；

⑧促进与国内外市场相同实体的合作。

董事会还应采取必要措施，使市场运作良好，防止任何可能影响其正常运作的欺诈或其他行为，比如中断交易、暂停交易的执行、从交易系统中排除订单或取消交易或从结算价格的计算中排除操作等行为。

二是道德委员会。主席由所有道德委员会成员选举产生，不受任何外部干涉。道德委员会的组成旨在确保主要利益相关方得到公平，为此进行多样化的选举：

①一名成员由 OMIP 的贸易成员选出；

②一名成员由 OMIP 的清算会员选出；

③两名成员由 OMIP 的股东选举产生；

④一名成员由 OMIP 董事会提名。

道德委员会职责如下：

①鼓励尊重"行为准则"；

②对"行为准则"的解释提出指导意见，审议遗漏；

③在认为必要时向董事会建议审查"行为准则"；

④调查可能违反道德规范的情况，评估违规行为的严重性并决定采取最适当的行动；

⑤开始调查违反道德准则的行为，保证相关人员的矛盾和辩护权利。如果

有必要,可以使用外部技术手段;

⑥向主管监督委员会通报民事、刑事或社会违规行为。

三是贸易和产品委员会。为了促使贸易成员参与推出衍生品市场,OMIP 自 2006 年 9 月起成立了贸易和产品委员会,旨在讨论与贸易和衍生产品相关的主题,支持市场开发和测试市场解决方案。OMIP 的每个交易会员都有权在贸易和产品委员会中提名一名能够代表该实体的代表。贸易和产品委员会定期开会,一年三次,一次在伊比利亚之外,一次在西班牙,另一次在葡萄牙。

四是价格委员会。价格委员会是 OMIP 的咨询委员会,由 OMIP 交易会员代表组成。价格委员会成员提供 OMIP 列出合同或未列出合同的市场价格。

4.1.2.3 电力金融市场清算机构

伊比利亚能源清算所是一家在葡萄牙成立的公司,2006 年 7 月 3 日在 OMIP 衍生品市场(由 OMIP 管理的能源监管市场)交易注册,其主要职能是提供清算和结算服务。

4.2 澳大利亚电力交易机构

澳大利亚从 1990 年开始进行电力市场化改革,1998 年澳大利亚国家电力市场(NEM)建立并正式投入运营(黄李明等,2014)。目前涵盖了新南威尔士州、昆士兰州、南澳大利亚州、塔斯马尼亚州、维多利亚州等行政区,西澳大利亚州和北部领地由于网络之间的距离与国家电力市场没有联系。国家电力市场中有 200 多家大型发电企业、5 个州的输电网和 14 个主要配电网,为 900 余万用户提供电力服务。2006 年 9 月 21 日,由西澳大利亚和北部领地组成的西澳大利亚批发电力市场(WEM)开始运作(杨果硕,2019)。西澳大利亚批发电力市场旨在促进竞争和私人投资,并允许发电商和批发购买者(如零售商)在销售或采购电力方面以及与之交易的人员方面拥有更大的灵活性。西澳大利亚批发电力市场中的西南互联系统拥有超过 7 800 公里的输电线路,每年为 100 多万用户提供大约 18 太瓦·时的电力。国家电力市场和西澳大利亚批发电力市场相互独立,均由澳大利亚能源市场运营商(Australian Energy Market Operator,AEMO)负责运营。

4.2.1 市场主体

澳大利亚国家电力市场的市场主体包括交易性主体和非交易性主体两类（曾鸣、程俊等，2013）。交易性主体包括发电商、售电商、经纪商、电网公司、终端用户等。发电商、零售商与部分大用户可直接参与电力市场的批发交易。经纪商自身没有发电资产和负荷，只是为买方和卖方牵线搭桥，并从中收取佣金。在电力交易过程中，经纪商的作用是撮合交易，并对电子交易平台进行操作，为交易双方提供交易数据及其他专业服务，在此过程中的电子交易平台就是电力交易信息披露的平台，供需信息在这里发布。

非交易性主体包括澳大利亚能源市场运营商、澳大利亚能源市场管理委员会（Australian Energy Market Commission，AEMC）和澳大利亚能源监管局（Australian Energy Regulator，AER）。

其中，AEMO由澳大利亚政府理事会成立，是国家电力市场运营的会员制机构，由联邦政府、州政府（60%）和电力企业各派代表（40%）组成，是管理电力市场的核心机构。AEMO的主要职责是通过调配电力供给以满足国家电网覆盖范围内的电力需求，其核心职能有两个：电力系统运营和电力市场运营。

澳大利亚能源市场管理委员会是根据澳大利亚能源市场委员会成立法案设立的国家级单位。其主要负责电力市场规则制定和市场发展，具体职责包括：根据国家电力法制定电力规则，并对发布和管理电力规则进行建议和决策；自发或按照能源部长委员会的要求对电力规则进行评估；向能源部长委员会提出电力市场发展的政策建议。

澳大利亚能源监管局是澳大利亚电力市场和天然气市场的监管机构。其主要职责包括：按照收入上限方法监管输电服务提供商的收入水平；监控国家电力批发市场的运行；监控国家电力法、国家电力规则和国家电力监管办法的执行情况；调查违反和可能违反电力法、电力规则和监管办法的行为；对相关市场成员提起和进行法律诉讼；对输电网络提供商制定服务标准；制定与输电服务有关的商业运营指导意见。

4.2.2 澳大利亚能源市场运营中心

国家电力市场和西澳大利亚批发电力市场由澳大利亚能源市场运营中心

负责运营(马莉等,2014)。AEMO 是根据《公司法》成立的非营利性担保有限公司,不拥有电网资产,以成本回收为基础运营,通过市场参与者支付的费用收回运营成本。

AEMO 实行会员制。联邦、州和特区政府有 60% 投票表决权,企业有 40% 投票表决权。它们各自的投票表决权按指定方法计算,但若涉及有关修改章程等重大议题需 75% 赞成票通过。

4.2.2.1 组织架构

AEMO 在九名非执行董事以及董事总经理兼首席执行官组成的董事会管理下运作。董事会主席由政府能源部长联席委员会任命。董事会成员采用提名遴选方式,由专门委员会根据会员提名进行遴选并上报政府能源部长联席委员会批准。

董事会的职责包括但不限于以下内容:

(1)监督 AEMO 为实现其《宪法》规定的目标而开展的活动;

(2)设定 AEMO 的目标和战略;

(3)确定 AEMO 需要实现其目标所需要的财务、运营、人力、技术和行政资源;

(4)建立和维护充分有效的报告关系和程序;

(5)批准 AEMO 预算并监督财务报告义务的遵守情况;

(6)任命常务董事;

(7)审查和评估 AEMO 高级管理层的表现;

(8)建立和批准董事会委员会章程;

(9)建立有效的控制和程序,以确定、评估和管理关键风险;

(10)监督其对法律和监管要求的遵守情况,包括职业健康和安全,机会均等,环境、公司治理和报告义务;

(11)向 AEMO 成员报告。

AEMO 在董事会的领导下,分设风险与审计委员会、人事和薪酬委员会、技术和监管委员会。

2017 年 8 月,AEMO 组建了一个由高级能源领导者组成的专家咨询小组,以便从澳大利亚能源部门获得有关行业机遇和挑战的全面、多元化视角。该小组在 AEMO 广泛的活动范围内发挥了至关重要的咨询作用。专家咨询小组旨在通过帮助 AEMO 推动行业改革,加快关键问题的解决并在可能的情况下寻求共识来支持能源安全委员会。总体来说,AEMO 提出需要解决的行业问题,专家组以讨论、咨询和建议的形式向 AEMO 首席执行官提供意见。AEMO 的首席执行官可以向能源安全委员会提出这些意见和建议。相关流程见图 4-1。

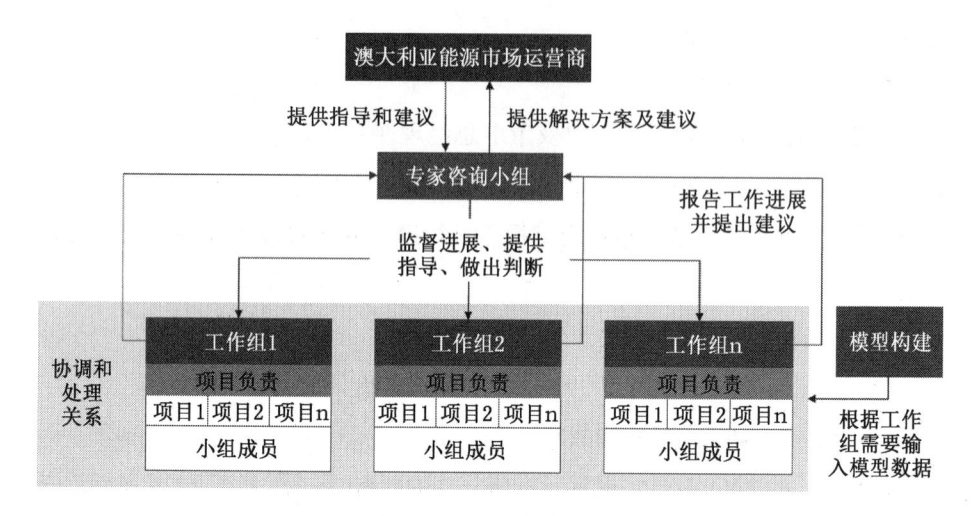

图 4-1 专家咨询小组

4.2.2.2 市场职能

澳大利亚能源市场运营中心的主要市场功能包括核准市场主体注册申请,保管并公布所有市场主体注册信息,管理与运行电力市场,促进及改善市场运行的有效性,保障与提高电力系统的安全性(包括在特定条件下,实行一系列不断强化的市场干预措施,以保证电力系统安全),进行电力系统供应充裕度预估分析并向市场公布结果,通过管理用电户过户、用电数据来促进售电侧市场竞争。

4.2.2.3 财务概况

AEMO 的收入包括提供相关服务(电力传输、课程培训、注册会员等)所收取的费用。其中,AEMO 作为电力传输网络服务提供商,电力传输收入占总收入的 60% 以上,主要与支付给传输网络资产所有者的网络资产费用的恢复有关。

AEMO 的成本包括网络费、咨询费用、IT 和电信成本、折旧摊销、员工工资以及其他员工福利费用、与经营租赁相关的租赁费用、财务费用等。其中网络费用占 AEMO 费用的很大一部分,这些费用是支付给传输网络资产所有者使用传输网络的费用。员工的工资和薪金反映了在职权范围内运行职能的最大可控成本部分。摊销和折旧支出主要反映了对电力批发、运营、计量和结算以及长期能源预测工具完整市场体系的改进。

4.3 得州电力可靠性委员会

得州电力可靠性委员会(Electric Reliability Council of Texas,ERCOT)作为独立系统运营商,负责得州电网的运营(魏玢,2004)。同时,ERCOT 也负责得州电力批发市场的运营并为交易主体提供财务结算服务。ERCOT 的所辖区域覆盖了得州 75% 的面积和 90% 的负荷,并管理着 2 400 万得州用户。得州面积相当于广东、广西加湖南,比华东五省加上海略大一点。得州电网是一个独立电网,和其他州没有交流互联,只通过 5 条直流联络线与美国东部网络和墨西哥相连,这 5 条直流联络线的总容量接近 110 万千瓦。ERCOT 管理超过74 400 公里的高压输电线路和 550 多台发电机组。ERCOT 管理的装机容量接近 9 000 万千瓦,夏季高峰可调用装机容量为 7 700 万千瓦,2015 年 8 月 10 日峰值负荷达 6 988 万千瓦,创历史新高,年度用电量是 3 475 亿千瓦·时,同比增长了 2.2%。得州市场有超过 1 400 名成员参与电力市场的发电、输电、配电、用电和电力交易。

得州当前风电装机容量约为 1 600 万千瓦,在北美所有市场里是最大的。如果把得州看作一个单独的地区和世界各国(包含美国非得州区域)进行比较,得州风电装机容量在世界排名第六。到目前为止,得州风电最高发电纪录是 2016 年 2 月 18 日创造的 1 402 万千瓦,同日创造的风电最高渗透率大于 45%。随着风电的高速发展,其间歇性也给系统运行带来了很多挑战。ERCOT 采取了一系列措施来降低弃风率,成效显著,2014 年的全系统平均弃风率小于 0.5%,2015 年的全系统平均弃风率小于 1%。

ERCOT 的竞争性电力零售市场(Competitive Retail Market)非常活跃,连续 8 年(2008—2015 年)被能源咨询机构评为美国和加拿大最具竞争性的零售市场。ERCOT 拥有大约 200 个合格的竞争性独立电力零售商（Completive Retail Electric Providers），超过 75% 的负荷具有零售选择权。根据统计，竞争性零售市场内超过 90% 的居民用户曾经更换过零售商。

4.3.1 市场主体

ERCOT 的市场参与者（Market Participants）主要分为以下几类：合格计划实体（Qualified Scheduling Entities，QSE）、负荷服务实体（Load Serving Entities，LSE）、输电服务供应商（Transmission Service Providers，TSP）、配电服务供应商（Distribution Service Providers，DSP）和电源实体（Resource Entity，RE）。QSE 代表电源实体和售电公司参与日前和实时市场，与 ERCOT 进行数据对接和结算。QSE 可以同时拥有发电机和负荷，或者两者之一，或者是两者皆无的纯金融买卖参与者。

合格计划体是 ERCOT 电力市场中一个非常重要的名称，任何想在 ERCOT 电力市场中进行交易的市场参与者（发电商、零售商、电力市场商）都必须首先成为 ERCOT 的合格计划体，或者通过一个合格计划体，才能进入 ERCOT 电力市场。只有合格计划体才能向 ERCOT 提交能量计划、能量报价、辅助服务报价，以及与 ERCOT 进行结算。成为 ERCOT 合格计划体的资格条件包括：①同意并签署 ERCOT 市场协议中的关于合格计划体的协定；②在某种合理程度上向 ERCOT 证明其能履行合格计划体的各种职能；③在某种合理程度上向 ERCOT 证明其能遵守 ERCOT 市场协议的所有要求和行为规范；④满足 ERCOT 对于信用额度的要求；⑤遵守 ERCOT 系统运行指导手册中的各种后备计划的要求。

其中，ERCOT 协议是由得州地区电力企业代表统一制定的。ERCOT 协议和协议附录制定了关于电力市场内各类活动（包括计划、运行、规划、安全和结算）的政策、规则、指导、程序、标准和规范。ERCOT 协议和协议附录根据 ERCOT 系统和市场情况的变化不断改动，其制定的目的是明确 ERCOT 实现其作为一个独立组织所需要履行的管理职责。但 ERCOT 协议并不管理市场参与者之间的直接关系，仅代表所有的市场参与者完成协议的要求，并且所有的市场活动都必须按照协议中关于结算定义的规则来进行结算。图 4-2 显示了 ERCOT 和各市场参与者的相互关系。

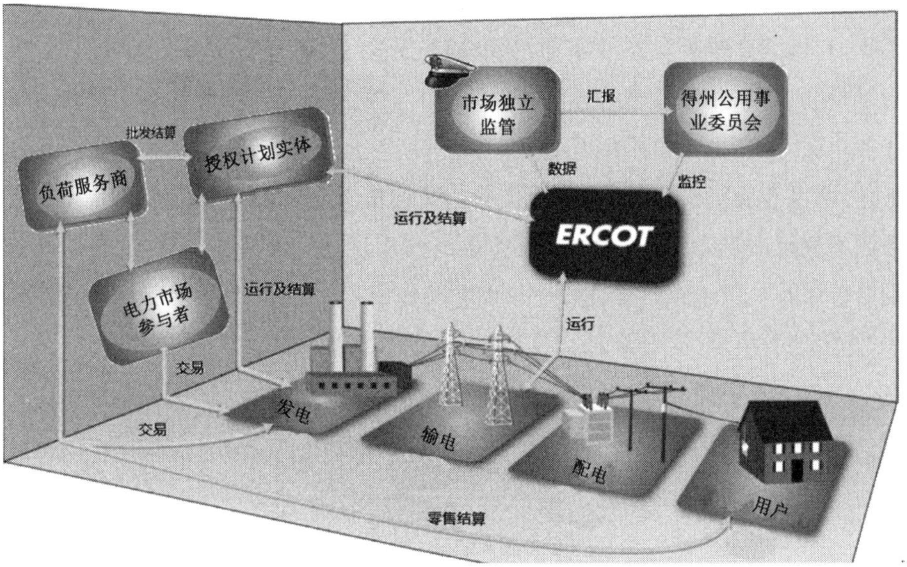

图 4－2 ERCOT 和市场参与者关系

ERCOT 是基于会员制的非营利机构,由董事会直接管理,并采用会员制。ERCOT 的会员包括用户、合作社、发电商、市场营销者、售电商、输配电供应商和一些市政电力公司。

4.3.2 组织架构

ERCOT 受得州公用事业委员会和得州州议会(Texas Legislature)监管(李永刚,2017)。因为得州和其他州只有直流互联,ERCOT 地处得州境内,得州电力市场建设的决定权在得州政府,ERCOT 不受 FERC 监管,而是由得州公用事业委员会管辖,这是得州区别于美国其他 ISO 的一个很独特地方。

ERCOT 系统和市场的运作由 ERCOT 董事会主管。EBCOT 董事会由独立会员、消费者及 ERCOT 各部门代表组成,由市场参与者推举产生,均衡地代表着利益不同的各个电力行业群体,具有最高的决定权。ERCOT 董事会负责聘用 ERCOT 的总裁和各主管部门的主管。董事会下有 ERCOT 技术顾问委员会,所有的技术顾问来自电力各行业,由市场参与者推举产生。技术顾问委员会通过5个附属委员会及多个任务小组和特别小组的协助为董事会提供政策建议。技术顾问委员会下有5个子委员会,其职能是辅佐技术顾问委员会的工作,它们是商业运营委员会、批发市场委员会、零售市场委员会、市场协议修订委员会、可靠性与系统运行委员会。每个子委员会又下设有许多工作小组和任务小组,工作小组和任务小组只负责解决具体的方案,以辅佐各子委员会的工作,并没有表决权,工作中也无须一定要达成共识。各子委员会负责审议各方面的建议(包括其工作小组和任务小组的建议),经投票表决后,向技术顾问委员会举荐。技术顾问委员会进一步审议各子委员会提交的建议,做出适当修改,经投票表决后,提交给ERCOT董事会。ERCOT组织架构见图4-3。

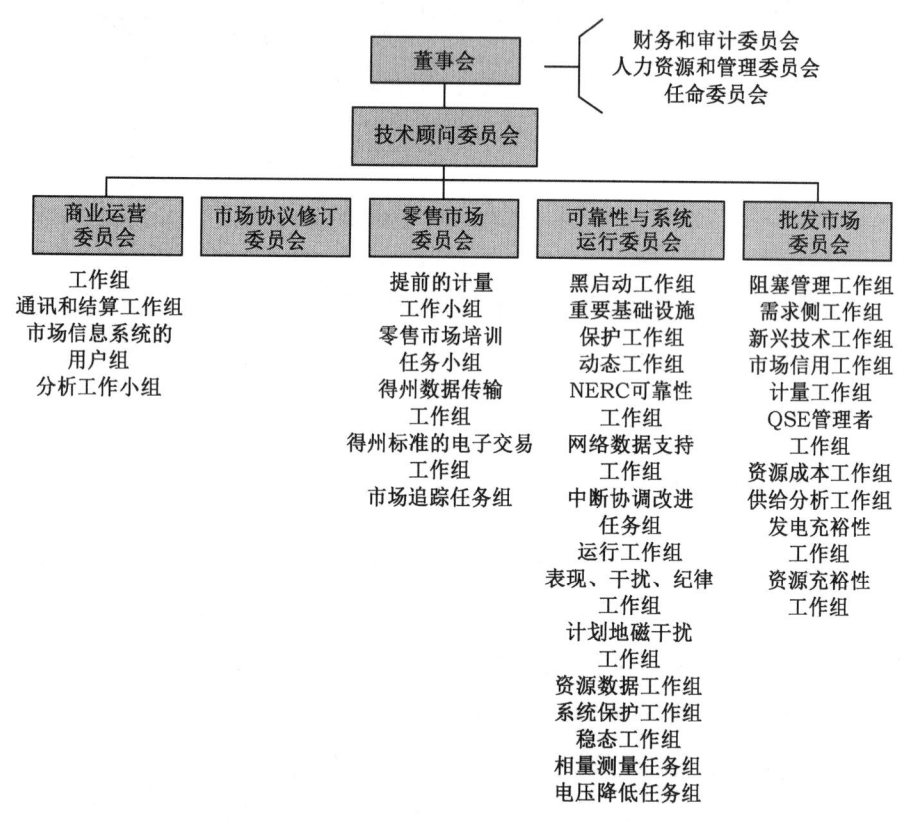

图4-3 ERCOT组织架构图

4.4 纽约电力市场

在1965年的东北部大停电后,纽约州的8个大的电力公司联合组建了纽约电力联营体(New York Power Pool,NYPP)。在30多年的时间里,纽约电力联营体协调和控制州内互连电力系统,设计和运行了一个控制中心和人员培训系统,并且开发了一个经济调度程序。从20世纪90年代中期开始,纽约电力系统经历了一系列市场化改革(云智彪等,1995)。

纽约独立系统运营商从1999年开始运行,这也标志着纽约电力市场的开始。纽约独立系统运营商负责保证纽约电网可靠运行,包括落实NERC和东北部电力协调委员会(NPCC)以及纽约可靠性委员会(NYSRC)的可靠性标准,管理区域间的功率交换及相关规则,安排和调整运行计划、监控电力系统的运行和维护运行可靠性,分配系统中的各种资源,对市场成员无差别地提供输电服务并维护这些服务的可靠性,向有关部门递交运行状况的综述等,是一个非营利组织。

纽约电力市场的特点是发电侧为完全的竞争市场,输电和配电侧仍然按照固定回报率的理论运营并由政府监管(鲁顺等,2004)。

纽约独立系统运营商的权力机构是董事会、管理委员会、运行委员会和商务问题委员会。

董事会由10个与市场成员无关的董事成员组成,负责监管NYISO的运营并任免公司总经理。公司首席执行官(总经理)具体负责独立系统运营商的日常运行。发电、电网、配电公司一般通过雇佣猎头公司寻找候选人,最后由支付费用的市场参与者成员选举董事。发电、电网、配电公司可以要求弹劾总经理。发电、电网、配电公司每年都联合对独立系统运行员进行严格的体检。此外独立系统运行员的预算也由发电、电网、配电公司联合审批。

管理委员会、运行委员会和商务问题委员会都由市场参与各方的代表组成,在全部的投票权中发电商占21.5%,电网公司占20%,终端消费者占20%,其他供应商占21.5%,公共部门(电力权力机构、环境保护组织)占17%。只有各方的平均支持率超过58%议案才能通过生效。

所有加入纽约独立系统运营协议的成员(公共利益组织和市场参与者)在管理委员中均有投票代表。公共利益团体占总投票数的 6.5%,有权监督和检查其他纽约独立系统运营商委员的所有工作。

管理委员会由纽约独立系统运营商内部的全体成员决定,包括在公共利益团体的 5 个部门中,但是要按照所占权重投票产生。

第 5 章　国外典型电力市场的信用管理

5.1　电力市场的信用管理

5.1.1　概述

有效的信用管理是经济活动中保障相关交易正常、高效运行的重要条件。同样，在电力市场中，信用管理也是保证高效、可持续电力交易的重要条件。信用管理中的信用，主要是指信贷能力方面。电力市场信用管理的目的，主要是控制结算信用风险，即通过对市场参与者进行信用评估、交易风险评估、信用额度管理等手段，控制由于市场参与者无法按市场规则及合同进行资金交收而产生的风险。在电力批发市场中，通常引入中央对手方（Central Counterparty）参与结算。这里，中央对手方是指结算过程中介入的买卖双方，即"买方的卖方"和"卖方的买方"机构。在中央对手方体系下，市场参与者之间的资金交收关系将转换为中央对手方与所有市场参与者之间的资金交收关系；中央对手方也因此将承担相关的结算风险。

电力市场中存在结算信用风险的主要原因是相关产品或服务的出清、转移与结算的不同步。例如在大多数市场中，电力用户采用"先用电、后付费"的付费机制，若电力用户每月结算一次，则相当于为每个电力用户授予了至少一个月用电量先用后付的信用，同时也产生了电力用户用电后不能及时、足额付费的风险。在电力市场环境下，特别是现货市场中，电价的波动变大，相关交易的信用风险也增大（高小芹，2005）。

作为电力市场管理的重要内容，国外电力市场在信用管理方面具有丰富的经验。如得州电力可靠性委员会、加州独立系统运营商、纽约独立系统运营商及新英格兰独立系统运营商等电力市场都建立了较为完善的市场准入、信用风险控制的相关制度。

5.1.2 电力市场信用要求

电力市场中的信用管理主要有两个方面的工作：市场主体信用评估和市场交易的风险评估。当电力市场出现违约情况，如市场参与者不能按时、足额进行支付时，结算机构会根据当地法律规定，向法院申请债务的强制执行，如现金担保抵债、信用证执行、破产企业的债务清偿等。在最坏的情况下，该市场参与者资不抵债，未能清偿的债务将成为结算机构和中央对手方的坏账。

为了降低上述坏账出现的风险，在进行电力市场的信用管理时，必须保证该市场参与者的信用风险不超过其信用额度；另外，为了减少由于企业资不抵债而导致的市场风险，每一市场参与者的信用额度均需根据其自身的资产情况定量确定。为了满足上述要求，市场参与者需要达到以下信用要求：

$$L \geqslant E \tag{5-1}$$

式中：E 为市场参与者的信用风险，以金额为量纲；L 为该市场参与者的信用额度，以金额为量纲。

5.1.3 电力市场信用评估

在电力市场中，市场参与者的信用额度，是指根据市场参与者的运营情况、财务情况等给定的信用额度（徐宏等，2020）。一方面代表了市场结算机构对该市场参与者能够承担和容忍的赊销和坏账风险；另一方面也代表了该市场参与者的经营状况、管理状况、财务状况等对覆盖违约债务的支持程度。信用额度本质上是指市场参与者的偿债能力，可以通过向结算机构提交金融担保品（也称金融担保信用工具）的方式获得，也可以根据市场参与者的财务情况由结算机构授予；前者被称为担保信用额度，后者的授予由于不需要提交担保品，因此被称为无担保信用额度。

$$L = L_{us} + L_s \tag{5-2}$$

式中：L_{us} 为无抵押信用额度（又称无担保信用额度）；L_s 为抵押信用额度

(又称担保信用额度)。

5.1.3.1 担保信用额度

担保信用额度通过市场参与者向市场结算机构缴纳对应金额的金融担保品来获得。不同电力市场所承认的金融担保品种类不同。随着金融市场日益发达,银行和保险公司等金融机构在商品贸易和信贷方面的信用工具品种也不断衍生和发展,不同信用工具的性质、规模、期限和法律效力不尽相同,其各自适用的场合和信用担保能力也存在一定的差别。目前世界各国有以下多种信用工具类型。

(1)保证金。保证金是指合同当事人一方或双方为保证合同的履行,而留存于对方或提存于第三方(通常为银行)的金钱,在合同到期或者依法解除时保证金将予以退还或作为货款支付。提交保证金的信用担保方式操作相对简单,作为电力市场的信用管理有效手段之一被广泛采用。账户管理方如银行承担资金管理、账户监管的职责,从法律意义上来说,保证金账户实际仍属于债务人所有。在未来电力市场中发生违约情况时,市场运营商可以对违约方的保证金账户进行冻结,若要支取违约方的保证金用于支付违约的电费,需要根据合同和法律规定经过法律程序提取,市场运营商无法随便动用该账户上的资金,对市场运营商有效提取该信用保证金用于补偿卖方的损失有一定的制约。

(2)财产抵押。银行等金融机构接受个人或企业的财产抵押,并根据抵押额度为其进行授信,根据授信额度进行放贷业务。可以用来抵押的财产分为不动产和动产,不动产常用的是房产、土地、机器和交通运输工具等抵押。另外部分银行还接受其他动产抵押,如货物和金融资产等。有形资产抵押需有严格的资产审查和定价,有一定的折扣率,并定期进行抵押资产盘查,具体跟银行机构的风险控制策略有关。在实际操作中,财产的抵押都需要通过定价折算成相应的金额后留存或提存在第三方,作为信用担保的方式与保证金的性质接近,只是抵押定价折算的流程相对复杂。

(3)保函。保函是指银行、保险公司、担保公司等应申请人的请求,向第三方开立的一种书面信用担保凭证,保证在申请人未能按双方协议履行其责任或义务时,由担保人代其履行一定金额、一定期限范围内的某种支付责任或经济赔偿责任。开具保函需要提交保证金,保证金将根据申请人的授信确定,从零保证金到全额保证都有可能。保函可以根据单笔的合同开具,也可以根据综合授信开具循环使用的保函,例如银行可以开具一个一年期限的保函,在有效期内,根据月度或周交易金额,相应扣除该保函的额度,计算出该市场主体剩余的信用额度。到年底如果保函额度不足,可以根据释放后的授信敞口重新开具新的保函。

保函是一种"见索即付"的信用工具,在保函期内,如果企业发生了违约条件,就可以向银行等进行索赔,银行了解违约和损失情况后就会支付违约部分金额,这对于市场运营商回收欠费较为有利。因此目前国内广东、云南等电力市场中也广泛使用保函这种形式的信用保证工具。

(4) 信用证。信用证与保函类似,都是银行开立的,同属于银行信用,但信用证的开具更为严格,必须提供货物单据、交易流水等。信用证的开证银行或指定的付款银行必须根据提交的付款条件(合同、付款凭证、账单等)进行付款,并且金额是全额支付。信用证更多意义上是一种支付方式而不是担保方式。

5.1.3.2 无担保信用额度

银行会根据个人或企业的信用评级、历史财务情况等提供一定额度的无抵押信用担保。通常信用评级越高、财务情况越好,无抵押信用担保的额度将越高。采用无抵押信用担保的方式,能较好地缓解债务人的担保资金压力,增加市场交易量有助于促进市场的流通,但对于信用评级体系、信用监管制度的要求也更高。

无担保信用额度的计算通常取市场参与者某类资产的某个百分比:

$$L_{us} = p \times A \tag{5-3}$$

式中:A 为该市场参与者可用于抵债的某类资产;p 为资产比率,是该市场参与者的资产 A 中用作无担保信用额度的百分比。

资产 A 通常是企业的有形净资产(又称有形资产净值),这是由于在企业处于破产清算时,有形净资产的多寡影响作为债权人的结算机构和中央对手方能得到多少有形财产保障。此外,根据市场风险承担能力不同、市场参与者类型不同,资产 A 也可以是净资产、企业总资产减去总抵押债务等。在没有特别说明的情况下,本文所述的 A 均取企业的有形净资产。

p 与市场参与者的违约可能性相关,通常由信用评级或信用评分定量确定，当市场参与者信用评级越好、信用评分越高时，即市场参与者的违约可能性越小，则 p 越高，最高可取 3%—7.5%，具体与市场的风险承受能力和风险偏好有关。

结算机构可以认定多个第三方信用评级机构，并接受市场参与者提供经认定的第三方信用评级机构的信用评级（以下简称第三方评级）。当市场参与者能提供第三方评级时，由此便可定量确定市场参与者的 p。第三方评级的种类包括高级无担保债务评级、长期债务评级、发行者评级等，具体优先使用哪类或哪几类，各个电力市场有各自的规定。如 ERCOT 优先使用市场参与者的长期债务评级和发行者评级，如表 5-1 所示。市场结算机构也对市场参与者进行信用评分，该信用评分同样对应一定的 p。

表 5-1　　　　　　得州电力市场评级和有形净资产百分比

惠誉/标准普尔	穆迪	有形净资产百分比(%)
AAA	Aaa	0.00—3.00
AA+	Aa1	0.00—2.95
AA	Aa2	0.00—2.85
AA−	Aa3	0.00—2.70
A+	A1	0.00—2.55
A	A2	0.00—2.35
A−	A3	0.00—2.10
BBB+	Baa1	0.00—1.80
BBB	Baa2	0.00—1.40
BBB−	Baa3	0.00—0.70
BBB−以下	Baa3 以下	要求提供担保额

此外，根据市场参与者的企业性质、当前市场的负债情况等，某些电力市场对无担保信用额度的上限也提出了相应要求。例如：2010 年，美国联邦能源管理委员会进行联邦层面的电力市场信用改革，各电力市场中每位参者的无担保信用额度不得超过 5 000 万美元，即 FERC 规定的无担保信用额度上限为 5 000 万美元。

5.1.3.3　第三方担保机构担保

保险公司主要采用信用保证保险，是指权利人向保险人投保债务人的信用风险的一种保险,把债务人的保证责任转移给保险人,当债务人不能履行其义务时,由保险人承担赔偿责任,保障企业应收账款的安全。保险公司会根据买方的资信情况进行评级,再按评级进行保单设计和保费计算,保单的限额体现了保险公司对于与该买家进行交易的潜在风险的认定。与保函的区别是,信用保证保险需要向保险公司缴纳保险费,在一定程度上增加了市场成本,并且需要根据保险机构的审核程序后按合同条款进行赔付,但其优势在于不占用银行授信额度,不影响企业的现金流。

5.1.4 电力市场信用风险

由于电力作为商品的特殊性,其没有真正意义上"一手交钱一手交货"的"现货",因此现货市场的时间范围可以扩大到实时交割之前的数小时乃至1日,结算则在实时交割后结合计量系统的数据,在数个工作日内完成。可见,电力的交割与资金的交收难以同时完成,因此,参与日前市场和实时市场的市场参与者,在同一个时间点往往对中央对手方存在着2种类型的债务:(1)已经完成交易并出具账单的债务;(2)已经完成交易,但由于结算需要一定的时间延迟(如PJM每周出具1次日前市场和实时市场的账单),尚未出具账单的债务。

上述两种债务均为市场参与者的信用风险组成部分。此外,市场参与者的信用风险还包括处置市场参与者违约的成本。这部分成本是基于市场参与者在信用计算当日发生了违约事件的假定来进行计算的,并非市场参与者实际产生的、有法律效应的债务,因此可以称为未来风险。一旦市场参与者发生了违约事件,由于市场规则允许市场参与者在数个工作日内弥补该违约行为,因此,在违约事件发生到终止市场活动之间,市场参与者仍能参与市场活动。

基于以上分析,电力市场的信用风险是指市场参与者对市场结算机构的债务金额、尚未完成结算的潜在债务金额和市场参与者违约的处置成本(刘强等,2021)。对市场参与者信用风险的衡量可以仅对某种交易品种的市场信用风险进行衡量,也可以对数种交易品种的市场信用风险进行联合衡量,此外交易品种的结算流程也会影响信用风险。

由此可见,市场参与者的信用风险计算如下式所示:

$$E=E_b+E_{ub}+E_f \quad (5-4)$$

式中：E_b 为已经完成交易并出具账单的债务；E_{ub} 为已经完成交易但尚未出具账单的债务；E_f 为未来风险。在实际进行信用风险的计算时，只有 E_b 可以根据结算机构的账单直接得到债务值；E_{ub} 由于尚未出具经核算的结账单，直接根据交易数据计算得到的债务值可能与实际债务值存在偏差；E_f 既没有结算账单也没有交易数据可供计算，只能通过历史结算数据或交易数据进行预测。各电力市场的交易品种、结算类型、风险偏好不同，对 E_f 的定义也不同。

5.2 PJM 的信用管理

5.2.1 PJM 信用评估

电力市场信用评价体系的主要目的是确定市场主体的总信用额度，主要内容如图 5-1 所示。首先，对市场主体进行信用评分，根据评分确定其信用评级；拥有被认可的第三方信用评级（也称外部机构评级）的市场主体，采用第三方评级结果。市场运营者将根据市场主体的信用评级判断其是否达到进入市场进行交易的要求，并相应地赋予其一定的无抵押信用额度，市场主体无抵押信用额度和抵押信用额度之和，就是其总信用额度。

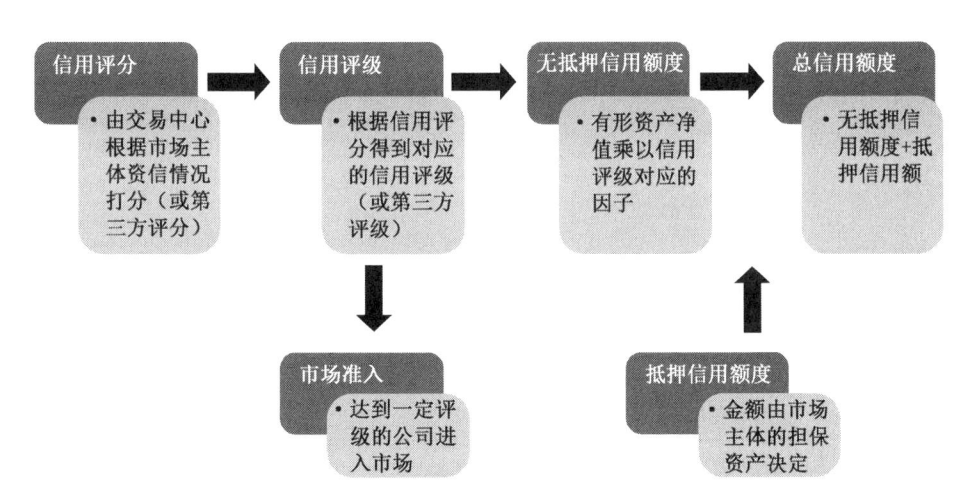

图 5-1 PJM 市场信用额度评估

在确定市场主体的信用评级方面，PJM 采取的是外部机构评级与内部评级相结合的方式,再从评级计算出每个市场主体的信用评分。PJM市场外部机构一般采取对参与者优先无抵押担保债券(Senior Unsecured Debt)的评级,根据评级机构给出的信用评级得到信用评分,若两个评级机构的评级有出入,则取两个评级的平均值作为该参与者的评级。

PJM采用的信用保证的类型分为抵押信用保证、无抵押信用保证。其中抵押品接受现金和保函的形式,对于出具保函的金融机构的信用评级应至少为A。无抵押信用保证基于信用评级机构对该市场参与者的财务审计和信用评级,最高可获得5 000万美元的无抵押信用。PJM接受第三方担保公司对该市场参与者的担保,属于无抵押信用保证的另一种形式。采用第三方担保的市场参与者需接受第三方公司的担保要求,而PJM将对该第三方公司而不是市场参与者进行无抵押信用管理。

5.2.1.1 信用评级及评分

(1)PJM外部机构评级。信用评级对应的信用评分如表5-2所示。

表5-2 信用评级对应的信用评分

信用等级	信用评分
AAA	100
AA+	99
AA	99
AA-	98
A+	97
A	96
A-	93
BBB+	88
BBB	78
BBB-	65
BB+及以下	0

PJM市场认定多个第三方信用评级机构,并接受市场参与者提供经认定的第三方信用评级机构的信用评级。当市场参与者能提供第三方评级时,由此便可定量确定市场参与者的资产比率。若两个评级机构的评级有出入,则取平均

值作为参与者的评级。任何评级在 BB+ 或以下的参与者都不能得到任何无抵押信用额度。对于没有外部评级的市场参与者，PJM 则适用其内部评级方法根据其财务状况、经营情况、交易行为等进行信用评分，最后确定参与者的无抵押信用额度，这套方法用少于六个的财务指标与一个非财务指标来评分，若最终评分高于 51 分，该参与者就可以获得一定量的无抵押信用额度。

（2）PJM 内部评分。当前的 PJM 信用评分体系中，涉及的评价指标包括：利息覆盖率，考察市场主体利润与成本的关系；净资产负债率和负债与利润的比率，考察市场主体资本结构，一般来说市场主体的负债太多会导致风险过大，太少则盈利能力较差，适当的资本结构才是合理的；自由现金与负债比率，考察市场主体的短期债务偿还能力。此外，还考察电力市场的市场主体是否与政府相关，并根据密切程度给予不同的加分（PJM，2017）。这几项之中，利息覆盖率及净资产负债率的评分的比重较大，负债与利润比率、自由现金与负债比率以及主体类型的比重较小。将各项得分加起来得到市场主体的信用评分，见表 5−3。

表 5−3　　　　　　　　　　PJM 参与者的信用评分指标

考虑因素	取值范围(%)	得分范围(分)	类型
利息覆盖率	−10—0	0—10	多线性，正相关
	0—2.5	10—21	
净资产负债率	0—21	23—0	线性负相关
负债与利润的比率	−9—0	−14—0	对数曲线
	0—9	0—14	
自由现金与负债比率	−0.4—0.4	0—6	双线性
	0.4—2.0	6—13.5	
主体类型	政府控制单位	15	离散
	政府合作单位	10	

PJM 对市场参与者进行的信用评分最高分仅为 86.5，而第三方评级对应的信用评分最高为 100，由此可见，PJM 作为非专业的评级机构，对市场参与者进行信用评估时更谨慎保守，令实力雄厚的市场参与者尽可能提供第三方评级。

5.2.1.2 PJM准入和退出机制

准入和退出机制分为两个层面：一是市场层面，二是交易层面。在市场层面，评价过程中若市场主体的某些指标不符合电力市场交易规则中的准入条件，如资产规模不达标、专业人员不足等，则应强制使其退出电力市场；在交易层面，对于在交易前仍有拖欠费用没有偿还、上一期信用评级过低等行为的市场主体，可以禁止其参与新的交易。

最低市场参与要求为市场筛出了抗风险能力差、业务水平低的企业，并为市场信用风险控制提供了最低限度的保障。最低市场参与要求的设置在符合FERC对美国电力市场规定的基础上，各市场也会根据自身的风险承担能力、运营方针、市场环境进行调整。PJM根据参与的市场类型对市场参与者设置了最低资本要求。金融输电权的参与者必须证明拥有超过100万美元的有形净资产或超过1 000万美元的有形资产，其他参与者参与现货市场的市场主体的资产要求是有形净资产达到50万美元或有形资产达到500万美元。PJM规定，以上的要求必须通过提供无保留的经审计的财务报表来证明，或者通过满足以上有形净资产或者有形资产的附属公司提供不少于50万美元的公司担保。如果该担保不是无限额的，那么用于满足信用政策要求的担保金额将是担保的面值减去50万美元，再减去其余10%的余额，此外任何额外的抵押金将在计算信用额度时减少其面值的10%。此外，如果参与者不满足上述最低资本化要求，则可以通过抵押品以提高自身的信用额度从而达到参与PJM市场条件。

5.2.1.3 信用额度的计算

(1) 无抵押信用额度。无抵押信用额度不需要依托于实际的抵押品，而是市场主体因为自身的资信情况就拥有的信用额度，其本质是以市场主体自身的净资产作为抵押，但是其可靠性相比抵押信用额度较差。国外各电力市场一般不允许市场参与者将其作为金融性的中长期交易的信用额度，否则市场主体的投机成本将大幅降低。而PJM市场外部机构一般采取对参与者优先无抵押担保债券的评级，根据评级机构给出的信用评级得到信用评分，随后根据市场主体的信用评级判断其是否达到进入市场进行交易的要求，并相应地赋予其一定的无抵押信用额度。无抵押信用额度计算公式如下：

无担保信用额度的计算通常取市场参与者某类资产的某个百分比：

$$L_{us}=p\times A \tag{5-5}$$

式中：A 为该市场参与者可用于抵债的某类有形资产净值；p 为资产比率，也称有形资产净值百分比，是该市场参与者的资产中用作无担保信用额度的百分比，也可表示为 $TNM\%$。

$$p(TNM\%)=2.5\%\times(信用评分-40)/60 \tag{5-6}$$

事实上，美国各个电力市场信用额度的计算都应用了上述公式，无抵押信用额度是指参与者有形资产净值与一个特定百分比的积。PJM 根据每个公司的外部评级或利用内部的评分方法得到其信用评分之后，根据分值不同设定了不同的有形资产净值百分比和无抵押信用额度的最大值，见表 5－4。

表 5－4　　有形资产净值百分比和无抵押信用额度的最大值

信用评分	有形资产净值百分比	无抵押信用额度的最大值（百万美元）
91—100	2.125%—2.50%	50
81—90	1.708%—2.083%	42
71—80	1.292%—1.667%	33
61—70	0.875%—1.25%	7
51—60	0.458%—0.833%	0—2
50 以下	0	0

$TNM\%$ 与市场参与者的违约可能性相关，通常由信用评级或信用评分定量确定。当市场参与者信用评级越好、信用评分越高时，即市场参与者的违约可能性越小，则 $TNM\%$ 越高。$TNM\%$ 能够取到的最大值与市场的风险承受能力和风险偏好有关。

市场主体的信用评分必须不低于 50 分，才有对应的无抵押信用额度，否则无抵押信用额度为零。不同的电力市场的 $TNM\%$ 取值是不一样的，对于给出无抵押信用额度限额的市场，联邦能源管理委员会要求所有电力市场的无抵押信用限额都不得超过 5 000 万美元。此外，PJM 接受第三方担保公司对该市场参与者的担保，属于无抵押信用保证的另一种形式。采用第三方担保的市场参与者需接受第三方公司的担保要求，而 PJM 将对该第三方公司而不是市场参与者进行无抵押信用管理。PJM 允许使用无抵押信用额度，与抵押信用额度共同覆盖市场主体可能产生的费用，大大降低了参与市场交易的成本。

(2) 抵押信用额度。除了无抵押信用额度外,市场主体还可以通过上交现金,或者外部评级为 A 或以上的金融机构出的信用证(也称履约保函)等抵押品以提高自身的信用额度。由于不同抵押品的流动性是不同的,转换成信用额度时算法也是不一样的。

其中,通过场外评价的评价结果确定市场主体所需缴纳的履约保函额度,对于出具保函的金融机构的信用评级应至少为 A。之后可以根据场内评价结果以及市场主体的整体信用等级来调整履约保函的额度值,场内表现越好、信用等级越高的市场主体能够减免的履约保函额度越高。这种方式一方面能够提高市场主体的违约成本,减少因其违约而造成的经济损失;另一方面能够对信用表现良好的市场主体产生激励作用,为其减轻经济压力,从而产生积极引导作用。

PJM 规定,信用证和现金的流动性都很好,这两种抵押品都能够完全转换为抵押信用额度。对于其他的抵押品,比如第三方担保或者企业的一些实物资产等,PJM 规定必须扣除 10% 后才能算作抵押信用额度。

(3) 总信用额度的计算。在确定信用额度时,PJM 电力市场采用了上述评估框架,即结合信用评价得分,使用特定的公式计算市场主体的总信用额度。公式如下:

$$L=L_{us}+L_s \tag{5-7}$$

5.2.2 市场中的信用风险

PJM 建立两个风险评估体系:一是长期信用风险,也称为峰值市场活动要求(Peak Market Activity Requirement);二是短期信用风险,也称为工作信用额度要求(Working Credit Limit Requirement)。长期信用要求参与者必须始终持有一定的信用额度(无担保或担保)。短期信用要求会计量当前风险并将其与工作信用额度进行比较,以查看当前风险是否已达到或超过参与者的工作信用额度。此外,PJM 还为虚拟交易、RPM 和金融输电权市场制定了特殊信用额度要求。所以市场主体的市场履约风险需要在各个不同交易品市场上计算,并且最后要累计作为总的市场履约风险(吴科俊、戴洁芬,2018)。

5.2.2.1 长期风险评估

满足条件:市场活动峰值(PMA)≤无担保信用额度+担保信用额度

其中 PMA 每半年计算一次,以从每年 4 月或 10 月的第一个结算周期开始的半年为一个"半年期",使用该市场参与者的历史账单数据进行计算,反映其这段时间内应付款项的情况。计算过程中,账单应包含由 PJM 支付和收取的费用,支付记录为负,收取记录为正。初始 PMA 是基于该市场成员过去 52 周市场活动产生的历史账单,每半年计算一次,4 月或 10 月的第一个结算周发布日后 3 个工作日内发布。

$$初始\ PMA = \max\{过去52周连续3周账单之和的均值\} \quad (5-8)$$

$$PMA = \max\{初始\ PMA,当年半年期内任意1或2或3周账单之和的最大均值\} \quad (5-9)$$

由此可见,在半年期开始时,PJM 会先将市场主体初始 PMA 重置为过去 52 周连续 3 周账单之和的均值,之后和当年半年期内任意 1 或 2 或 3 周账单之和的最大均值进行比较,随着时间推进取最大值为 PMA。

5.2.2.2 短期风险评估

满足条件:参与者支付给 PJM 的费用(TNO)≤可用信用额度(WCL)

其中,TNO 是总账单中已经剔除了 PJM 需要支付给参与者费用部分,为参与者对 PJM 的净负债。WCL 计算公式如下:

$$WCL = 75\% \times (L_{us} + FS) \quad (5-10)$$

式中,无担保信用额度(L_{us})和金融担保额度(FS)不包含金融输电权和容量市场的额度。此外,用于满足最小参与要求的担保品,不计入短期信用要求,其余的 25% 额度用作违约、市场活动终止等意外的缓冲金额。如果市场参与者的当前债务超过了营运信用额度,PJM 会要求市场参与者提前付款或增加抵押品来达到满足短期信用要求。

5.2.3 信用监督

PJM 对参与者信用状况定期监控,并至少每年进行一次审查。如果在审查过程中发现参与者违反 PJM 信用或付款要求,PJM 可能会发出追缴抵押品电话或付款违规通知,参与者在收到通知后的两个工作日内必须对违规行为进行处理,否则 PJM 将宣布参与者违约,可能终止其参与 PJM 市场,并清算其在市场中任何未结清的头寸。

5.3 得州电力可靠性委员会的信用管理

5.3.1 得州电力可靠性委员会信用评估

5.3.1.1 信用评级和评分

(1)ERCOT 第三方评级。ERCOT 机构认定多个第三方信用评级机构,并接受市场参与者提供经认定的第三方信用评级机构的信用评级(以下简称第三方评级)。当市场参与者能提供第三方评级时,由此便可定量确定市场参与者的资产比率。第三方评级的种类包括高级无担保债务评级、长期债务评级、发行者评级等,具体优先使用哪类或哪几类,各个电力市场有各自的规定(陈晓东等,2018)。ERCOT 优先使用市场参与者的长期债务评级和发行者评级,市场结算机构也对市场参与者进行信用评分,该信用评分同样对应一定的资产比率。

(2)ERCOT 内部评分。ERCOT 采取的是自创的一套评分方法,通过一系列自创的评价标准生成,公用电力公司与非公共电力公司评价方法有所不同。对于公用电力公司,信用评分的 40% 由定量指标组成,定性指标占了占 60%。非公共的电力公司,定量指标占 60%,定性指标占 40%。其中定量指标均为财务性指标(见表 5—5),目的是衡量公司的偿债能力、盈利能力等,一般可以在公司的财务报表中找到定量指标需要的数据。公共电力公司的定量指标比非公共公司简单,仅有 7 个。ERCOT 对非公共电力公司的定量指标设置了流动性、杠杆和绩效三个维度,每个维度下面都有 4 个对应的财务评价指标,一共 12 个指标。

表 5—5　　　　　穆迪对于公共/非公共电力公司设定的定量指标

公共电力公司定量指标	非公共电力公司定量指标
每日现金/销售与行政费用+利息支出	未计利息、税项、折旧及摊销前的利润/利息支出
偿债备付率	现金收入/偿债利息
权益/总资产	自由现金流/总负债
已获得的计时利息	速动比率
现金/流动负债	负债/资本总额
经营产生的现金流量/总负债	短期负债/总负债

续表

公共电力公司定量指标	非公共电力公司定量指标
资本支出/销售	负债/净固定资产
	负债/有形资产净值
	销售利润率
	资产利润率
	营业毛利
	股权利润率

定性指标则对于公共和非公共公司都是一样的,包括:对电价的影响力;对无担保债权人的财政保护以及与公司治理有关的其他法律文件;实体成员或客户的数量和组成;对能源价格风险的承受能力;公司无担保债务的评级机构评级;其他非财务性的信用担保措施。

5.3.1.2 准入资本要求

从国际经验来看,大多由国家监管机构负责审批,通常对售电主体的经济规模、技术水平、从业经验、财务信用状况等有一定要求。监管部门大多会每两三年就重新审核售电主体的准入资质。对于拥有发电、配电业务的市场主体从事售电业务,还会要求其售电业务与其他电力业务分开。其中,得州售电主体准入的相关审批如下:

(1)在财务状况方面,大部分国家对售电主体的经济规模没有限制,但要求财务状况良好。仅少数国家对经济规模有规定,ERCOT 要求售电主体必须至少有 100 万美元的有形资产净值,或者 1 000 万美元总资产,若不参与 FTR,则需要有 50 万美元有形资产净值,或 500 万美元总资产。若资产不满足上述要求,可以使用金融抵押物(包括现金和银行信用证),但金融抵押物只有 50% 可以用作信用额度的计算。

(2)在信用状况方面,绝大部分国家要求提供信用证明,进入市场时要缴纳一定的保证金。美国得克萨斯州要求售电主体或其担保公司必须提供 50 万美元的信用保证金。

(3)在技术水平方面,大部分国家对从业经验、技术资质等有一定要求。美国得克萨斯州要求售电公司负责人和永久雇员具有至少 15 年的管理工作经验,公司风险管理人员拥有 5 年以上相关工作经验。

(4)在财务信用风险防范能力方面,美国得克萨斯州要求售电主体或其担保公司需满足投资的信用评级要求。

5.3.1.3 信用额度的计算

(1)担保信用额度。担保信用额度通过市场参与者向市场结算机构缴纳对应金额的金融担保品来获得,不同电力市场所承认的金融担保品种类不同。ERCOT 电力市场的金融担保品为信用证押金、履约担保和企业担保,但金融抵押物只有 50% 可以用作信用额度的计算。

(2)无担保信用额度。ERCOT 对于无担保信用额度的计算取市场参与者某类资产的某个百分比:

$$L_{us}=p\times A \tag{5-11}$$

式中:A 为该市场参与者可用于抵债的某类有形资产净值;p 为有形资产净值百分比。p 与 ERCOT 用内部评价方法得出的信用评分直接挂钩,评分越低,代表该公司的信用情况越好(成反比),从而能够用于计算无抵押信用额度的有形资产净值百分比就越高。但无论信用评分多低,ERCOT 给市场参与者的无抵押信用额度上限为 5 000 万美元。

ERCOT 的信用政策特点在其独特的内部信用评分方法,且该方法对于公共电力公司与非公共电力公司做了区分。与使用外部评分不同,内部评分方法可以使得 ERCOT 在评价市场成员风险的时候增加与电力市场风险最相关的指标,这样能够更贴近电力市场现实,从而做出比较合理的风险评价。

在 $L_{us}=5\,000$ 万美元为无担保信用额度上限的基础上,ERCOT 根据市场参与者的有形净资产金额、是否被第三方信用评级机构公开评级、是否为市政公用事业等分为 4 种类型,见表 5—6。

表 5—6　　　　　　得州电力可靠性委员会市场参与者分类

分类指标	是否被第三方信用评级 机构公开评级	有形净资产 是否大于 1 亿美元	是否为市政 公用事业
第一类	是	是	
第二类	否		否

续表

分类指标	是否被第三方信用评级机构公开评级	有形净资产是否大于 1 亿美元	是否为市政公用事业
第三类	否	是	是
	是	否	是
第四类	无评级或有形净值<1 亿美元的电力合作社、满足得州电力委员会规定的农村公用事业服务分销或电力供应借款人		

符合这 4 种类型的市场参与者，能提供第三方评级或在某些财务指标上满足最小要求，即可根据式(5—11)授予 L_{us}，其中，不同类型市场参与者之间的 A 和 p 的取值方式不同，见表 5—7。不属于该 4 种类型的市场参与者，其 $L_{us}=0$。

表 5—7　得州电力可靠性委员会不同市场参与者类型 L_{us} 的确定

市场参与者类型	p	A
第一类	p 根据表 5—1 确定	有形净资产
第二类	$p=0-1.80\%$	
第三类	$p=0-5.00\%$	总资产－总担保债务
第四类		

上述 4 类市场参与者中，无第三方评级的市场参与者，需要满足的财务指标要求包括对有形净值或股东权益、负债情况、偿债能力的要求，具体见表 5—8 和表 5—9。其中，第三、第四类市场参与者为市政企业或电力合作社、农村公用事业服务分销借款人等能通过某种方式获得政府补贴的企业，在偿债能力上所要求的指标是利息保障倍数和偿债备付率，且仅需不小于 1 或 1.05 即可；而对于第二类市场参与者的偿债能力要求中，对利润与当年到期的长期负债之比的要求是不小于 2。利息保障倍数为息税前利润除以当期应付利息，偿债备付率为可用于偿还本息的资金除以当期应付本息，两者小于 1 时可以认为该企业没有足够的资金偿还债务。与能获取政府补贴并具有一定公益性质的第三和第四类市场参与者相比，ERCOT 对第二类市场参与者的偿债能力要求更苛刻。

表 5－8　得州电力可靠性委员会第二类市场参与者获取 L_{us} 的要求

有形净值	最小流动比率（%）	最大债务与总资产之比（%）	最小 EBTIDA 与 CMLTD 之比（%）
1亿美元	1	0.6	2

注：EBTIDA 为息税、摊销与折旧前的年利润；CMLTD 为当年到期的长期负债。

表 5－9　得州电力可靠性委员会第三、四类市场参与者获取 L_{us} 的要求

市场参与者类型	最小股本(万美元)	最小 TIER（%）	最小 DSC（%）	最小股本资产比（%）
第三类	2 500	1.05	1	0.15
第四类	2 500	1	1	0.15

注：股本中的赞助资本指电力合作社会员的赞助资本；TIER（Time Interest Earnings Ratio），也称 Interest Coverage Ratio，即利息保障倍数；DSC（Debt Service Coverage）为 RUS 借款人的偿债备付率。

(3)总信用额度.对于总信用额度的计算，ERCOT 采用以下公式：

$$L=L_{us}+L_s \tag{5-12}$$

5.3.2　得州电力可靠性委员会信用风险

得州电力可靠性委员会对电力市场日前能量市场与实时能量市场的信用风险计算如下式所示：

$$E=E_b+E_{ub}+E_f \tag{5-13}$$

式中：E_b 为已经完成交易并出具账单的债务；E_{ub} 为已经完成交易但尚未出具账单的债务；E_f 为未来风险。

在实际进行信用风险的计算时，只有 E_b 可以根据结算机构的账单直接得出债务值；E_{ub} 由于尚未出具经核算的结账单，直接根据交易数据计算得出的债务值可能与实际债务值存在偏差；E_f 既没有结算账单也没有交易数据可供计算，只能通过历史结算数据或交易数据进行预测。各电力市场的交易品种、结算类型、风险偏好不同，对 E_f 的定义也不同。得州电力可靠性委员会的未来风险评估的是违约事件从发生到终止市场活动、再到代理用户转移至新代理商这段时间内的潜在债务。

5.4 加州独立系统运营商信用管理

根据 CAISO 的规定,每个市场参与者必须通过维持无担保信用额度和/或通过发布金融证券来承担其对 CAISO 市场的未偿还财务的义务。无抵押信贷限额与金融安全金额的组合代表市场参与者的综合信贷限额。CAISO 定期计算市场参与者的负债,并在需要通过发布额外的金融证券增加其总信用额度时通知市场参与者,以保证市场参与者始终维持足够的总信用额度以支付其财务义务。

CAISO 要求拥有无抵押信用的每个市场参与者都必须向 CAISO 或其指定人提交财务报表以及与市场参与者的整体财务状况相关的其他信息。在确定市场参与者的信誉及其履行其财务义务的能力时,将会由 CAISO 或其代理人对市场参与者的整体财务状况相关的其他信息进行审查。市场参与者有责任按时提交其最新财务报表和 CAISO 进行评估可能合理需要的其他信息。此外,市场参与者可能因信用评估而被 CAISO 拒绝无担保信用额度,被拒绝无担保信用额度的市场参与者可以提交现金、信用证等抵押品以提高自身的信用额度,从而达到参与 CAISO 管理的市场的条件。

5.4.1 加州独立系统运营商信用评估

5.4.1.1 信用评级

具体的评级可以由以下多个国家认可的统计评级机构来进行:A. M. Best Company(AM Best)、自治领债券评级服务有限公司(DBRS)、惠誉公司(惠誉)、穆迪投资者服务公司(穆迪)、标准普尔评级服务(标准普尔)。

CAISO 所使用的评级是市场参与主体的长期信用评级。其中,项目融资评级或保险债券评级不能在信用评级中被使用,因为这些信用评级基于债券持有人可获得的收入流或第三方资金,但不一定可供贸易债权人使用。

评级机构每季度会对具有无担保信用额度的市场参与者进行最低限度的审核和更新。如果出现有关市场参与者财务状况或信用状况变化的问题,也会根据需要对其进行审核。

5.4.1.2 准入机制

在市场层面，评价过程中若市场主体的某些指标不符合电力市场交易规则中的准入条件，如资产规模不达标、专业人员不足等，则应强制使其退出电力市场，准入条件如下：净资产至少达到 100 万美元；总资产至少达到 500 万美元；有来自"担保人"的担保或信用证形式的信用支持。除了上述直接参与要求之外，还必须满足以下所有方面的最低参与要求：①认证声明（官员认证表格）；②适用于 CRR 交易活动的风险管理政策和程序；③资本化要求。这些最低参与要求具体内容如下所述：

(1) 认证声明（官员认证表格）。每个潜在和现有市场参与者的认证官员需要与 CAISO 有直接财务关系，应每年填写并向 CAISO 提供一份执行认证声明。最初的官员证明表必须在调度协调员认证过程或候选拥堵收入权（Congestion Revenue Rights，CRR）持有人注册过程中提交给 CAISO，以供潜在或现有市场参与者使用。此后，市场参与者必须在不迟于该年的 4 月 30 日之前的下一年提交更新的官员认证表。未能及时提供其官员认证表格的市场参与者将没有资格参加 CAISO 市场，CAISO 将暂停市场参与者参与 CAISO 市场的能力，直到 CAISO 收到官员认证表格为止。

(2) 适用于 CRR 交易活动的风险管理政策和程序。作为 CRR 持有人或候选 CRR 持有人的每个潜在或现有市场参与者还需要提供风险管理政策和程序相关的其他信息和证明，此外还需要在提交其官员认证表时向 CAISO 提交适用于其 CRR 交易活动的现行管理风险管理政策和程序的副本。CAISO 或其指定的第三方将审查此类文件，以验证其在 CRR 类型市场中交易实体的交易行为是否符合市场规定。

(3) 资本化要求。每个潜在或现有市场参与者必须满足以下资本化要求：潜在或现有市场参与者或其担保人必须拥有至少 100 万美元的有形净资产或 1000 万美元的总资产，如果潜在或现有市场参与者发布金融证券，该金融证券不会被用于计算市场参与者的总信用额度，即金融债券不能用于满足市场主体参与拥堵收益权拍卖的最低信用要求也不能抵消市场参与者的市场风险。但是，任何形式的金融证券都可用于满足市场参与者的财务义务。

CAISO 将每 6 个月对潜在或现有市场参与者进行一次审查，审查其新发布的财务报表是否继续满足上述资本化要求。如果资本化要求发生变化,CAISO将向市场参与者发送书面通知,通知他们增加或减少自身资产以保证自身达到市场准入资本要求。

在 CAISO 电力市场中,当市场参与者由于有形净值或总资产不满足市场准入资本要求但与其相差不大时,该市场参与者可另外提供金额为 10 万到 50 万美元不等的金融担保品,把市场参与者的准入资本要求缺额补足,以此获得进入市场的权利,但这部分用于不足准入资本要求缺额的金融担保品,将不再计入信用额度中。用金融担保品补足准入资本要求的缺额,同样能起到控制风险的目的;但与本身有形净值或总资产已经达标的市场参与者相比,提交金融担保品方可满足缺额的市场参与者产生更高的管理成本。此外,申请了无担保信用额度的市场参与者,通常还要求进行相关的信息披露,具体要求见表 5-10。

表 5-10　　　　　　　　　　CAISO 财务状况披露要求

市场	上市公司	私有企业或政府单位
CAISO	10-K、10-Q、8-K 表格	审计财务报表、财务报表附注

注:10-K,10-Q,8-K 表格分别为美国证券交易委员会要求上市公司披露的年度报告、季度报告和用于向投资者通报重大事项的报告;财务报表包括资产负债表、损益表、现金流量表、所有者权益变动表。

5.4.1.3　信用额度的计算

(1)抵押担保

①金融证券。市场参与者可自费提交一种或多种形式的金融证券,以满足或增加其金融证券发布要求。

②最低债务评级。CAISO 确定发行银行、金融机构或保险公司的可接受性的标准是该机构拥有并维持最低公司债务评级标准普尔的"A-",穆迪公司的"A",达夫和菲尔普斯的"A-",惠誉的"A-"或任何这些机构的同等短期债务评级。

③外国担保。外国担保是由在美国或加拿大以外的国家/地区设立的关联公司提供的担保。代表市场参与者提供外国担保的实体是外国担保人。如果满足以下所有条件,市场参与者可以提供外国担保以保证自身达到参与 CAISO 市场的标准,参见表 5-11。

表 5—11　　　　　　　不同外国担保人级别及其对应最高担保金额

外国担保人的评级(标准普尔/穆迪评级)	最高担保金额
AA+/Aa1 或以上	2 500 万美元
AA/Aa2 至 AA—/Aa3	1 500 万美元
A+/A1 到 A—/A3	500 万美元
BBB+/Baa1 或以下	没有

④通过关联公司实现财务安全。如果市场参与者是另一实体的子公司或附属公司并且更倾向于利用该实体的合并财务报表和其他相关财务信息来获取信贷,则需要签署公司担保。

⑤预付款作为金融安全。CAISO 还允许市场参与者向 CAISO 预付未来账单。预付款作为保证金融安全的一种形式,需提前存入计息账户,其中利息将按月累计到市场参与者的预付账户。如果市场参与者拖欠付款,CAISO 会使用其预付款来填补其未结账户余额。市场参与者必须注意及时补充其预付款账户资金,以确保其中有足够的金额以满足未来的财务义务。

⑥金融工具的到期。金融工具到期后会导致市场参与者的总信用额度低于市场参与者的市场风险,所以每个市场参与者必须确保其用于提供金融证券的金融工具尚未到期。对此 CAISO 会在到期前约 1 个月通过书面通知市场参与者,以确保其财务安全性符合 CAISO 市场参与条例的规定。

(2)无抵押信用额度

无担保信用额度是为没有任何形式的金融证券担保的市场参与者建立的信用额度。无担保信贷的市场参与者需要提供 CAISO 在其信用评估过程中使用的财务报表。市场参与者所提供的必须是近期财务季度的财务报表,并将最近三个财政年度的通过审计的财务报表提交给 CAISO 或 CAISO 的指定人员。所提供的具体信息应包括但不限于以下内容:公开交易的年度和季度报告;如果是私人拥有或政府所有交易则包括:管理层的讨论与分析、独立会计师报告、财务报表(资产负债表、损益表、现金流量表、股东权益声明、财务报表附注)。

CAISO 条例中规定了任何市场参与者和市场参与者关联公司组的最高无担保信用额度为 5 000 万美元。此限制的目的是保护 CAISO 及其参与者免受个别市场参与者违约造成的风险。参与 CAISO 市场交易主体如果符合下表中列出的要求,则有资格获得无抵押信用。具体如表 5—12 所示。

表 5—12　　　　　　　　可获得无抵押信用资格相关财务指标最小值

财务指标	计算	最小值
净资产	总资产－受限资产－总负债	2 500 万美元
投资回报率	(长期债务利息支出＋净资产变动)/长期债务利息支出	1.05%
债务还本付息率	(折旧和摊销费用＋长期债务利息费用＋净资产变动)/(债务利息和本金)	1.00%
所有者权益比率	总权益/总资产	0.15%

对于提供第三方评级的市场参与者，CAISO 计算 L_{us} 公式如下：

$$L_{us}=p\times A \tag{5-14}$$

式中：A 为该市场参与者可用于抵债的某类有形资产净值；p 为有形净资产比率，是该市场参与者的资产中用作无担保信用额度的百分比，也可表示为 $TNW\%$。

CAISO 对市场参与者有形资产净值百分比的计算，由下式确定：

$$p=p'\times k \tag{5-15}$$

式中：p' 为直接根据第三方评级确定的有形净资产比率；k 为调整百分比。

对于不能提供第三方评级的市场参与者，CAISO 采用穆迪的风险评估模型对其进行评级，再根据该评级确定 p'。

CAISO 通过定性分析确定调整百分比，考虑的因素包括：历史发展、组织架构和运营环境、合同负债、治理政策、财务和会计政策、风险控制和信用政策、市场风险(价格风险、信用风险和操作风险)、事件风险、当地的监管环境等。

CAISO 市场参与者的无担保信用额度的计算取决于实体的分类。对于评级和未评级的公共/私营公司或评级政府实体，要求其有形资产净值或净资产的最大百分比达到最高水平市场参与者(那些保持最高穆迪分析等值评级和/或信用机构发行人评级的市场参与者)的 7.5%。市场参与者有形净资产或净资产的最大百分比将随着信用风险的增加而降低，具体取决于穆迪的分析等值评级和/或信用机构发行人评级。针对不同实体有形净资产或净资产的最大百分比的计算方法如下：

第一，有形净资产百分比。无抵押信用额度的计算基于确定市场主体的有形净资产百分比。针对不同实体类型有形净资产百分比的计算方法如下：

①评级公共/私营公司：

$p=$（最低信贷机构发行人评级的 $p'\times 50\%$）+（穆迪分析等值评级的 $p'\times 50\%$）

若穆迪的分析等价评级不合理适用，则有

$p=$（最低信贷机构发行人评级的 $p'\times 100\%$）

②未分级公共/私营公司：

$p=$穆迪分析等值评级的 $p'\times 100\%$

③评级政府实体：

$p=$最低信贷机构发行人评级的 $p'\times 100\%$

④未评级政府实体：

无抵押信用额度的计算不涉及使用穆迪的分析等效评级或信用机构发行人评级。

第二，有形净资产或净资产。为计算市场参与者的无担保信用额度，有形净值定义为等于总资产减去应扣除资产，CAISO 规定应扣除的资产主要包括无形资产（即那些没有实体存在的资产，如专利、商标、特许经营权、知识产权和商誉）、衍生资产（扣除任何匹配的负债）和总负债。

净资产不等于有形净资产，用于政府和非营利实体。为了设定市场主体的无担保信用限额，净资产被定义为总资产减去受限资产和总负债。

5.4.2 加州独立系统运营商信用风险

市场参与者信用风险的金额与其交易品种、该交易品种的结算流程有关。美国电力市场的结算机构同时也承担了中央对手方的角色，与市场参与者进行账单金额的交割。此外，市场参与者的信用风险还包括处置市场参与者违约的成本，这部分成本是基于市场参与者在信用计算当日发生了违约事件的假定来进行计算的，并非市场参与者实际产生的、有法律效应的债务，因此可以称为未来风险。一旦市场参与者发生了违约事件，由于市场规则允许市场参与者在数个工作日内弥补该违约行为，因此，在违约事件从发生到终止市场活动之间，市场参与者仍能参与市场活动。CAISO 的未来风险考虑的正是这段时间内，市场参与者参与市场活动的潜在债务。而 CAISO 的未来风险评估的是违约事件从发生到终止市场活动、再到代理用户转移至新代理商这段时间内的潜在债务。CAISO 对于市场参与者的信用风险计算如下：

$$E = E_b + E_{ub} + E_f \qquad (5-16)$$

式中：E_b 为已经完成交易并出具账单的债务；E_{ub} 为已经完成交易但尚未出具账单的债务；E_f 为未来风险。

5.4.3 加州独立系统运营商信用要求

CAISO 计算每个市场参与者的市场风险并将其与每个市场参与者的总体信用额度进行比较。如果市场参与者与 CAISO 之间有多个账户，则需要通过汇总每个账户的余额来进行比较，如果市场参与者的市场风险超过市场参与者的总信用额度，则市场参与者必须发布额外的金融证券以增加其信用额度。

当市场参与者的市场风险超过其总信用额度的 100% 时，此时必须提供额外的金融保证；当市场风险超过其总信用额度的 90% 时，CAISO 则不要求额外的财务安全保证。CAISO 计算的市场参与者的市场风险会产生变动，如果市场风险在任何时候超过其总信用额度，市场参与者可能会受到强制约束。因此，CAISO 建议市场参与者维持一些超额可用信用（总信用限额高于其最大预期市场风险），以避免强制约束。

根据市场参与者的汇总信用额度利用率水平（估计的市场风险除以汇总信用额度）列出的每个汇总信用额度利用率级别下将采取的措施见表 5-13。

表 5-13　　CAISO 对不同风险级别市场主体将采取的措施

估计的总体责任/总信用额度	措施
>90% 且 ≤100%	市场参与者将收到建议增加其额外的财务安全保证的通知。CAISO 建议但不强制要求额外发布金融保证以使信用风险/总信用额度比率保持在 90% 或以下。
>100%	CAISO 要求市场参与者在 2 个工作日内增加账户金额，以使安全利用率不超过 100%。未能在规定的期限内过账市场参与者可能会受到强制约束。

5.5 纽约独立系统运营商的信用管理

5.5.1 纽约独立系统运营商信用评估

5.5.1.1 信用评分

NYISO 根据市场参与者的审计财务报表和其他定性指标进行信用评分。NYISO 除了关注市场参与者偿债能力以外,还关注其盈利能力。偿债能力中,NYISO 关注了市场参与者的资本结构(总债务与有形净资产之比、总债务与总资产之比)、经营成果(息税、折旧与摊销前的年利润与利息费用之比,总债务与息税、折旧与摊销前的年利润之比)和现金流(现金与总债务之比、现金与总资产之比)对企业偿债能力的影响。

NYISO 进行信用评分,选取的公有企业和私有企业的评分指标分别如表 5-14 和表 5-15 所示。

表 5-14　　　　　纽约电力市场对公有企业的信用评分指标

指标分类	指标	所占百分比(%)
市场指标	定期存单序列	21.3
	相应股票 3 个月以来高点的下滑	4.3
	股票收益波动	12.7
行为指标	收益/市场上限	12.7
	留存收益/总资产	8.5
债务覆盖情况指标	总债务/EBTIDA	12.7
杠杆指标	债务/(总债务+所有者权益)	8.5
流动性指标	现金/总资产	4.3
	定性评估	15

表 5-15　　　　　　　纽约电力市场对私有企业的信用评分指标

指标分类	指标	所占百分比(%)
行为指标	资产回报率	17.5
	销售净利率	10.5
债务覆盖情况指标	总债务/EBTIDA	17.5
杠杆指标	债务/(总债务+所有者权益)	17.5
流动性指标	现金/总资产	7
定性评估		30

5.5.1.2 市场准入

最低市场参与要求的设置在符合 FERC 对美国电力市场规定的基础上，NYISO 市场根据自身的风险承担能力、运营方针、市场环境进行调整。在 NYISO 市场中，当市场参与者由于有形净值或总资产不满足市场准入资本要求但与其相差不大时，该市场参与者可另外提供金额为 10 万到 50 万美元不等的金融担保品，把市场参与者的准入资本要求缺额补足，以此获得进入市场的权利，但这部分用于不足准入资本要求缺额的金融担保品，将不再计入信用额度中。此外，申请了无担保信用额度的市场参与者，通常还要求进行相关的信息披露，具体要求见表 5-16。

表 5-16　　　　　　　5 个电力市场财务状况披露要求

市场	上市公司	私有企业或政府单位
PJM	10-K 表格、10-Q 表格、8-K 表格	审计财务报表、财务报表附注
CAISO		
NYISO		
ISO-NE		
ERCOT	审计年度财务报表、未审计季度报表、重大事项变动报告	

注：10-K、10-Q、8-K 表格分别为美国证券交易委员会要求上市公司披露的年度报告、季度报告和用于向投资者通报重大事项的报告；财务报表包括资产负债表、损益表、现金流量表、所有者权益变动表。

5.5.1.3 信用额度的计算

(1)担保信用额度

担保信用额度通过市场参与者向市场结算机构缴纳对应金额的金融担保品来获得。NYISO 电力市场所承认的金融担保品为信用证、押金和履约担保。

(2)无担保信用额度

对于提供第三方评级的市场参与者，NYISO 计算无担保信用额度的公式如下：

$$L_{us}=p \times A \qquad (5-17)$$

式中：A 为该市场参与者可用于抵债的某类有形资产净值；p 为资产比率，是该市场参与者的资产中用作无担保信用额度的百分比，也可表示为 $TNW\%$。

NYISO 对市场参与者 p 的计算，由下式确定：

$$p=p' \times A \qquad (5-18)$$

式中：p' 为直接根据第三方评级确定的有形净资产比率；k 为调整百分比。

对于不能提供第三方评级的市场参与者，NYISO 采用穆迪的风险评估模型对其进行评级，再根据该评级确定 p'。

对于市场参与者的 k 的计算，NYISO 采取的方法如下：

$$k=(k_1+1)(k_2+1) \qquad (5-19)$$

式中：k_1 为信用评分调整百分比，根据信用评分划分等级来确定(表 5—17)；k_2 为信用变动调整百分比，根据此次信用评分等级与前一次信用评分等级的变动进行对比确定(表 5—18)。

表 5—17　　　　　　　NYISO 信用评分等级与 k_1

等级	公有企业评分	私有企业评分	调整百分比 k_1
1	0.00—0.03	0.00—0.31	0
2	0.34—0.40	0.32—0.39	−20%
3	0.41—0.45	0.40—0.43	−50%
4	0.46—0.50	0.44—0.48	−80%
5	0.51 及以上	0.49 及以上	−100%

表 5—18　　　　　　NYISO 信用评分等级变动与对应的 k_2 关系

	等级	1	2	3	4	5
前一次的信用评分等级	1	0%	-20%	-50%	-80%	-100%
	2	25%	0%	-38%	-75%	-100%
	3	100%	60%	0%	-60%	-100%
	4	400%	300%	150%	0%	-100%
	5	无	无	无	无	无

NYISO 在 2009 年调整过信用评分指标和 p 的调整百分比 k_1。在调整前，市场参与者的重大财务变化并不能令最终的 p 产生变化，即 p 没有反映其财务变化情况。其原因是，当时的信用评分指标仅采用了滞后的指标，如评级和财务报表，并不包括实时事件和财务情况，且没有与同类型企业对比评分。FERC 在 2010 年的电力市场信用改革中，明确指出了美国电力市场的信用政策中必须考虑市场参与者的定量和定性指标。

NYISO 对市场参与者进行内部的信用评估，并根据评估结果对市场参与者的 p 进行调整。第三方信用评估机构的信用评级以传统风险评估模型和全球范围的企业统计数据为支撑，市场结算机构的信用评估则充分考虑了行业实际情况，两者的结合能更好地反映市场参与者的实际信用状况。

5.5.2　纽约独立系统运营商信用风险

NYISO 的信用风险根据市场参与者是否签订了预付费协议而有所不同。这是由 NYISO 的日前能量市场和平衡能量市场每星期进行 1 次结算，若市场参与者签订了预付费协议，则可直接在账户中扣除周结算账单金额，因此信用风险不包含已出账单但未交费的 E_b。具体分析如下：

NYISO 根据市场参与者是否签订了预付费协议，信用风险的计算有所不同，主要与 NYISO 的结算周期和违约界定有关。

(1) 结算周期。NYISO 的结算分为周结算和月结算。其中，周结算从周六到周五为 1 个周期，周账单通常周三公布，账单包含了日前能量市场、平衡市场、传输服务市场、辅助服务市场、输电阻塞租赁和容量拍卖的结算金额。月结算账单内容则包括风能预测成本回收、厂用电结算以及周账单包含的交易品种中部分尚未在周账单交割清楚的金额。NYISO 在计算风险时,仅考虑了周结算账单的风险。

(2)违约界定。NYISO 对违约的界定如下:对于账单不能在到期日交清的,市场参与者需在 2 个工作日内交清,否则被认定为违约。

(3)预付费协议。NYISO 的预付费协议是基于周账单提出的。根据每位市场参与者前一星期的账单情况,NYISO 对下一星期的账单情况进行预测。市场参与者的周账单金额可直接在预付费账户中扣除。

结合 NYISO 的结算规则、违约界定与预付费协议,对于没有预付费协议的市场参与者,信用风险的计算公式如下:

$$E = E_b + E_{ub} + E_f \quad (5-20)$$

式中:E_{ub} 为账单值;为从账单结算时间段后到账单到期日前的天数内产生的负债值,NYISO 采用 7 日的预测;E_f 为从账单到期日到定性为违约事件的天数内产生的潜在负债,NYISO 采用 4 日(2 日非工作日加 2 工作日)的潜在负债预测。

由于周账单金额可直接在预付费协议中扣除,因此对于有预付费协议的市场参与者,信用风险的计算公式如下:

$$E = E_b + E_{ub} \quad (5-21)$$

式中:E_{ub} 为 3 日的负债预测值。

5.6 北欧电力交易所信用管理

Nord Pool 较为特殊,交易时市场主体的无抵押信用额度不被承认,其信用额度必须通过抵押品获得,要求参与到现货市场的市场主体必须始终维持至少 3 万欧元的抵押信用额度。这些抵押品包括现金、信用证等,它们的变现都较为可靠、迅速,是一种更为稳妥的选择。

北欧电力交易所,每一个进入市场的成员都要缴纳一笔初始保证金,以保证其能够履行合约(刘军等,2018)。初始保证金是根据其预计的交易类型和交易体量等因素确定的。开始交易后,交易所将为每个成员按日计算维持保证金,维持保证金是其每日持仓净额、风险系数和时间因子三者的乘积。风险系数是使用过去三年历史数据并估算了最不利的价格水平得出的。时间因子则与市场成员进入该交易所的时间相关。风险系数和时间因子都是由交易所动态调整的。

除此之外,如果出现重大的价格波动,市场的整体变化或任何预示着信用风险增加的情况,交易所有者向市场成员追加临时保证金。其中保证金的形式不限于现金,还可以是信用证、银行担保或者无条件履约保函(又称见索即付银行保函)。见索即付银行保函,即受益人只要提出索偿,则开保函的银行就必须偿付;而有条件保函则是相当于信用证,即保函的受益人需要满足保函所设定的条件,才可以从开保函的银行得到偿付。

5.6.1 北欧电力交易所信用评估

5.6.1.1 针对北欧、波罗的海和德国交易客户

(1)现金抵押账户。Nord Pool 市场主体采用现金作为抵押物以获得一定的担保信用,为了管理现金抵押物,设立了现金抵押账户。该账户必须在经批准的结算银行设立才可以生效使用。现金抵押账户作为半封锁账户,也可用于日常交易的结算。

(2)抵押担保账户。承诺建立的抵押账户是封锁的隔离账户,该隔离账户承诺支持 Nord Pool 的工作,故而除 Nord Pool 有明确指示外,任何人不得从中提取任何款项。

(3)无条件履约保函。无条件履约保函是银行担保,银行担保和信用证发行人必须在经合组织(Organization for Economic Cooperation and Development, OECD)内注册。其主要作用是:当买方未能履行合同规定的支付义务时,银行担保将向卖方支付一笔约定的金额。这可以用来保证当合同中的买方不履行合同的条款时卖方免于遭受损失。

5.6.1.2 针对英国交易客户

(1)现金抵押账户。Nord Pool 市场主体采用现金作为抵押品得以获得一定的担保信用,为了管理现金抵押物,设立了现金抵押账户。该账户作为封闭的隔离账户,任何人不得从中提取任何款项。

(2)信用证。当进入市场的成员自己的无抵押信用不能达到市场的要求

时,可以通过银行担保形式获得额外的信用。信用证表示银行发出的付款承诺,作为市场的买方向 Nord Pool 付款的担保。

(3)银行担保。如果买方未能履行合同规定的支付义务,银行担保将向卖方支付一笔约定的金额。这可以用来保证当合同中的买方不履行合同的条款时卖方免于遭受损失。

5.6.1.3 担保人和信用证发行人的评级要求

(1)评级要求。评级要求参见表5—19。

表5—19　　　　　Nord Pool 担保人和信用证发行人评级要求

地区	最低可接受评级
北欧	BBB—/Baa3(S&P&Moody's)
欧盟(除了 GIIPS)	BBB—/Baa3(S&P&Moody's)
GIIPS& "Rest" OECD	A—/A3(S&P&Moody's)

注:GIIPS 国家包括:希腊、爱尔兰、意大利、葡萄牙和西班牙;S&P&Moody's 表示评级标准基于普尔和穆迪的分析等价评级。

(2)最高可担保金额,评级级别和最高担保额参见5—20。

表5—20　　　　　Nord Pool 不同评价级别最高可担保金额

评价级别	最高可担保金额(欧元)
AAA/Aaa	1 000 000 000
AA+/Aa1	1 000 000 000
AA/Aa2	800 000 000
AA—/Aa3	600 000 000
A+/A1	400 000 000
A/A2	400 000 000
A—/A3	100 000 000
BBB+/Baa1	100 000 000
BBB/Baa2	50 000 000
BBB—/Baa3	10 000 000

5.6.2　北欧电力交易所风险评估

为了更加准确地反映成员交易行为的风险,简化清算流程,Nord Pool 设定了保证金模型。

首先，初始抵押信用额度(初始保证金)是在交易活动开始之前市场主体必须要达到的标准，所以 Nord Pool 会根据交割日的最大市场交易量估算所有清算会员的初始保证金。并将此估算值代入每日保证金模型中进行计算，从而为清算会员提供他们在开始交易前必须满足的初始保证金。所有 Nord Pool 会员应最低保证至少 3 万欧元初始抵押信用额度。

其次，算出市场主体的每日风险(维持保证金)。在 Nord Pool 的现货市场中，北欧按照地理区域分为多个价区，各价区内部平衡，Nord Pool 负责协调各区域联络线的出清。由于各价区内部相对独立，Nord Pool 对风险的计算也是分开的。每日风险具体的计算方法如下：

$$每日风险 = \max(日交易电量) \times 单位电量风险电价 \times 时间因子 \quad (5-22)$$

式中，最大日交易电量是基于市场主体过去的交易计算得到的；Nord Pool 使用过去 3 年的量高电价来确定单位电量风险电价；时间因子是考虑到结算周期所保留的裕度，当前的值设置为 2。

最后，参考市场主体过去 30 天的每日风险，其中最高的那个就是市场主体信用风险，公式表达如下：

$$市场主体信用风险 = \max(过去 30 天的每日风险) \quad (5-23)$$

Nord Pool 会员的维持保证金必须大于计算出的市场主体信用风险。

表 5—21　　　　　　　　　　风险参数值

贸易国	风险电价(欧元)	时间因子
奥地利	67	2
比利时	99	2
丹麦	56	2
爱沙尼亚	60	2
芬兰	60	2
法国	94	2
德国	63	2
拉脱维亚	84	2
立陶宛	87	2

续表

贸易国	风险电价(欧元)	时间因子
荷兰	65	2
挪威	59	2
波兰	68	2
瑞典	58	2
英国_{长期}	77	2
英国_{短期}	72	2

注：上表列出的风险参数值是根据历史值估算的，并根据当前市场情况进行设置。但是，Nord Pool 可以随时根据现状进行更改。

5.7 欧洲电力交易所信用管理

5.7.1 负责机构

欧洲商品清算所是欧洲能源及相关产品的中央清算所。ECC 的具体职能是：设立保证金系统和抵押品管理系统，承担交易中的风险，确保交易的顺利完成。ECC 在清算过程中有统一的流程和报告，提高了交易的透明度。此外，ECC 的跨商品保证金，降低了参与成员的清算成本。

5.7.2 欧洲电力交易所信用评估

5.7.2.1 市场准入

ECC 市场管理者一般会详细考察市场主体的风险管理办法，用以确保市场参与会员有财务状况良好和风险管理能力，只有其达到市场要求才允许进入。ECC 拥有强大的和完善的运营程序，可以可靠处理客户的交易并定期监控这些准入要求的合理性。

(1) 清算会员。ECC 市场清算会员(Clearing Member, CM)是在现货市场结束时所有交易的担保人和支付代理人，且是 ECC 和非清算会员衍生品市场合约对手方。作为清算程序的参与者，清算会员持有清算许可证，该交易许可证可以涵盖 ECC 的所有产品。

ECC 中包含两种清算会员：直接清算会员（Direct Clearing Member，DCM)有权清算自己的账户、客户交易以及附属非清算会员的交易；一般清算会员（General Clearing Member，GCM)仅有权清算非清算会员自己的账户、客户交易或交易。

清算会员必须满足以下基本条件：总部设立在欧盟、瑞士或挪威国家，并获得其注册国家的监管机构准入许可；拥有股权基金（GCM 为 3 000 万欧元/DCM 为 750 万欧元)并需要对清算基金做出一定贡献（GCM 为 300 万欧元/DCM 为 0.5 亿欧元)；拥有 TARGET2 账户（即自己的账户或第三方账户)可以用来存放押金。

(2)非清算会员。非清算会员（Non-Clearing Members，NCM)是没有清算许可证的公司，其作为 ECC 提供清算服务的市场的清算会员的客户参与清算，对于要清算的交易，NCM 必须联系其选择的 CM。NCM 和 CM 之间的法律关系由清算条件和 NCM 协议定义，在这种关系中，CM 通过一个界面进行金融交易，负责双方财务结算。ECC 的入场资格是 NCM 交易所交易的基本前提，它确保交易的结算、交割和对冲可靠完成。

ECC 非清算会员必须满足以下基本条件：通过 ECC 准入评估并与合作清算会员和 ECC 达成相应的 NCM 协议；NCM 与 CM 交易的相关产品必须涵盖在合作的 CM 的结算许可证中；在实物交付过程中，与 TSO 达成平衡交割协议。

5.7.2.2 抵押担保

(1)现金抵押。ECC 仅接受欧元和美元作为现金抵押品。定期隔夜初始保证金追缴仅以欧元进行。日内追加保证金则可以使用欧元、美元或证券。

(2)银行担保。银行担保可以作为保证金信用额度，减少现金和其他抵押品的数量，降低现货市场初始保证金要求，从而节省流动资金成本。

ECC 针对市场成员现货市场交易的所有逾期付款义务可以调用银行担保，在此过程中 CM 和 ECC 都是担保的受益者。此外，CM 要对现货市场交易中涉及的所有财务负责。ECC 需要对担保人进行集中限制，要求每个担保人的所有担保的总价值不得超过其保证金的 20%。每位担保人的所有担保总额的绝对限额将由 ECC 确定,限额按先到先得的原则分配。

(3)抵押证券。ECC 接受各种高流动性债券作为抵押品。ECC 不接受与本机构有密切关系的证券和剩余期限为 15 日或更少的债务证券作为合格的抵押品。

5.7.3 欧洲电力交易所风险管理

管理风险是 ECC 的主要功能之一。ECC 是严格根据欧洲金融市场法规(EMIR)建立的法律实体,被定义为介于一个或多个市场上交易的合约的交易对手之间中央交易对手(CCP),既是每个卖方的买方也可作为每个买方的卖方。因此,ECC 消除了 ECC 清算市场上交易参与者风险。

ECC 的风险管理依赖于三大支柱:第一,ECC 确保在 EPEX SPOT 参与交易的通用清算会员设立较高的准入标准,保证其财务状况良好且有一定风险管理能力。ECC 还会持续对会员情况进行监控。第二,是实时衡量风险,并要求成员提供足够的抵押品,以弥补因各种市场条件下违约成员可能造成的潜在损失。对于直接结算参与者,交易系统中实施的交易前限制可避免交易风险。第三,在合理的市场条件下市场参与者造成的损失可能超出自身抵押品额度,此时 ECC 可以使用违约基金(成员预先出资款项和 ECC 的额外款项)来弥补这部分损失。

5.7.3.1 交易限额

交易限额是确保商品批发市场功能和完整性的基石,使市场参与者能够主动管理其交易中的风险。ECC 作为集中平台,为其客户提供了一个可靠的流程来管理平台上所有 ECC 合作伙伴交换的交易限额。ECC 在其合作伙伴间和清算会员之间担任中间人,清算会员或非清算会员设置或修改的任何交易限额均由 ECC 管理。此外,ECC 在交易所的交易系统或 ECC 的清算系统中提供技术支持,让清算会员和非清算会员可以在系统中签订合同。

ECC 在其客户门户网站 ECC 会员区中提供自助限额管理服务系统。通过该系统,用户可以查看、创建、更新或删除交易限制,还可以生成有关当前维护的交易限额的报告。ECC 成员可以请求系统的读写访问权限并修改交易限制。

ECC 及与其合作交易所为其客户实施了一系列交易限额服务,包括:

(1)数量限额。订单数量限制或交易规模限制,该限制决定了交易参与者单个交易订单或合约的最大商品交易量。

(2)总购买数量限额。总购买数量限额限制了交易参与者可以在交易所定义的时间范围内(例如一个交易所交易日或一个交易时段)交易商品或合约的最大数量。

(3)财务限额/库存现金限额。财务限额对交易参与者在交易所定义的时间范围内交易的最大金融风险进行了限制。

ECC 交易限制可以根据应用限制的时间点进一步区分:

(1)交易前限额(Pre-Trading Limit)。该限额在交易结束前生效。与 ECC 合作的交易所有权拒绝交易中不合格的订单,可以帮助客户避免交易风险。

在开始交易之前,直接结算参与者(DCP)需要被设定一个交易限额,该限额主要取决于 DCP 的财务实力。ECC 使用德国信用联合公司评级和直接结算参与者的资产净值来确定最大限额,如表 5-22 所示。

表 5-22　　　　　　　　　　ECC 交易最高限额标准

德国信用联合公司评级	资产净值(千欧元)	最高限额(百万欧元)
100≤x≤149	>50 000	25
150≤x≤199	10 000—50 000	20
200≤x≤249	5 000—10 000	15
250≤x≤299	2 000—5 000	10
300≤x≤349	1 000—2 000	5
350≤x≤499	200—1 000	2
>500	50—200	1
>600	<50	0

(2)预交割限额(Pre-Clearing Limit)。当交易从合作交易所转移到 ECC 进行时,ECC 会拒绝不符合规范的交易,因此可以避免交割中交易风险的增加。

(3)直通处理限额(Straight-Through Processing)。对在 ECC 的直通式交易程序中注册的交易进行管制。ECC 可以拒绝所有不符合规范的交易,可以降低客户的交易风险。

5.7.3.2 保证金制度

ECC会向每一个进入市场的成员收取一笔初始保证金，以保证其能够履行合约。开始交易后，ECC又会每日支付和收取一定金额的保证金来计算当期损益，防止风险随着时间的推移而累积。如果出现重大的价格波动，市场的整体变化或任何预示着信用风险增加的情况，ECC有权发出日内追加保证金通知。

ECC的保证金系统主要由现货保证金（Spot Margin）、SPAN®初始保证金（SPAN® Initial Margin）和广泛的商品间保证金（Extensive Set of Inter-Commodity Margin Credits）构成。

(1)现货保证金。EPEX SPOT市场主体的现货保证金必须通过抵押品获得。在现货市场上，ECC利用当前曝光现货市场（Current Exposure Spot Market，CESM）全天测算（包括因TARGET II关闭而无法结算的时间）现货市场的信用风险。

为了避免在交易时抵押品短缺导致的频繁追加保证金和TARGET II关闭期间交易活动可能产生的风险，ECC开发了一个定制模型来计算初始保证金现货市场（IMSM），该模型弱化了ECC的不同产品之间的相关度，提高了投资组合的效率。

(2)SPAN®初始保证金。ECC使用SPAN®的行业标准来计算组合投资的保证金，主要通过为高度相关的产品中的对立头寸授予高达99%的保证金信用来识别大型投资组合中的多元化效应。该方法允许ECC在计算保证金时考虑风险因素，从而得到更为合理的保证金数额。ECC会每天更新SPAN®风险参数，这些参数可在ECC网站上下载。

SPAN®是标准投资组合风险分析系统的缩写，是一种通过分析不同市场情景的"假设"来计算保证金要求的方法。SPAN是芝加哥商品交易所（CME）于1988年开发和实施的，是第一个根据清算和客户层面的整体投资组合风险计算保证金的系统，且目前已成为投资组合风险评估的行业标准。

(3)广泛的商品间保证金。根据两种产品之间的相关性以及不同的净额水平，计算不同产品的相对头寸和任何组合商品的保证金信用。这提高了保证金效率，增加了多元化投资组合的规模经济。

5.7.3.3 违约基金

ECC风险管理框架的目标是确保在可能出现的所有市场条件下，预先收取会员费用能弥补其违约带来的风险。ECC 需要维持预先出资的违约基金,以弥补会员违约后造成的超出其保证金的损失。保证金和预先出资的违约基金的组合使 ECC 能够承受更大的风险。

5.7.3.4 业务连续性管理

业务连续性管理(BCM)旨在最大限度减少发生紧急情况或相关资源中断时业务关键流程的中断时间。BCM 政策由 BCM 战略、ECC 危机管理战略和 ECC 业务影响分析组成。BCM 战略和危机管理政策规定了 BCM 的执行程序,以确保在紧急情况下业务关键流程中断时,业务仍具备连续性。

作为 ECC 风险管理计划的一个组成部分,ECC 的 BCM 政策将定期得到调整。管理委员会负责该政策的执行及其变更,风险控制部门执行协调、监督和验证功能。业务连续性措施在业务关键部门内实施,由各自组织单位负责人负责。

第6章　国外典型电力交易体系对比

6.1　电力市场交易机构治理结构

国外现有的电力市场交易机构治理模式总体分为三种：

(1)会员制。这种治理模式比较复杂,机构的设立有众多利益相关者参与,且为非营利性质。最高权力机构是会员大会,相当于公司制中的股东大会,每个会员都拥有投票表决权,大小与出资额度无关。执行委员会是最高权力机构的执行机关,在执行委员会下一般还分设有多个专业委员会,负责各种日常事务的管理。此外还设有负责监督交易机构运营的监事会。PJM电力市场是采用会员制的一个非常典型的例子。

(2)公司制。营利性的股份制企业,如Nord Pool与EPEX SPOT,对股东负责,使其利益最大化。

(3)电网企业承担交易职能模式。显然,在这种模式中,电网企业已经不参与交易了,只负责对电网资产进行维护,已逐步退化成交易平台。欧洲的电力交易机构就是由电网企业进行管理的,而电力交易中心负责电力现货市场的运行。

由于交易机构的设置必须和各国的市场条件相适应,因此不同国家的交易机构采用的治理结构也不尽相同。

6.2　电力市场交易机构管理委员会

从对公司经营活动监督实践上看,公司治理主要分为大陆法系国家的"二元制"公司治理模式与英美法系国家的"一元制"。

以美、英两国为代表的一元制公司治理结构模式，在公司机关设置上没有独立的监事会，业务执行机构与监督机构合而为一，董事会既是决策机构，也是监督机构，不仅具有业务执行职能，而且具有监督业务执行的职能。董事会的两种职能之间不可避免地存在着矛盾与冲突，因而这种设计对大型公众公司来讲是有缺陷的，这种缺陷在二十世纪六七十年代充分暴露出来。正是在这种背景下，英、美公司法创立了独立董事制度，要求上市公司必须有足够的外部（独立）董事，通过这些不在公司中任职的外部董事对公司内部董事及经营管理层起监督作用，并且强调只有加强董事的独立性才能履行其监督职责。其目的就是力图在现有的一元制框架内实现对公司管理层监督机制的自律性改良，改良的要点在于确保利益冲突交易的公正性。从英美法系国家公司制度中外部董事、独立董事的功能上看，实际上相当接近于大陆法系国家的监事会制度。因此，英、美国家公司立法上虽无独立的监事会机关的规定，但在英、美现代公司里，事实上已通过外部董事或审计委员会发挥了监事会的作用。

大陆法系其特点是公司所有者在董事会中拥有重要地位，并担任重要职位。管理者与股东的关系密切而稳定，公司接管不易发生，因为国家的法律法规和机制对接管做了许多规定和限制，同时，公司市场控制力量相对较小。在这种体制中，公司员工拥有正式的权力，能够通过参与监事会和劳资合作委员会等机构对公司管理和决定产生一定的影响。

采用二元制结构的典型国家为德国，德国模式的特点是股东会产生监事会，监事会产生董事会，大企业中职工依法参加监事会。德国的监事会高于董事会，其权力是广泛的。

基于以上对公司治理体制的分析，电力市场管理委员会（或类似机构）在不同交易机构有不同的作用和地位（基本上在美国的交易机构内部管理上深度介入了管理，在欧洲电力交易机构更多作为咨询和仲裁机构），体现这种情况的内在原因如下：英、美法系下，企业股权分散，存在"弱股东、强管理层"的现象，公司治理以董事会为核心，并在董事会中设置各类专业委员会，且外部聘用的独立董事达四分之三，同时属于外部监控式，不设置监事会；大陆法系下（以德国、法国为代表），企业股权相对集中，设立双层董事会（监事董事会和经理董事会），股东通过股东大会下设的监事会参与企业决策，且监事会成员多为股东委派的兼职人员或职工代表,经理董事会的实际权限局限于日常管理,直接领导企业职能部门,对监事会负责,因此形成了二元制结构。在这种前提下不难理解,PJM 的市场委员会实际上是一个股东授权单独设置的,权力很大,人数很多的委员会之一,人员多为专职,在内部的协调配合上容易更好地发挥作用。大陆法系下的"二元结构"使得市场管理委员会的管理无法延伸至企业内部,既没有发挥其在企业法人治理结构上作用的空间,也没有更多地发挥仲裁和咨询功能。

6.3 电力市场交易体系

(1)PJM 市场电力供需紧张,电网阻塞程度较重,市场集中度高。在现货市场的构建中,重点关注电力市场对于系统安全、供需平衡与市场平稳运行的保障。PJM 市场强调日前市场"全电量优化",在出清时考虑电网的物理模型,兼顾电能与备用、调频等辅助服务资源的统一优化,确保交易计划的可行性,但 PJM 自己组织一些交易和结算的其他电力金融产品,如虚拟交易、阻塞交易等。

(2)英国市场电力供给充足,调节能力强(网架结构坚强、电网容量较大、设备可靠性高)。但早期由于电力库模式管理过于集中,是纯粹的单边市场,使得产生投标和竞价过于复杂,价格信号不透明等问题。英国政府又推出新的电力交易规则(NETA),开始以中长期交易的双边交易为主,平衡机制和事后不平衡结算为辅。英国电力市场侧重电能在中长期市场上的流动性,现货市场提供集中的电能交易平台,对交易计划进行偏差修正。市场的经济性与电网运行的安全性可解耦,即交易与调度独立,交易与调度的协调通过平衡机制实现。金融业务由金融机构负责。

(3)北欧电力供应充裕,部分断面存在电网阻塞。北欧电力市场的主要目的为协调各国迥异的资源特性,提供高效的跨国资源优化配置平台。其现货市场在交易规模、物理模型、价格机制等方面均介于 PJM 与英国电力市场之间,北欧电力市场的风电占比逐步提高,现货交易成本逐渐降低,北欧电力现货交易占比较大。北欧电力金融市场早期由 Nord Pool 负责,2008 年转由纳斯达克交易所运行。

典型电力批发市场的特点和采用的交易体系及比较如表 6—1、表 6—2 所示。

表 6-1　　　　　　　　　　　美国、英国、欧洲主要电力市场对比

国家/地区	市场体系	交易标的	出清模型	价格机制	交易规模
美国 PJM	双边交易	电能	无约束	—	76%
	日前市场	电能+备用	物理网络模型	节点边际价格	22%
	实时平衡市场	电能+备用+调频			1%—2%
英国	双边交易	电能	无约束	—	71.5%
	日前拍卖市场	电能	无约束出清	系统边际价格	26.5%
	平衡机制	电能+辅助服务	物理网络模型	按报价支付	2%
北欧	双边交易	电能	无约束	—	14%
	日前拍卖市场	电能	不同报价区间联络线传输极限	分区边际价格	84%
	日内市场	电能	传输极限	撮合定价	0.8%
	电能与辅助服务	物理网络模型	物理网络约束	系统边际价格	1.1%

表 6-2　　　　　　　　　　　北欧、美国对比

比较项	北欧	美国
组织机构设置	TSO 作为系统运营商,交易机构作为市场运营商	TSO 同时是系统运营商和市场运营商
现货出清方式	供需曲线的交点(仅考虑不同报价区间联络线的限制)	机组组合与联合调度
调频、备用等辅助服务安排	以周、日为周期,通过备用容量市场确定辅助服务提供商	辅助服务市场与现货市场联合出清
价格机制	区域电价	节点电价
阻塞管理	区域电价与对销交易	基于最有潮流的节点电价机制
市场力抑制措施	扩大市场范围、审定发电商的报价、完善金融市场	异常报价拦截、竞价结果检查、市场行为监管
可再生能源消纳方式	依靠热电联产、水电等灵活资源,跨国电力交换	区域合作、改变负荷和发电的特性

6.4　电力交易机构功能

在功能的划分方面,我们要特别注意交易管理功能与调度功能相互关系的处理模式。国外交易机构形式多样,功能也较多,根据交易机构产生和变化的历史情况,不同国家/地区交易机构设置的核心差异表现在交易与调度两种职能的分合上。

(1)交易与调度一体化模式。交易机构既负责电力交易又承担电力调度的职责,很多名为调度交易中心的交易机构就是按照这种模式设立的。此机构不拥有电网实体资产,只负责管理电力交易和输配电网的调度(输配电网的日常运营及维护工作由拥有电网所有权的输电公司负责)。正是由于这个特点使得市场交易机构具有了真正意义上的独立性,该机构与发电企业、电网企业不存在利益往来,保证了电力交易的公平性和输电网开放的无歧视性。

(2)交易与调度分离。交易机构只负责组织电力交易工作,调度机构归电网管辖或者是成立第三方调度机构,即交易机构只负责组织交易,调度由输电公司负责。欧洲作为交易调度相分离的典型区域,电力交易机构负责电力现货市场的运行,并对这两个市场进行清算,输电公司承担起了电网的规划和建设,电力交易的调度的责任。

6.5　电力交易机构的独立性

(1)美国。独立性是 ISO 权威的来源,是其首要特征,也是其生命线。从组织架构上,ISO 的独立性主要有三方面的保障:一是中立的非利益相关方董事会;二是以市场成员委员会作为决策支持;三是独立的电力市场监管机构。从经济上,无论是直接还是间接,ISO 及其员工都不能拥有任何市场参与者的股票或其他经济利益,ISO 也不能拥有它运行的任何一个市场中的产品,不能拥有任何发电容量或输电设施。同时 ISO 应该是经济上自给自足,经 FERC 批准的费率应可以满足其履行职责所必需的设备和资产。

(2)英国。英国电力交易机构的"相对独立"实际上是从 2001 年 NETA 市场建立,ELEXON 管理交易市场后开始的。

NETA 与 POOL 相比有两个显著的不同点:一是平衡机制不同。POOL 是集中式交易,由 NGC 作为系统运营商平衡交易市场,而 NETA 市场的每个参与者是独立的,电力供需平衡不再是交易机构或系统运营商一家的责任,所有市场参与者都有义务维持市场平衡。二是结算机制不同。电力库的买方和卖方均执行统一的市场结算价格,而 NETA 的平衡结算机制则类似竞拍(随买随卖)。这种灵活自由的交易方式,使交易机构的"操纵力"大幅削弱。

ELEXON 的组织形式独立,则主要体现在以下几个方面:

①人事方面。根据英国新公用事业法案规定,ELEXON 虽然作为 NGC 的全资子公司,但 NGC 不能参与 ELEXON 的日常运营,不能指派或担任 ELEXON 的董事成员,也不能参与 ELEXON 的重要决策。ELEXON 的董事会由 1 名兼任的行政总裁、5 名非执行董事组成,致力于建立更完善的公司治理机制,优化抄表、银行结算等业务流程,保证电力交易正常运行。

②财务方面。ELEXON 作为独立的非营利机构,它的收入主要来自英国近 200 个行业团体的会费,资金账户与 NGC 分设。ELEXON 管理团队致力于降低运营成本,在成立的 14 年中,运营成本已从最初的 7 000 万英镑降至 3 500 万英镑。另外,每年 ELEXON 还会发布调研报告,以反映行业团体对其工作的认可。

③多方参与的决策机制。BSC 准则的制定、修改、运作都在 BSC 小组的指导下进行。小组成员共 12 人,其中 5 人由行业团体选举产生,每两年换届一次,选举机制可有效保证不同类型的企业拥有平等的被选举权。最后选出的代表分别来自发电厂、供电商、咨询公司以及行业协会,其中用户代表 2 名,国家电网和配电商各派 1 名代表作为小组成员,OFGEM 和 ELEXON 也派代表参加,以确保小企业和新进入者的意见得到充分考虑。小组成员选举产生后,需要签订一份独立声明,保证其言行的公平公正。每次小组会议的讨论情况会被详细记录,并通过报纸、互联网等媒体对外公开。ELEXON 作为 BSC 准则的责任主体,在 BSC 小组中主要负责召集成员、安排会议、准备材料、发布信息以及组织培训等工作。

关于 BSC 准则的修订流程,英国政府设置了一套严格的规范。首先由 BSC

准则小组成员发起对某项条款的修改申请,并在内部会议上组织投票,需要注意的是,NGC、配电商和OFGEM的代表不能参与该投票。ELEXON将修改提案送至行业委员会,委员会再向OFGEM提交建议报告,由OFGEM决定该条款是否被修订。最后ELEXON负责执行BSC的修订工作。

NETA正式运行的第一年,OFGEM共接收了46条修改提案,最后通过的提案为18条,否决的为18条,其余10条被合并或撤销。

④完善的监督体系。政府机构、社会团体以及商业组织构成了英国的电力监督体系(图6-1),使得电力交易机构得以独立运行。

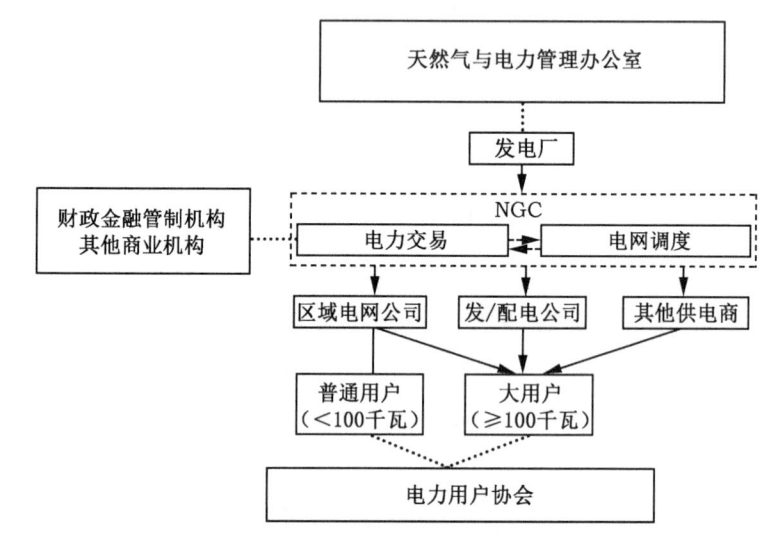

图6-1 英国电力市场监管体系

OFGEM是官方的电力监管部门,负责管控ELEXON的管理成本、保证市场充分竞争以及维持市场供需平衡等。

英国的财政金融管制机构按照金融服务行业的管理条例,对电力交易机构的期货市场和短期双边市场进行监管。

电力用户协会是英国电力行业的发言人,负责制定行业标准,保护发、输、配、售电公司的利益。

电力用户协会由政府出资成立,代表电力用户的利益。主要职能是处理用户投诉、向用户提供供应商信息、协助用户向供电商争取赔偿以及向相关部门申请完善客户服务政策。

为客观评估交易市场运行情况,英国还有许多商业机构定期发布电力交易价格指数报告。这些机构采用的数据源和计算方法不尽相同,最后得出的价格指数也略有差别,但都能较客观地反映一段时期交易价格的变化曲线。这些商业报告不受 OFGEM 监管,但为了获得市场认可,它们会尽量保持客观和科学性。

英国交易机构"相对独立"运行后,NETA 市场参与者数量显著增加,市场竞争力不断提高,发电厂数量从 6 家增至 35 家,并新增了许多更经济环保的循环燃气涡轮发电机组;8 家供电商代替了之前的 14 家区域电网公司,并可以跨区域经营。NETA 运行一年后电价比 1998 年下降了 25%。

6.6 电力交易机构演变

20 世纪 90 年代,英国率先进行电力市场化改革,建立了全电量集中竞价的电力库。但是这一轮改革中,并没有建立独立的电力交易中心,而是由国家电网公司负责电力库的运营。由于电力库模式在运行过程中存在诸多弊端,英国在 2001 年彻底推翻了该模式,建立了以双边实物合同为主的新市场模式(NETA 模式),并于 2000 年成立了第一个独立的电力交易中心以开展现货交易。紧随其后,荷兰的阿姆斯特丹电力交易所在 2001 年也开设了针对英国电力市场的现货交易。2004 年,UKPX 被 APX 收购。2010 年,北欧电力现货交易所和纳斯达克交易所推出了专门针对英国电力现货交易的 N2EX 交易平台,与 APX 形成了竞争关系。

其他国家如美国、澳大利亚等都是只有一家机构负责组织现货交易,像英国这种有几家电力现货交易中心相互竞争的,确实非常特别。究其原因,在于电力交易中心和电力调度机构之间协作机制的不同。

在美国、澳大利亚电力市场中,为确保交易的可执行性,电力现货交易必须考虑电网的运行约束,如果由多家电力交易中心组织现货交易,那么各交易中心实际上无法独立出清,因此只能授权一家机构组织现货交易。而在英国电力市场中,电网结构比较坚强、阻塞情况不严重,电力现货交易不需要考虑任何电网的运行约束,当交易结果不可执行时,电力调度机构将在实时运行阶段按照市场规则进行阻塞管理，因此由多家电力交易中心开展现货交易并不成问题。

但需要注意的是，随着英国风电装机容量的不断增加，近年来英国北部的苏格兰地区和南部的英格兰、威尔士地区之间阻塞问题日渐凸显，阻塞管理的成本也有大幅提高。

6.7　电力交易机构金融业务

从国外成熟电力市场建设经验来看，电力金融市场的建设本质上属于电力体制改革的一部分，是电力体制改革不断深化后的成熟阶段。电力金融市场是电力系统理论、经济学理论、优化理论、计算机与信息工程以及金融、证券市场等领域的理论与技术的结合体，与电力现货市场息息相关。电力金融市场区别于一般市场，也区别于证券、期货市场，其特殊性在于电力的公共安全。电网的安全运行是市场正常运作的前提。电力金融产品的设计包括三种类型：第一种是完全意义上的金融产品诸如针对PJM、北欧电力交易所、澳大利亚等电力市场设计的电力期货产品以及PJM市场中的FTR，此类电力金融产品属于纯粹金融产品，与实际物理运行完全脱钩，仅进行金融结算，交易准入以及出清机制与一般商品期货没有区别，与电力市场的连接点在于期货合约一般以日前/日内/实时电力现货市场价格为基准价格，在理性预期理论成立假设下，随着到期日的临近，期货价格将趋近于标的期间及时段现货市场价格。由于与物理交割完全脱钩，此类交易具有充分的流动性，市场出清的结果对电力现货市场的影响相对较小，减少了现货市场营运压力。但是成为纯粹金融产品后，如果缺乏健全的金融监管机制，数量巨大的金融投机资本而非套期保值资金将最终决定期货价格，加之现阶段电力仍无法大规模经济储存，期货价格与现货价格趋近性不够理想，影响了电力期货套期保值功能的发挥。第二种是基于物理交割的金融产品，诸如洲际交易所（ICE）针对英国电力市场设计的电力期货产品，此类期货要求强制交割，仅适用于分散式电力现货市场。标准化合约集中交易减少了市场主体的交易成本，期货的对冲平仓机制使之成为一种投资工具。但是此类期货的强制交割属性极大地限制了市场主体参与交易的积极性，市场流动性不足，成交量较少。第三种是带有一定金融性质的交易品种，诸如PJM电力市场中的日前交易、虚拟交易、阻塞交易等仅进行金融结算,但出清时考虑实际网络约束、安全约束的电力金融产品。此类金融产品具有较好的套期保值功能,但是对现货市场运行干扰较大。以虚拟交易为例,引入虚拟交易后,日前市场的出清结果与实时运行并不匹配,增加了日前市场出清结算的难度、辅助服务成本以及实时市场运营压力。

(1) Nord Pool 出售电力金融市场。2007 年,Nord Pool 现货市场交易量再创新高,接近 70% 的北欧用电量都通过 Nord Pool 的现货市场交易。同年 12 月,Nord Pool 宣布把清算所和咨询公司打包卖给瑞典欧麦克斯集团(OMX),也就是之后的 Nasdaq OMX。

1997 年,芬兰计划在 1998 年加入 Nord Pool,同时芬兰的系统运营商 Fingrid 希望能够成为 Nord Pool(包括物理和金融市场)的共同所有者,丹麦的系统运营商想成为物理市场的所有者但对金融市场没有兴趣。这就出现上了所有权分割上的分歧。于是,Nord Pool 董事会在 1999 年开会决定分割 Nord Pool 的金融市场和物理市场。在分割之后,只有挪威国家电网运营商和瑞典国家电网运营商两个系统运营商仍然是金融市场的共同所有者。由于风险资本的需求增加,特别是在公司经历了安然危机和 2002—2003 年的严冬之后,这个资本的问题更加突出,再加上交易费用的国际竞争激烈,人们需要更低的交易成本,促成了兜售金融市场和清算所的第一次非正式会谈。

在信息公布之后,OMX、EUREX 和 EEX 以及 ICE 都表示有收购的意愿。这时候两个金融市场所有者瑞典国家电网运营商和挪威国家电网运营商对于卖方的选择产生分歧。瑞典国家电网运营商希望能够卖给北欧的公司,那么 OMX 自然成了其心中的最佳人选,而挪威国家电网运营商则着眼于未来的发展,心系之后北欧和欧洲的交易统一,于是更偏向卖给 EUREX。

刚开始 EUREX 在这次收购中占有优势,因为它不仅是一家可靠的交易所,还拥有着 EEX 的股权,因此 EUREX 和 Nord Pool 之间有过几次成功的讨论。然而两位老东家之间一直没有达成一致,慢慢地,EUREX 对于这个漫长的谈判也失去了耐心。在 2007 年,董事会决定终止这场谈判。最终,OMX 获得了收购的机会。当然收购过程还是很复杂的,特别是 OMX 同时还被美国纳斯达克交易所收购,构成双重收购关系,这就导致在公司移交的过程中涉及了三家公司之间的协调。但需要说明的是,纳斯达克交易所对 OMX 的收购对于 Nord Pool 最后决定把金融市场、清算所和咨询公司卖给 OMX 没有任何影响。

最终新成立的集团 Nasdaq OMX 成功把金融市场、清算所和咨询公司收入囊中。

(2)PJM 组织交易和结算的电力金融产品。PJM 自己组织交易和结算的电力金融产品有虚拟交易、阻塞交易、FTR 交易。PJM 之所以自己组织交易和结算这些金融产品的原因如下:阻塞交易与虚拟交易同属 PJM 日前市场上的一种报价形式。PJM 作为市场的中央结算对手方,对发电机组以其发电母线处的 LMP 结算,对负荷方以其负荷母线处的 LMP 支付。由于阻塞费用的存在,仅就电能市场来看,PJM 的收支很可能是不平衡的,产生阻塞资金盈亏。PJM 在市场中引入 FTR 交易的最初目的就是解决阻塞费用归属的问题。PJM 最初引进 FTR 交易时采用分配制度,直接把 FTR 分配给输电用户,帮助其规避阻塞费用波动风险,后来为了将 FTR 发展成为一种纯粹的金融产品,PJM 将 FTR 由分配制改为拍卖制,包括输电用户在内的所有市场主体均可参与 FTR 拍卖。与此同时,为了保护输电用户的利益,PJM 创设了 ARR(Auction Revenue Right),即拍卖收益权。

6.8 电力交易机构结算与清算

(1)Nord Pool 与 EPEX SPOT 清算与结算。2017 年,Nord Pool 推出了新的清算和结算系统(CASS),以帮助简化欧洲区域的电力交易结算。EPEX SPOT 由 ECC 提供清算和结算业务。ECC 是欧洲能源及相关产品的中央结算中心。ECC 是许多欧洲国家传输系统运营商认可的合作伙伴,与相关国家的排放和能源证书注册中心有广泛联系。因此,ECC 确保了电力、天然气和碳排放的实物结算。

远期合同可以由交易双方根据合同,自行对交易电量按照合同电价进行结算,或者通过电力交易中心进行清算与最终结算。

(2)PJM 结算与清算。PJM 结算公司是 PJM 受 FERC 监管的公用事业分支机构,属于非营利性公司,与 PJM 签订服务协议,负责处理电力市场的结算、计费、信用管理和财务结算。所有的 PJM 成员自动成为 PJM 结算公司的成员，所有会员的结算交易将由 PJM 结算公司提供。

6.9　电力交易机构的监管

随着跨境交易的增加，国家级的监管机构不断增加与其他国家级监管机构的协作，而 ACER 为这类协作交流提供了平台。电力市场仍然主要在国家内部的层面上实施监管，ACER 并非监管的代理执行机构，而是各个独立的国家监管机构监管决策的协调者。这种结构是受目前的法案保护的，维护了各个市场监管者之间的权利平衡；当这种平衡被打破的时候（转变为欧洲统一化的监管）很可能反而会破坏各国监管机构的权利；但与此同时，所有监管机构的设计、预算与策略等文件仍然需要由欧洲统一监管机构批准。

6.10　场内与场外交易

（1）场外交易（OTC）。OTC 是一种双边交易，交易双方可以直接进行交易，这也是场外电力交易与电力交易所交易的最大区别。在电力交易所交易时，所有交易完全是匿名进行的，也就是交易双方互不相识。场外电力交易由于是双边交易，所有交易合同的内容只有参与交易的双方才知道，也就是说商定的交易价格是不对外公布的，因此其他的市场参与者无法得知交易双方的交易价格。

在场外电力交易中，交易的供电时间与在电力交易所交易的供电时间基本相似，但是在现货市场上只有基础负荷与高峰负荷的天与周度供电合约，很少进行单独的小时供电合约交易。相对于电力交易所交易，场外交易没有明确的市场准入条例。

想要在场外交易市场中进行电力交易，交易者有两种方式：

①满足场外交易平台的准入条件直接与其他交易者交易，或授权给经纪公司进行交易。想要在场外现货市场上进行电力交易，公司必须满足以下条件：

公司需要与输电网运营商签订一个平衡结算单元合同，因为所有交易电力的生产与消费必须相等。而交易需要由专业人士进行并且交易公司需满足一定的技术条件,例如需要与网络交易平台建立一个特殊的连接,因为场外交易一般需要通过电话或者网络完成。

想要进行直接的场外交易必须找到一个交易伙伴。在签订一个贸易协定时,交易双方将就基本的交易合约进行商定,其中必须确定的内容有电力供应的时间、在此供应时间内最大的供电量、所需的本金、需要提供何种形式以及多高的保障金。因此完成一个场外交易的资金成本与时间成本都非常高。

②通过电力经纪人。电力经纪人作为参与电力交易的第三方公司,从中赚取佣金。电力经纪人的服务涵盖了从撮合交易、执行交易到清算的整个电力交易过程。

虽然场外交易是双边交易,但是场外交易也集中在交易平台上进行,交易平台由经纪公司负责运营,作为交易平台运营商,此经纪公司不得作为普通的电力经纪商参与市场交易。

(2)电力交易所交易。交易所是一个机构化的交易市场,所有涉及交易的合约都是标准化的,即合约里规定的支付时间、供电地点、供电时间、负荷类型以及清算条件等都是标准化的。交易所的交易规则以及市场准入条件都是既定好的,并且对外公开,而所有交易价格与成交量也是公开透明的。市场参与者能够无歧视自由的交易,并且不需要事先找到交易方,同时交易风险也相对减少,因为所有在交易所进行的交易都是匿名的,市场参与者的交易策略也就得以保密。

通过电力交易所交易时,市场参与者将订单直接放到交易所系统里,系统会将所有订单集合在一起。交易者可以将自己的买卖订单放到交易所,当买卖订单相互满足时,即签订交易合同。每一个签订的合同,合同双方都必须履行一定的职责:买方需要消耗合约规定的电量并支付电费,而卖方需要完成电力的供应。由于交易是完全匿名的,所以所有交易必须通过交易所来清算,因为只有交易所知道交易的双方。

(3)两种交易的区别。场外交易与在交易所交易不同,场外交易是交易双方直接签订合约,交易的价格与交易量只有交易双方知道。但因为交易所成交的价格可以作为场外交易的价格参考,因此交易所透明的交易价格在一定程度上影响着场外交易。当两市场出现价格差距时,交易员会从价格较低的市场买入,同时在价格较高的市场卖出商品,以缩短价差。

在场外交易中,合约的标准化程度相对较小,同时签订过程也相对简化,因此通常情况下场外交易需要支付的交易费用与在交易所交易相比也相对较少。而由 EEX 给出的标准化场外交易合约还能通过 ECC 进行清算,这样就简化了交易程序,同时也减少了亏空的风险。

第7章 其他行业机构研究与借鉴对比

7.1 期货交易所

7.1.1 全球主要期货交易所公司化改革历程

从全球交易所演进路径来看,交易所的治理结构变革一般都遵循了"非营利会员制—公司制—上市公司"的发展路径(罗大敏,2015)。一些实力雄厚的期货交易所在实现上市后,进一步跨出地域界限,走向国际并购、联盟的扩张道路。从各国期货交易所公司化的实践来看,尽管由于不同的期货交易所具有不同的历史背景和现实条件,公司化改革的具体步骤也不同,但是公司化的目标是一致的。

从芝加哥商业交易所和香港交易所(HKEX)比较来看,芝加哥商业交易所改制主要是外在市场力,是自由竞争的结果,而香港交易所改制,政府的推动作用更大一些。芝加哥商业交易所集清算所与交易所于一身,改制过程比较容易;香港交易所集团需要进行股权合并,程序更为复杂。

从洲际交易所集团与芝加哥商业交易所比较来看,洲际交易所集团公司化主要是通过股权兼并收购。芝加哥商业交易所公司化过程中虽然也采取了收购国外交易所股权的兼并收购方式,但更多的是采用交易所之间相互合作的"温和"方式(徐欣晗等,2021)。

下面举例说明香港联合交易所(SEHK)(又称联交所)和香港期货交易所(HKFE)(又称期交所)公司化改革与合并。

香港交易所是全球一大主要交易所集团,旗下成员包括香港香联合交易所、香港期货交易所、香港中央结算有限公司等。香港交易所不断推进国际化,已经不仅想作为亚太时区的主要期货交易市场,还正朝着"国际公共金融市场"的宏伟目标迈进。因此,香港交易所公司化改革及战略选择将为国内交易所公司化提供一些宝贵经验。

(1)合并前香港证券期货市场概况。1891年,香港第一家证券交易所——香港股票经纪协会成立。1921年,香港第二家证券交易所——香港证券经纪人协会成立。1947年,两家交易所合并成立香港证券交易所有限公司。1969年后,远东、金银、九龙三家证券交易所先后成立。至此,香港共有四家证券交易所。1986年3月27日,四家交易所正式合并组成香港联合交易所。1986年4月2日,联交所正式成立,开始享有在香港建立、经营和维护证券市场的专营权。

联交所是按照相关法律规定建立和运作的股份公司,保持着原会员制的非营利性,没有实行一般股份公司的公司治理。联交所的股份被分为1 200股A股,原四家交易所的会员直接拥有其中的929股,其余股权分别给予一个市场价位,由其他经纪商购买。这种混合制的经营方式,为联交所进行股权定价奠定了基础。

相对于证券交易所,香港期货交易所的发展史较短,其前身是成立于1976年的非营利性会员制公司交易所——香港商品交易所。期交所在成立之初仅有极少的期货品种,成交量也很小。1986年,期交所创新了期货品种,推出恒生指数期货,导致交易量猛增。1987年10月的全球股灾之后,期交所开始改革,力求建立更具广泛性的理事会和更强力、更专业的执行委员会。尽管期交所是一家会员制交易所,但在成立之初,香港监管当局就已经赋予其实行公司化治理的权利。期交所共拥有135个交易席位,公司成立了由12名会员组成的董事会,其成员由代表交易所会员的董事和独立董事组成,主要职责是负责交易所日常管理。从这个意义上说,期交所公司的董事会基本等同于一般会员制交易所的理事会,期交所也仍与一般会员制交易所的治理结构没有太大差异。

(2)公司化方案的具体安排。为了真正发挥交易所的规模效益,节约管理成本,实行完全公司化,使会员股权体现到交易所的决策和经营活动中,香港交易所进行了真正意义上的公司制改革。

1999年9月27日,香港联合交易所和期货交易所分别举行股东大会,通过相关的协议计划。同年10月11日,相关协议计划得到法院批准。2000年3月,两家交易所和三家结算所[(香港中央结算有限公司(HKSCC)、香港期货交易所结算合作有限公司(HKFECC)和香港联合交易所期权结算合作有限公司(SEOCH)]正式开始执行合并程序,联交所、期交所和香港中央结算有限公司正式成为新成立的香港交易所的全资子公司,但联交所和期交所依旧保持独立运行。香港交易所于2000年6月27日在联交所上市。此后,香港的证券、期货和衍生品市场的交易和监管统一于一家交易所管理之下,其组织架构参见图7—1。

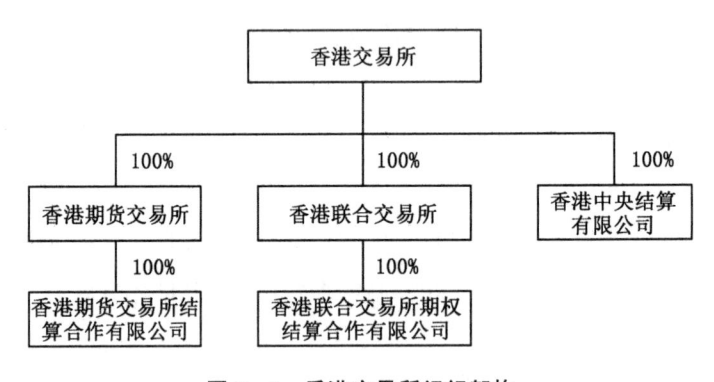

图7—1 香港交易所组织架构

①组织结构的变化。香港交易所公司化改革的宗旨为将"不对股东进行盈利分配的特殊公司",转变为"由香港交易所100%控股的、对股东进行盈利分配的公司"。联交所、期交所从所有权与交易权相结合的运作模式,转变为所有权与交易权相分离的运作方式。

在股权处理上,联交所和期交所股东的原有股权按照一定比例交换成香港交易所的股权。

在交易所的交易权过渡问题上,香港交易所对两个交易所普通会员的交易权转让设立了两年的延期偿付周期,并规划在交易所完成合并的两年后,联交所新的交易权价格不得低于300万港元,而期交所新交易权单价不得低于150万港元,并且香港交易所新发放的交易权不得转让。

②董事会的变革。在治理结构的内部管理方面,香港交易所组建了由15

人构成的具有真正意义的董事会,其中14人为非执行董事,包括由股东选举产生的6名董事和由政府委任的8名公共利益董事,集团行政总裁为执行董事。

董事会还设有从不同的角度服务于公司的7个专门委员会,即常务委员会、风险管理委员会、稽核委员会、投资顾问委员会、现货市场咨询小组、衍生工具市场咨询小组、结算业务咨询小组。其中,稽核委员会由5名非执行董事组成,负责审核及监察集团的财务及内部监控制度;风险管理委员会由董事会主席及其他7名成员组成,其中5名由香港财政司司长委任,负责管理集团风险相关事务。这种多元化、多背景的董事会结构,有利于做出较为科学的决策。

7.1.2 会员制交易所与公司制交易所比较分析

期货交易所是指为交易双方提供标准化期货合约买卖的场所,是一个有组织、有固定地点、集中进行期货交易的市场,也是整个期货市场的核心。就组织形式而言,一般将期货交易所划分为会员制和公司制两大类(刘瑾,2003)。

(1)会员制期货交易所和公司制期货交易所的区别。在设立程序上,公司制期货交易所在设立上与一般的股份有限公司相同,在机构设置和职能安排上都与股份公司相似;而会员制下组建的期货交易所与普通社会团体一样,缴纳会费作为加入条件,并实行自律管理。在适用法律上,会员制期货交易所一般适用民法的有关规定,而公司制期货交易所一般以公司法作为主要法律依据。在设立目的方面,会员制期货交易所主要为期货买卖双方提供交易设施和场所,不以营利为目的;而公司制期货交易所则以营利为目的并在股东之间分配其收益的交易场所。在承担法律责任方面,会员制期货交易所内各会员除依规定缴纳会费和其他经费之外,不承担交易中的任何费用;而公司制期货交易所则需要对期货交易中由于交易设施故障等给投资者造成的交易风险承担赔偿责任。与公司制交易所"一股一票"的决策机制相比,会员大会"一员一票"的决策机制存在一定的缺陷。一些学者甚至认为,在中小会员占多数的会员制交易所中,"多数人的民主导致了对少数人的暴政"。会员制交易所融资渠道狭窄,无法满足交易所对引进新技术资金的需求;而公司制交易所中开放的股权结构和多元化的股东使融资渠道更加广泛。在会员制交易所中由于利润不能进行分配,治理结构和激励机制方面存在缺陷,交易所的会员和高级管理者缺乏动力,由于动力不足导致创新能力仅限于满足会员或投资者交易的需要。

(2)治理结构和治理机制的比较

①股东大会和会员大会。对于会员制交易所而言,会员大会是由全体会员组成的最高权力机关,由会员大会选举产生理事会和监事会,并通过会员大会、理事会、监事会和专业委员会管理交易所重大事务。与公司制股东大会一样,会员大会每年召开一次,如果有重大事宜可以根据有关法律程序临时召开,在会员大会上采用"一员一票"。

对公司制交易所而言,期货交易所的股东大会是由全体股东共同组成的,是最高权力机关。股东大会选举或任免董事会和监事会成员,批准重大经营决策方案和公司利益分配方案。一般而言,股东大会每年召开一次,但是出现特殊情况,可以依据《公司法》相关规定召开临时股东大会。股东大会实行的是"一员一票"的决策机制。

②董事会和理事会。会员制期货交易所的理事会是会员大会的常设机构,对会员大会负责。理事会一般由交易所全体会员通过会员大会产生,设立理事长1人,副理事长若干,由理事会选举和任免。理事会的主要职责为:召集会员大会,并向会员大会报告工作;执行会员大会的决议;监督总经理履行职务;拟定期货交易所的章程、交易规则并提交会员大会通过等。

公司制期货交易所的董事会由股东大会(或股东会)选举产生,按照《公司法》行使董事会权力,执行股东大会决议,是股东大会代理机构。董事会对股东会负责。除了传统的经纪商外,机构投资者、上市公司、金融机构、独立社会人士也在董事会中具有发言权,提高了交易所的决策效率和反应速度,独立董事的增加会削弱原会员的影响力,并防止交易所因过度追逐利润而损害公众利益。

③总经理。会员制期货交易所根据工作职能需要,设置相关高级管理人员和业务部门。总经理由理事会聘任产生,全面负责交易所的日常行政和管理工作。

公司制期货交易所的总经理由董事会聘任,在董事会的授权下负责期货交易所的日常行政及管理工作。

④监事会。公司制的期货交易所股东来源呈现多元化,专业知识和业务能

力也各有所长。为了监督董事会和高级管理层,由股东大会选举产生监事会,代表股东大会行使监督职能,以维护公司及股东的合法权益。

监事会与董事会并立,独立行使对董事会、高级管理层及整个公司管理的监督权。为保证监事会和监事的独立性,监事不得兼任董事和经理。

(3)市场监管比较。由于会员制交易所不对利润进行分配,一般不存在通过损害会员利益来为自身谋取利益的动机。一旦交易所利益受到损害,交易所的自律制度将对违规会员进行制裁,以维护交易所的整体利益。交易所公司化虽然在一定程度上解决了交易所的决策低效等问题,但产生了新的利益冲突,其监管行为的公正与有效性值得怀疑。事实上,公司制交易所并未因利益冲突而放松市场监管。在外部竞争的强有力约束下,交易所也有提供优质监管服务的内在动机,交易所只有保持市场的公正、透明、有效,才能吸引更多的投资者参与。因此,加强自律与交易所的利润最大化目标是一致的,交易所将对有利于股东但不利于自身发展的行为进行有力约束。

在监管机制方面,会员制交易所经理层由会员大会和政府监管机构任命,理事会难以对高管进行真正监督。公司制期货交易所通过股东大会"用手投票"和"用脚投票"的约束机制,对交易所实施有效监督。此外,公司制交易所还可以通过董事多元化、股东持股比例限制等方式,提供更加优质的监管服务,将潜在的利益冲突控制在最低限度,从而保证交易所的独立性与公正性。例如澳大利亚交易所规定,个人所拥有的交易所股份不得超过15%。多伦多交易所规定,在董事会中,独立董事占比必须达到全部董事的50%。香港交易所规定,董事会必须包括市场参与者、相关专业人员、独立董事,以及政府委任的董事。

(4)公司制交易所与会员制交易所运作效率比较

①决策效率影响的比较。会员制交易所的决策机制是"一员一票",理事会作为最高决策机构,主要由会员代表组成。由于不同会员利益诉求有所不同,利益多元化导致决策过程冗长复杂,大大降低了决策效率。例如,1996年,伦敦证券交易所就是否推出电子化交易系统征求会员意见,最大的几家做市商会员因新系统将大大降低做市差价收入,因而强烈反对,而海外会员因新系统将大大降低客户成本,能够增强他们的竞争优势,从而强烈支持。全球首家进行公司化改革的斯德哥尔摩证券交易所也出现过类似情况。1995年,斯德哥尔摩证

券交易所在欧洲率先提供跨国交易服务,1996年允许机构投资者(绕过会员)直接进入交易系统,1999年又与哥本哈根证券交易所发起了全球第一个跨国联合交易系统——北欧证券市场(NOREX)。这些改革措施损害了会员作为交易中介的利益,为此受到瑞典本国会员的强烈抵制。

公司化改革将交易所从一个非营利性的、会员拥有的互助机构转变以营利为目的、股东所有的股份公司,交易所的所有权由会员所有转变为投资者所有。公司制交易所的决策机制是"一股一票",交易所的交易与所有权相分离,所有者与市场使用者之间的利益相分离,有助于提高交易所决策效率。同时为避免个别股东控制交易所,大多数交易所或监管机构对持股比例做了限制性规定,在很大程度上降低了存在会员制交易所中的利益冲突问题。

②融资机制。作为一个互助型组织,会员制交易所一般按照等比例原则进行融资,各会员由于交易份额和受益程度不同,使得等比例出资难以获得通过。因此会员制交易所只能通过提高席位费、留存收益、发债等方式融资,严重削弱了交易所的技术投入能力。公司化改革使期货交易所成为股份有限公司甚至上市公司,除原有会员外,还可以吸引机构投资者、个人投资者及战略投资者,极大拓宽了期货交易所的融资渠道,增强了期货交易所的筹资能力。例如,斯德哥尔摩证券交易所的大股东专门从事交易所经营管理,其他股东是银行、投资公司、上市公司和机构投资者。这种股本结构大大提高了交易所的融资能力,为交易所改善技术设施提供了巨大的资金支持,可以大大降低传统交易方式的代理成本和信息成本。从市场规模上,公司化也使交易所交易规模进一步扩大。

7.1.3 期货交易所公司化改革的原因分析

(1)期货交易所改革的外部原因

①技术进步、进入壁垒与交易所组织结构变革。很多学者将电子交易视为期货交易所公司化的根本原因。新制度经济学派认为,在社会发展的历程中技术变化对制度具有重要的影响,主要表现在以下三个方面;一是技术的变化使交易所原来存在的规模报酬递增特征更为突出;二是技术进步增加了制度变迁的潜在利润,有助于降低制度变迁的操作成本;三是技术进步能改变制度环境。

新技术的采用和电子网络的发展使信息成本大大降低,在很大程度上也降低了在物理空间进行交易的组织成本。而且信息技术带来的电子交易降低了市场参与者对交易所会员所有权的需求,直接摧毁了会员制的垄断基础。

②金融一体化、资本自由流动与交易所组织结构变革。20世纪80年代以来,随着经济全球化和金融一体化进程加快,资本流动的地理限制逐渐弱化,金融市场逐渐成为一个相互联系、相互依存、连续交易的全球化市场。

在金融全球化背景下,期货市场也发生了显著变化,表现出新的特点:

首先,期货交易呈现全球化趋势。一个期货交易所不仅可以上市本国、本地区的产品,还可以上市其他国家、其他市场的产品。

其次,投资机构出现专业化趋势。对传统会员制交易所形成强有力的挑战。

最后,投资者出现机构化趋势。机构投资者管理的资产正在迅猛增长,已经取代经纪商成为资本市场发展的主导力量。在衍生品方面,机构投资者主要包括投资银行、对冲基金、指数管理基金、养老基金等。全球化、专业化和机构化使交易所将面临更为激烈的市场竞争,因而进一步推动交易所组织结构发生根本性变革。

(2)期货交易所改革的内因分析

①融资需求与会员制交易所的融资约束。为了增强自身的竞争力,交易所大多十分重视技术设备的投资。尽管引进信息技术设备有助于提高交易所的交易量,但因为会员制期货交易所是一个互助性非营利的组织,由于信息不对称,各会员的受益程度难以确定,因此当债权融资方案和提高收费方案必须通过会员大会批准时,难以获得多数会员支持。

②决策成本、管理低效率与交易所组织制度变革。在会员制交易所中,交易所的会员集所有权、决策权和交易权于一身,这种制度安排导致了极大的不平等,不以对交易所的贡献作为权利分配的依据,必然会削弱会员参与交易所事务的积极性。每一个会员都需参与交易所的每一项决策会导致产生较大的决策成本。20世纪80年代之后,许多期货交易所开始吸收公司会员,而"一员一票"的决策机制不能适应交易所新的会员结构,也不能充分反映会员之间的巨大差异,难以完全实现全体会员的最优利益。由此可见,传统的会员制的集

权,不仅会产生来自多方面的利益冲突,也不利于调动会员的积极性,不能均衡体现广大交易者的利益。当期货交易所外部市场环境发生巨大变化时,交易所间竞争日趋激烈,这种矛盾冲突变得日益明显,从而导致会员制交易所寻找更加完善、灵活的组织制度。

③监管制度的变化。随着全球期货市场快速发展,各国的监管制度也随之调整,推动了期货交易所组织形式变革。

7.2 证券交易所

7.2.1 全球证券交易所组织形式演变历程

证券交易所的组织形式,也称证券交易所的组织模式、证券交易所的性质,是表明证券交易所与其成员之间法律关系的一种制度安排。世界各国、各地区证券交易所的发展历史和实践表明,会员制和公司制是证券交易所的两类最典型的组织形式(赵鹏飞等,2011)。17世纪初,世界上第一家以股票交易为主的证券交易所在荷兰阿姆斯特丹成立。由于计算机网络技术尚不发达,以会员为单位组成的证券交易联盟在当时极大地提升了证券交易的效率,因此早期各国证券交易所在成立之初均无一例外地采用了会员制这一组织形式。随着交易自动化的产生,公司制证券交易所产生了。中国台湾证券交易所是产生之初便采用公司制形式的典型代表,其于1961年设立,1962年2月9日开业。20世纪末至21世纪初,许多国家和地区的证券交易所纷纷走向了公司制,其中典型的代表有澳大利亚证券交易所、香港证券交易所、伦敦证券交易所、西班牙证券交易所等。其中,澳大利亚证券交易所于1998年完成了在本交易所公开上市,开创了公司制证券交易所上市的先河。学界普遍将各国、各地区的证券交易所采用公司制的现象形容为一种"世界性潮流"和"国际趋势"。然而,在这一"世界性潮流"和"国际趋势"下,中国台湾证券交易所却仍保持特立独行之势,在成立后竟有向会员制转型或是会员制与公司制混合的倾向,如台湾地区证券交易相关规定:"公司制证券交易所发行之股票,不得于自己或他人开设之有价证券集中交易市场上市交易。"这在实质上是用相关规定锁定了公司制的台湾证券交易所的股份上市流通权，使得采用公司制的台湾证券交易所具备了一定的会员制交易所的公益内涵。又如台湾地区证券交易相关规定："公司制证券交易所不得发行无记名股票，其股份转让之对象，以依许可设立之证券商为限。每一证券商得持有证券交易所股份之比率，由主管机关定之。"严格限制了交易所股份转让的条件，同时每个股东的持股比例受主管机关控制，这使得台湾证券交易所区别于普通的商事公司，因此有学者指出其规定意图是"过渡公司制证券交易所成为会员制之需要"。

7.2.2 证券交易所组织形式比较研究

7.2.2.1 会员制证券交易所

（1）会员制证券交易所的特征分析。会员制证券交易所是由会员自发组建的，由会员所有的，为证券交易提供服务的互助性组织。会员制交易所的特征主要体现在以下几个方面：

①会员制交易所的基本成员为会员，通常认为交易所的所有权属于会员。中国台湾地区的证券交易规定证券商由会员组成，并由会员担任交易所的董事、监事，负责证券交易所的营运。

②会员制交易所具有互助性，即不以营利为目的，不具有商业性。由于收取的交易服务费较低，因此这种非商业性的组织在一定程度上有利于提高市场参与者的积极性，吸引更多的市场参与者进入收费低廉但效率和安全性都比较高的场内市场进行证券交易活动，有效防止上市证券场外交易，从而增加证券交易所的业务量。

③会员制交易所的所有权和交易权合一，拥有交易权即拥有了证券市场的准入资格，即通常所说的"两权合一"。也就是说，在会员制交易所中，会员作为所有权者也参与证券交易。

④交易所由会员自发形成，会员即券商。由于会员制证交所由证券商主导掌控，因此交易所的章程、细则及其他规范属于自律性质。各国（地区）会员制交易所运行的历史经验告诉我们，会员制交易所有着一定的制度缺陷。一方面，在实行会员制的交易所里，只有会员才能直接进入交易系统进行交易，同时，交易所两权合一的体制使得会员之间具有"同质性"的关系，拥有交易所的

资产并控制交易所的治理。虽然会员间自发形成的"团结"力量在一定程度上对会员的发展有利,但这种以互助性为特征的"团结"结果往往是垄断。一个健康的证券市场一定是以开放、资源的合理配置为价值导向的,会员对交易所的垄断无疑是对这些健康价值导向的误解与破坏。这是会员制交易所最大的弊端。另一方面,传统的会员制交易所通过会员大会进行交易所的治理和日常决策,这在证券交易自动化和交易所的国际竞争出现以前似乎是无懈可击的。但证券市场的发展壮大对资本市场的融资能力和融资效率也提出了新的要求,由有着各自利益诉求的会员组成的会员大会对交易所进行治理和决策,其效率往往是极其低下的,这种决策和治理机制显然无法适应瞬息万变的证券市场的需要。然而会员制交易所也并非一无是处,其也有着自身的优点。比如,会员制交易所成立的主要目的是以交易所作为互助性的组织为市场主体提供证券集中交易的平台。这种互助特征一方面解决了当时证券的零星交易效率低下的问题,提升了证券交易的活跃度;另一方面也为一国形成统一的证券市场奠定了基础。又如,会员制交易所相比于公司制交易所而言,收取的交易费用比较低,在一定程度上减轻了证券市场各交易主体的经济负担。

(2)会员制证券交易所的利益冲突研究。从现有的文献资料来看,学界对交易所利益冲突的研究主要集中在公司制证券交易所,这仿佛制造了一个会员制交易所不存在利益冲突的假象,其实不然。会员制证券交易所也有其固有的利益冲突,这种利益冲突主要产生于会员与会员之间、交易所与公共利益之间。

①会员与会员。会员制交易所的利益冲突,首先表现在会员与会员的利益冲突上。一方面,会员制交易所由会员组成,作为证券市场的参与者,每个会员均有着其个体的商业诉求。由于不同会员的商业利益诉求可能会有所差异,各会员在自己的商业利益诉求下参与交易所的集体决策,极有可能导致难以形成一致意见的情形,这将极大地降低决策的效率。另一方面,交易所的会员之间在资本实力、市场占有率等方面通常会存在一定的差异,"一员一票"的决策方式往往很难反映出会员资本规模和市场份额不均衡的现象,决策的结果可能无法真实反映部分会员的正当利益诉求,会员与会员之间的利益冲突由此产生。

②证券交易所与社会公众的公共利益。会员制交易所客观上还可能产生交易所利益与社会公众的公共利益冲突的情形,这种利益冲突源于会员制证券

交易所的所有权由会员享有。交易所由会员组成并所有,因此其自然是会员整体利益的代言人。在证券市场的利益追逐中,交易所为维护会员利益而放弃或损害公共利益便成为一个大概率事件,在会员制交易所本身就是一个垄断体的情形下,投资者的权益乃至社会公众的利益很难得到有效的保障。制度的弊端引发的矛盾只能通过制度的变迁进行调和,因此证券交易所与社会公众的利益冲突也是驱动各国纷纷进行交易所公司化改造的一个重要因素。

7.2.2.2 公司制证券交易所

(1)公司制证券交易所的特征分析。公司制证券交易所,指由股东出资设立,目的是为设立和组织证券集中交易市场并以此为经营业务范围的普通商事公司。

公司制证券交易所相对于会员制证券交易所而言,具有诸多特点,这些特点也是公司制得以大受各国追捧的原因所在(金强,2013)。以往学者对公司制证券交易所特点的研究成果林林总总,且多从其具体表现入手,概括起来,公司制交易所的特点包含以下几个方面:

①与普通商事公司一样,公司制的交易所经营的目标通常是满足股东价值最大化,这是公司制交易所的营利性特征。由于公司制交易所追求股东价值最大化,其会收取较高的费用,故公司制交易所一般对在其场内进行的证券交易行为负有担保责任。

②交易所可以向社会公开发行股份,股东可以是符合一国公司法规定的任何个人或机构投资者,与会员制交易所的成员局限于会员或者是交易者不同。

③证券市场的交易权和交易所的所有权分开,即交易所的市场交易权不再被交易所的成员垄断,即使不是交易所的股东,只要符合法律规定的条件,也可以在交易所进行交易。

④在治理结构上,公司制交易所采用的是"一股一票"的资本多数决策原则,这是典型的商事公司的治理结构模式。这是公司制交易所具有的不同于会员制交易所实行"一员一票"的集体表决机制的特征。

⑤公司制证券交易所有着更高的开放性,这种开放性体现在交易所成员结构的开放性和交易权的开放性上。公司制交易所的成员为股东,只要符合一国公司法和证券法规定的股东条件,均有成为交易所股东的权利,即除原来的会

员券商外,其他金融机构、投资机构,甚至在交易所上市的公司均有成为其股东的可能。此外,公司制的交易所开放了交易权,如学者所说,任何符合资金和能力标准的国内外机构均可直接进入交易系统。因而在公司制这一组织形式下,投资者对金融中介的需求大大降低,交易权的开放也使得证券交易的活跃度大大提升。

⑥公司制证券交易所有着更强的独立性。传统证券交易所的会员集所有权与交易权于一身,这种既是运动员又是裁判的体制在会员整体利益的驱动下对市场的监管很难做到客观和独立。随着公司制交易所交易权的开放,"交易所的进入壁垒被逐渐消解",在所有权和交易权实现分离后,交易所运动员和裁判的双重身份的冲突得到了缓解。在这种情形下,交易所是一个独立的利益主体,其对券商、其他市场参与者和交易活动的监管通常独立进行,因此效率和公平性相比会员制将得到一定程度的提高。当然,也有学者对此提出了质疑,认为交易所非互助化后将面临商业利益与和公共利益的冲突,这将极大地妨碍交易所的独立性。虽然公司制证券交易所可能会存在妨碍其独立性的利益冲突,对交易所本身作为市场参与者或者交易所的关联方作为市场参与者时能否真正作为一个"独立"的主体对市场进行监管的质疑也无可厚非,但这不应成为否定公司制证券交易所独立性特征的理由。对公司制交易所而言,其制度本身是交易所独立性的基础,因可能面临的商业利益和公共利益的冲突而导致的"独立性受损"可以通过制度设计去避免。而会员制交易所"独立性受损"的源头正是在于会员制制度本身,抑或是说这是天生的,无论采取何种办法进行规避,都不可能改变其运动员和裁判的双重身份。

⑦公司制证券交易所具有商业性,即作为商业组织,公司制交易所具有营利性特征。营利性是指公司存续的目的在于从事商事行为,追求超过资本的高额利润,并在股东之间分配盈余。当然,并不否认会员制交易所也会盈利,因为会员制证券交易所每年依然会收取一定的交易服务费用。但由于营利并不是会员制证券交易所的目的,会员制交易所的盈余一般情况下也不会在会员之间分配,因此只能说会员制证券交易所具有盈利现象,但不能说其具有"营利性"。

交易所公司化后和普通的商业组织一样,追求商业利益,并意在获取最大化的盈余。而商业化后的交易所在商业利益的驱动下,其运营、管理和决策的效率都得到了很大程度提升。

（2）公司制证券交易所的利益冲突研究。交易所实行公司制后会面临更加复杂和多样的利益冲突，这是公司制交易所与生俱来的特质。有学者曾指出：实施公司化改革的证券交易所犹如打开了"潘多拉魔盒"。虽然学界有不少学者已对公司制证券交易所利益冲突做出了相关研究，但现有研究缺少对相关利益冲突类型的逻辑归类，且学界呈现出重交易所商业利益与公共利益冲突，轻其他利益冲突的倾向。与证券交易所有密切联系的利益相关者主要有社会公众、上市公司、消费者以及其他证券交易所。

①证券交易所与社会公众。当一个交易所出于营利的目的而与其他交易所在证券市场上相互竞争时，极易产生交易所商业利益与社会公共利益的冲突。公司制交易所以股东利益最大化为目标，股东利益最大化即创造尽可能多的营业收入。作为提供交易服务的公司，交易所的营收来源于其服务的对象——投资者、融资者、中介机构等。交易所服务对象越多，交易行为越频繁，产生营收的可能性越大。比如，交易所可能为了争夺上市资源，通过降低上市标准等行为吸引融资者到交易所上市，也可能因为考虑到自身的商业利益而减少监管资源的投入，抑或是为了增加收入而放松对市场的监管，从而增加业务量。由于公司制交易所奉行的是股东利益最大化的理念，因此交易所受内在利益需求的驱动而对市场进行开发、发展和建设将成为常态，此时交易所对市场的监管极有可能被削弱，因而监管标准有可能大大降低。也就是说，交易所追求商业利益会导致源自政府授权或准授权的职能相应减少。自律监管缩水的结果便是社会公共利益得不到有效的保障，投资者利益得不到切实维护。

②证券交易所与上市公司。交易所公司化后，作为商事公司的交易所极有可能出于融资的需要而在本交易所上市，即通常所说的"自我上市"。交易所一旦进行自我上市，交易所作为上市主体便将与其他上市主体在同一起跑线上展开竞争。但为了尽快上市或上市后在监管上搞特殊，同时作为上市申请人和上市审核人的交易所可能会对其他上市公司采取歧视性待遇，以获得上市捷径。当交易所与其他上市公司不在同一条起跑线上时，交易所作为上市主体的利益与其他上市公司的利益便会产生激烈的冲突，滋生市场不公平现象。证券交易

所与上市公司的这种利益冲突间接地也会造成交易所商业利益与公共利益的冲突。

③证券交易所与消费者。由于公司制证券交易所的所有权在股东,因此有学者将此类利益冲突称为"股东与消费者之间的利益冲突",其中的消费者指的是证券市场的使用者或证券交易所的服务对象。消费者作为使用者需要向交易所缴纳相应的费用,这种利益冲突的本质是买卖双方的利益冲突。此时的交易所和消费者同作为商业主体,其商业利益天然是对立的:交易所希望提高费用,而消费者希望降低费用。

④证券交易所与证券交易所。证券交易所公司化趋势的一个主要原因是国内外竞争的加剧,而交易所实施公司制后又加剧了竞争。现代社会公司制证券交易所的竞争,往往是着眼于对资本资源的累积、信息资源的掌控等,谁掌握了资本和信息资源,谁就在市场竞争中掌握了先机。其中,最典型的竞争表现为其作为商业主体在全球范围内争夺上市资源,因为任何一个上市主体均希望自己的股票在一个制度健全、运行安全、融资实力强且融资效率高的证券交易所挂牌上市和交易。此外,为了增强自身实力,交易所甚至跨国并购对外扩张,强强联合。作为彼此的商业竞争对手,在激烈竞争的环境下便产生了交易所与交易所之间商业利益的冲突。

综上所述,公司制交易所有着复杂多样的利益冲突,这些利益冲突是交易所进行公司化改造时不可忽视的问题。虽然利益冲突客观存在,但公司制有着其天然的制度优势,比如,公司制组织形式在吸引投资和增强竞争力方面更胜一筹。公司制的组织形式更能提高市场运行的效率,其对市场的监管也更具有独立性。

7.2.3 我国证券交易所分析

我国会员制证券交易所在实际运行的过程中却偏离了会员制的轨道,会员制在会员对交易所控制权和决策权的行使上形同虚设。我国的沪深证券交易所的实际运行偏离会员制具体表现在以下几个方面:

(1)沪深证券交易所具有非自发性特征。从世界上典型的会员制证券交易所的产生过程来看,这些典型的会员制交易所通常是由于证券交易的需要,由会员自发组织形成的。从官办或官方组织这一角度对比来说,典型会员制交易所的产生"带有浓厚的民间色彩"。与此截然不同的是,由于中国当时的证券业不发达,交易所的筹办资金极其匮乏,政府通过将证券交易所的性质模糊定位于公、私法人之间,为其充分干预证券市场留下充足的空间,因此,沪深会员制证券交易所从一开始就是一种带有强制性色彩的战略安排。从这个意义上来讲,沪深证券交易所的组建根本不是司法意义上的社团发起行为,而是国家的行政行为。而且在20世纪90年代初中国的经济监管环境下,政府也不可能允许证券交易所自发形成。

(2)沪深证券交易所的产权关系不明晰。与国外典型的会员制交易所不同,沪深证券交易所的产权关系是一个模糊地带。交易所的产权关系不明从根本上源于交易所的出资不明。以上海证券交易所为例,上交所成立时,国家并未对上交所注资。交易所注册资本金为会员缴纳的席位费的一部分,在工商登记时注册资金为3亿元,而根据全国企业信用信息公示系统显示,上交所在上海市工商局的登记类型却为全民所有制。这就导致了国家未缴纳出资,交易所却登记为全民所有(实质上就是国有)的尴尬局面。从此,政府成为交易所权益的实际享有者,实际行使着上海证券交易所的产权。深圳证券交易所也不例外。国家在交易所的设立过程中发挥了积极的主导作用,国家利益通过这种途径也得到了维护和强化,但本应属于会员的正当利益得不到应有尊重和维护,这对于出资的会员来说显然是有失公平的。

(3)沪深证券交易所实为中国证监会的"权力通道"

①证监会控制着股票发行上市审核及新证券品种审核权。通常情况下,股票发行且上市是证券市场最常见的情形,也是一国证券法律规定的主要情形。2001年至2018年,《中华人民共和国证券法》(以下简称《证券法》)规定的股票发行审核制度为核准制,即公司申请公开发行证券,应经过国务院证券监督管理机构或国务院授权的部门核准。股票公开发行后如申请上市交易的,则由交易所依据相关上市规则对其进行审核。也就是说,我国《证券法》的立法初衷是将股票发行审核与上市审核两个环节分离开来,不分主次。然而从目前我国证券市场的实际情况来看,证监会的发行审核权依旧占据着决定性的主导地位,申请上市交易的股票必须得到中国证监会的核准后由交易所安排上市。这种

审核体制使得上市审核流于形式,因为股票只要通过了发行审核,很大程度上便意味着通过了上市审核。这种审核体制显然不能充分发挥市场化的资源配置作用。2001年至2018年,我国《证券法》还规定交易所如有新的证券交易品种上市,应征得中国证监会的批准与授权。《证券交易所管理办法》甚至还规定,证券交易所制定和修改的业务规则即使经过证券交易所理事会通过后,也应报证监会批准,证监会行使着最终的决定权。证监会的权力对交易所各项业务的开展以及业务规则的制定进行全面渗透,因而交易所的自主权便无从谈起。

②证监会控制了证券交易所领导职务的任免权。目前我国沪深证券交易所以会员大会为最高权力机构,这是交易所的一级组织机构。在会员大会之下具体负责交易所运行管理和监督的二级组织包括理事会、经理层和监事会(见图7—2)。在理事会中,不少于理事会成员总数1/3的非理事会员由证监会委派,理事长和副理事长均由证监会提名。在经理层面上,除总经理和副总经理由证监会任免外,《证券交易所管理办法》还规定交易所其他中层干部的任免应报证监会备案,财务、人事部门负责人的任免应报证监会批准。此外,根据上交所和深交所相关的规定,作为交易所监督机构的监事会,其监事长也由中国证监会提名。交易所主要领导职务的任免权均在证监会,通过这种方式,证监会得以间接干涉交易所的日常运营和管理。

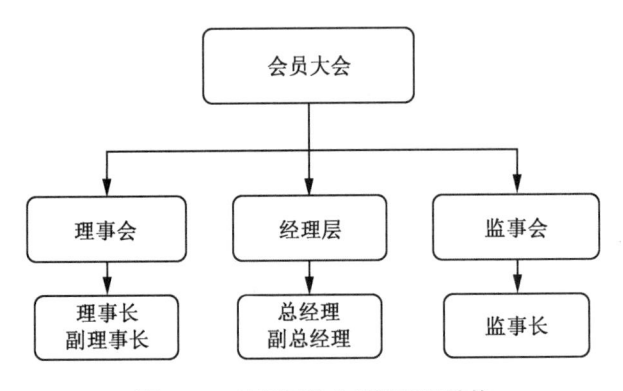

图7—2 沪深证券交易所组织结构

③交易所的市场监管权受证监会的渗透。在中国现行的证券市场监管体系下,证监会是主要的监管机构,交易所的市场监管权仅仅是证监会监管权的

补充而已。根据《证券法》的规定和证券监管现状,以证监会为首的证券监督管理机构对证券市场的监管权已实现了全覆盖,从监管规则的制定,对证券发行、上市、交易、登记、存管、结算的全流程监管,到对证券市场各类参与者(发行人、上市公司、证券公司、证券登记结算机构等)的监管,再到对市场违规行为的查处,中国证券市场的每一个角落都留下了国务院证券监督管理部门的脚印。与此相对比,交易所实施监管权的依据主要是交易所依照法律、行政法规所制定的上市规则、交易规则、会员管理规则和其他有关规则,由于这些规则均须报国务院证券监督管理机构批准,因此交易所自律性的市场监管权实质上也受监管部门监管权的渗透。

7.3 商业银行

7.3.1 一般商业银行组织结构

由于大多数商业银行是按其所在国公司法组织起来的股份银行,因此,它们的组织结构体系大致相仿,一般分为四个系统,即决策系统、执行系统、监督系统和管理系统(孙建立,2009)。

(1)决策系统。商业银行的决策系统主要由股东大会和董事会以及董事会以下设置的各种委员会构成。

①股东大会。股东大会是商业银行的最高权力机构。凡是购买银行发行的优先股的投资者,就是银行的优先股东,购买银行发行的普通股票的投资者,就成为银行的普通股东。优先股可取得固定股息,但无权参与银行的经营管理决策。普通股东所得的股息随银行盈利的多少而变动,并有权参加股东大会及银行的经营决策管理。银行每年至少召开一次股东大会,股东有权听取和审议银行的一切业务报告,并有权提出质询,有权对银行的经营方针、管理决策和重大议案进行表决。

②董事会。商业银行董事会是由股东大会选举产生的决策机构,在股东大会休会期间,银行的决策机构实际就是董事会,由董事长召集董事会,做出各项决策。董事会负有如下一些重要职责:确定银行的经营目标和经营决策;选择

银行高级管理人员;设立各种委员会或附属机构,以贯彻董事会决议;监督银行的业务经营活动。

(2) 执行系统。商业银行的执行系统由总经理(行长)和副总经理(副行长)及各业务、职能部门组成。

(3) 监督系统。商业银行的监督系统由股东大会所选举产生的监事会、董事会中的审计委员会以及银行的稽核部门组成。

监事会由监事组成,负责对银行的一切经营活动进行检查。监事会的检查比稽核部门的检查更具有权威性,除了检查银行执行部门的业务经营和内部管理之外,还要对董事会制定的经营方针、重大决策、规定、制度及其被执行情况进行检查,一旦发现问题,可以直接向有关部门提出限期改进的要求。

(4) 管理系统。在董事长、总经理(行长)的主持下,商业银行的管理系统由五个方面组成:经营管理;资金财务管理;资产管理;个人金融管理;国际业务管理。

7.3.2 我国工商银行组织结构

目前,我国工商银行董事长和行长分设,董事会和高级管理层均设立有专门委员会,股东大会、董事会、监事会和高级管理层的职责权限划分明确(周文强,2014)。董事会、监事会和高级管理层依据公司章程和议事规则等规章制度,各司其职、有效制衡、互相协调,不断完善公司治理、加强风险管理和内部控制,不断提高经营管理水平和经营绩效,以为股东创造持续卓越的投资回报为根本目标。商业银行组织结构如图7－3所示。

(1) 董事会。工商银行董事会共有董事12名,其中执行董事2名,非执行董事4名,独立非执行董事6名。独立非执行董事人数在董事会成员总数中占比不低于1/3,符合有关监管要求。

董事会成员多元化,具有知识结构、专业素质及经验等方面的互补性,以及多样化的视角和观点,保障了董事会决策的科学性。董事会提名委员会每年评估董事会架构、人数及组成时,就董事会多元化改善情况做出相应的评估。

董事会下设战略委员会、审计委员会、风险管理委员会、提名委员会、薪酬委员会及关联交易控制委员会,并可以根据需要设立其他专门委员会和调整现

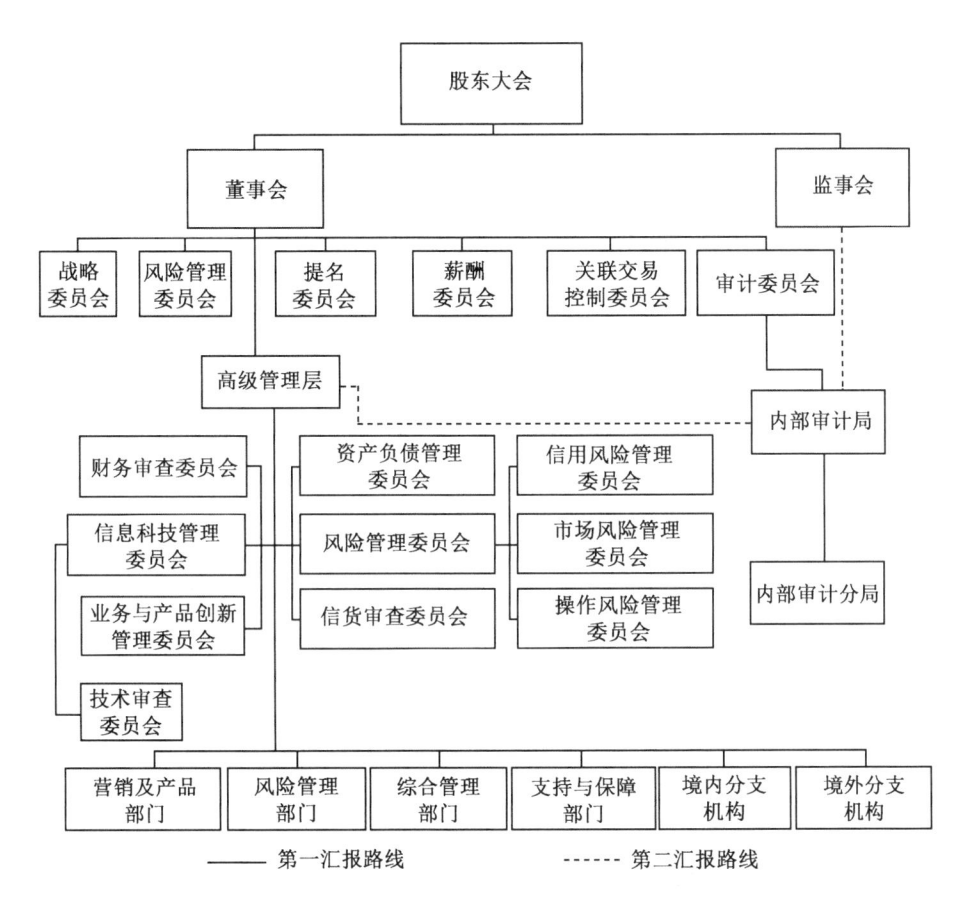

图 7—3 商业银行组织结构

有委员会。董事会各专门委员会对董事会负责,经董事会明确授权,向董事会提供专业意见或就专业事项进行决策。各专门委员会可以聘请中介机构出具专业意见,有关费用由本行承担。各专门委员会成员由董事担任,且人数不得少于 3 人。审计委员会、提名委员会、薪酬委员会及关联交易控制委员会中独立董事占多数并由独立董事担任主席,其中审计委员会委员由非执行董事担任。

(2)审计委员会。审计委员会至少应由 3 名董事组成,且应全部为非执行董事。委员会成员中独立董事的人数应占委员会总人数的一半以上,且至少应有 1 名独立董事具备适当的专业资格,或具备适当的会计或相关的财务管理专长。

委员会主席和委员由董事会任命。委员会主席和委员的罢免，由提名委员会提议，董事会决定。

委员会的职责如下：

①持续监督银行内部控制体系，审核银行的管理规章制度及其执行情况，检查和评估重大经营活动的合规性和有效性；

②审核银行的财务信息及其披露情况，审核重大财务政策及其贯彻执行情况，监督财务运营状况，监控财务报告的真实性和管理层实施财务报告程序的有效性；

③检查、监督和评价银行内部审计工作，监督银行内部审计制度及其实施，对内部审计部门的工作程序和工作效果进行评价；

④提议聘请或更换外部审计师，采取合适措施监督外部审计师的工作，审查外部审计师的报告，确保外部审计师对其审计工作承担相应责任；

⑤督促银行确保内部审计部门有足够资源运作，并协调内部审计部门与外部审计师之间的沟通；

⑥评估银行员工举报财务报告、内部监控或其他不正当行为的机制，以及对举报事项做出独立公平调查，并采取适当行动的机制；

⑦向董事会汇报其决定、建议；

⑧法律、行政法规、规章、银行股票上市等证券监督管理机构规定的以及董事会授权的其他事宜。

(3) 内部审计局。实行内部审计制度，配备专职审计人员，对银行的财务收支、经营活动、风险状况、内部控制和公司治理效果进行独立客观的监督、检查和评价。董事会负责批准本行内部审计章程、中长期审计规划、年度工作计划和内部审计体系，决定或授权董事会审计委员会决定审计预算、人员薪酬和主要负责人任免。内部审计部门及其负责人向董事会负责并报告工作。高级管理人员应保证和支持银行内部审计制度的实施和审计人员职责的履行，应根据内部审计的需要向内部审计部门及时提供有关财务状况、风险状况和内部控制状况的材料和信息，不得阻挠或妨碍内部审计部门按照其职责进行的审计活动。

第8章 中国电力市场

8.1 中国电力市场体制历史沿革

中国电力行业的发展可追溯到1882年上海创办的第一家公用电业公司——上海电气公司,至今已有130多年历史。在我国,电力作为基础产业,与国计民生息息相关。电力行业的特点,使其长期以来作为自然垄断行业存在,电力工业在很多国家采取了国有垄断垂直一体化的经营模式,电力行业从生产到销售最终环节都由政府调控。我国也采取了类似的电力经营模式,最初的电力工业也建立在垄断经营和政府集中管理的基础上。

我国电力改革始于20世纪80年代,与世界上大多数国家一样,我国的电力改革也采取渐进式改革的方式,不断引入市场化机制,发挥资源配置中市场的基础性作用。在40年漫长曲折的竞争性改革中,我国先后出台了"集资办厂、多家办电""政企分开""厂网分离、竞价上网"等改革措施;电力管理部门也经历了燃料工业部、电力工业部、水利电力部、水利电力部军管会、能源部和国家经贸委等10余次变革。如表8-1所示,中国电力行业的改革历程大致可分为计划管理体制时期(1949—1985年)—投资体制改革时期(1985—1997年)—政企分开改革时期(1997—2002年)—市场化改革时期(2002—2015年)—深化市场化改革时期(2015年至今)五个阶段(庞雨蒙,2018),本章将按照这五个阶段对中国电力行业竞争性改革的历程进行梳理。

表 8—1　　中国电力行业竞争性改革的阶段

时间	1949—1985年	1985—1997年	1997—2002年	2002—2015年	2015年至今
改革阶段	计划管理体制时期	投资体制改革时期	政企分开改革时期	市场化改革时期	深化市场化改革时期
组织结构	一体化垄断	多家发电商一体化垄断	多家发电商一体化垄断	多家发电商输电、配电、售电垄断	多家发电商配电、售电放开
所有制	国有	国有主导	国有主导	国有主导	国有主导

8.1.1　计划管理体制时期

8.1.1.1　改革背景及历程

新中国成立,我国的首要任务就是恢复国民经济,而当时的中国面临着内外交困的局面,经济发展环境十分不利。因此,无论从当时的理论水平还是技术实践能力来说,当时的政治和经济形势决定了我国必须实行计划经济体制。

在计划经济体制下,我国的电力行业形成了国家垂直一体化垄断经营的局面,计划经济体制为此后我国电力行业的发展提供了丰富的人力和物力资源,非常适合当时中国落后的经济发展状况,正是因为在特殊时期实行了计划经济体制,我国才能在短时间内建立完善的工业体系,同样得益于计划经济体制,我国的电力行业翻开了新的一页,突破了"零发展"状态,电力工业体系初步建立。

8.1.1.2　电力行业发展情况

随着计划经济体制的建立,电力行业的发展逐渐步入正轨,中国的电力建设经过三年恢复期后,电力工业计划装机容量为205万千瓦。1953年开始实行第一个五年计划,掀起了大规模电力建设的浪潮。在重新建立丰满水电站后,一些大型水电站如拓溪和新安江水电站也相继开工建设;与此同时,国家又投资建设了一批火电厂,如清河火电厂和马头火电厂等;新安江水电站和刘家峡水电站又分别是新中国自行设计、自制设备、自行施工的第一座装机容量为25万千瓦的大型水电站和第一座百万千瓦级水电站。

"一五"计划是我国电力行业发展的良好开端,计划实施过程中,国家领导人也不断根据实际情况提出新的指导思想和发展方案。在电力先行的指导思想下,电力装备制造和生产运行体系开始逐渐步入建设轨道:20世纪50年代,国产第一台 6 万、12 万、25 万和 50 万千瓦火电机组分别在淮南田家庵电厂、重庆电厂、闸北电厂和辽宁电厂投产发电;20 世纪 60 年代,国产第一台 100 万千瓦和 125 万千瓦机组分别于 1967 年在北京高井电厂和 1969 年在上海吴泾电厂投产发电;20 世纪 70 年代,中国开始制造 200 万、300 万千瓦及更大容量的机组,1973 年 4 月,在辽宁朝阳发电厂,我国使用了第一台本国制造的 200 万千瓦的发电机组进行发电,1974 年,在上海望亭发电厂国产的第一台 300 万千瓦机组投入使用。到 1978 年底,全国发电装机总容量为 5 712 万千瓦,比 1949 年增长了 29.9 倍,年发电量达到 2 566 亿千瓦·时,比 1949 年增长了 58.7 倍,装机总容量和年发电总量分别跃居世界第 8 位和第 7 位。

在计划经济体制下,整个电力行业的发展状况十分乐观,具体来看,四个环节——发电、输电、配电、传电的发展也呈现上升趋势。

就发电侧而言,随着我国电力工业装机规模的扩大,发电技术装备也不断提高,发电机组投产量逐年攀升。20 世纪 60 年代投产了 10 万千瓦机组,1972 年投产了 20 万千瓦机组,1974 年投产了 30 万千瓦机组,1985 年投产了 60 万千瓦发电机组。电力生产的技术经济指标因发电大机组的存在而不断得到优化,发电的耗煤量从 1950 年到 1978 年的 20 多年间,从 930 克/千瓦·时下降为 434 克/千瓦·时,生产效率得到很大提高,生产成本(包括人工成本和时间成本)的下降幅度也很大,煤炭的消耗量减少对环境的污染程度也降低了。

就输配电侧来说,从 20 世纪 50 年代开始,为了跟上电源建设的步伐,电网环节的建设也不甘落后。全国各地的 110 千伏和 220 千伏输电线路开始投入建设,1953—1975 年,我国有了第一条 220 千伏的高压线路,并形成了跨省区域电网,为人民的生活带来了极大的便利。1972 年,我国又建成了第一条 330 千伏全长共 534 千米的超高压输变电线路,这条超高压输变电线路经天水到陕西关中的刘家峡。这条超高压输变电线路的建成标志着我国电网的最高电压等级达到了 330 千伏,也是西北电网的第一条 330 千伏的电网线路,是我国电网建设的一大进步。到 1978 年,我国有 535 千米输电线路是 330 千伏的,有 22 672 千米的输电线路是 220 千伏的;与此同时,我国的 330 千伏的变电设备已经达到了 49 万千伏安,220 千伏的变电设备则有 2 479 万千伏安。

8.1.1.3 改革实施效果

在这一时期,全国的装机容量由新中国成立初的 185 万千瓦增加到 5 700

万千瓦,发电量从43亿千瓦·时增加到2 500亿千瓦·时,中国电力工业处于稳步发展的状态。但是随着社会电力需求的不断增大,中国电力工业在计划经济下垂直垄断经营的模式无法满足经济社会发展要求,电力供需不平衡的现象越来越严重,在1958年、1970年和1978年出现了三次缺电高峰,全国各地被迫拉闸限电。据统计,1978年全国发电量缺口达400亿千瓦·时,装机容量缺口近1 000万千瓦,电力工业严重制约了社会经济的发展。

8.1.2 投资体制改革时期

8.1.2.1 改革背景及历程

在计划经济体制的统一领导下,我国的经济发展实力逐渐恢复和增强,全国人民的物质文化需求也相应增加,对电量的需求也越来越大。但是,国家独资办电技术落后和资金短缺导致了全国范围内的电量供不应求,甚至出现全国性缺电局面。为了改善这种局面,1978年我国推行了改革开放政策,开始利用外资并引进国外先进的发电技术,在一定程度上改善了全国性缺电局面。随着改革开放政策的深入和发展,我国电力行业也迅猛发展,而国家垂直一体化垄断经营的电力管理体制已经不再适应电力行业的发展。因此,1985年6月,国务院批准了《关于鼓励集资办电和实行多种电价的暂行规定》的通知,首次提出依据电厂的投资来源和电厂建设状况实行还本付息电价、经营期电价等区别电价,标志着我国的电力行业打破了行业垄断局面。当时采取了两项主要的改革措施:①实行以"电厂大家办,电网国家管"为方针的集资办电政策,对新建电厂实行"还本付息"电价,其目的是调动社会各界的积极因素,吸引更多的社会资金投资兴办发电厂;②在管理体制上实行以省为经营实体,中央政府逐步放松对电力工业的准入监管和价格监管,同时适当放权给地方政府。1987年,我国正式确定"政企分开、省为实体、联合电网、统一调度、集资办电"的改革方针,中国电力行业的改革也随之步入新的阶段。

8.1.2.2 电力行业发展情况

集资办电加速了电力行业的发展,1979年中国每年平均投产发电机组仅为500千瓦,到1987年全国发电装机容量已经突破了1亿千瓦。同年9月,国家计划委员会、国家经济委员会和水利电力工业部一起召开了主题为"加快电力发展与改革"的座谈会,确定了"政企分开、省为实体、联合电网、统一调度、集资办电"的电力发展方案和"因地因网制宜"的电力管理原则。从此,电力建设进入了前所未有的发展时期。

集资办电使得发电企业的产权多元化,加剧了竞争,而竞争使得电力工业得到了快速发展,我国发电装机容量和发电量年均增长速度都超过8%,装机、发电量分别由改革初(1985年)的8 705万千瓦、4 107亿千瓦·时,增加到了1995年的2亿千瓦、1万亿千瓦·时。因此,改革开放时期,我国的发电装机容量和发电量先后超过了法国、英国、加拿大、德国、俄罗斯和日本,1996年甚至跃居世界第二位,成为世界上的电力生产和电力消费大国。

电源建设突飞猛进的时候,我国电网建设的步伐也紧随其后:1981年我国建成了从河南平顶山到湖北武汉的第一条全长595千米的500千伏线路;1985年,全部采用国产设备的辽宁锦州到辽阳的500千伏输变电工程投运;1989年,葛沪直流输电线路标志着我国第一条550千伏的远距离超高压直流输电线路建成,这是我国电网建设的一大转折点。此后,在220千伏电网大规模形成的时候,我国330千伏和500千伏的电网线路也相继在各省和各区域建设起来,逐步形成了东北、华北、华中、华东、西北、川渝、南方跨省区的500千伏电网,西北电网形成结构紧密的330千伏网络。电源和电网的共同发展形成了从1996年开始电力供需基本平衡的局面,中国电力行业结束了从20世纪70年代初开始并持续了20多年的全国性严重缺电的局面。

8.1.2.3 改革实施效果

这些改革措施极大地推动了电力工业的发展,电力装机容量平均每年以1 000万千瓦的速度递增,电力短缺的情况得到缓解。到1995年全国电力装机容量突破2亿千瓦,基本适应了全国经济发展对电力的需求,基本解决了全国性电力短缺的矛盾。到1997年底,全国电力基本实现了供需平衡,能够适应当时社会发展需要。此外,这轮改革打破了发电环节的垄断,形成了发电领域投资主体、股权和利益多元化,为"厂网分开"打下了基础。各省用地方电力建设资金成立了电力投资公司或者能源投资公司,使得发电领域中地方国企大大增加。

总之,这一阶段的改革产生了深远的影响,独家办电的局面被打破,各方面的积极因素充分调动,电力建设规模得以扩大,中国电力得到了长足发展。但也产生了一些新问题,比如:①发电厂建设规划不够科学。为了在短期内解决缺电问题,有些地区建设了一批能耗高、环境污染严重的小型火电厂,不能适应环境友好型、可持续的社会发展要求。②水电建设可再生性不强。当时的政策有一定的局限性,不利于投资大、建设周期长的水电建设发展。③输配电设施落后,当时的电力发展政策主要倾向于电源建设,忽视了电网输电、配电的配套建设工作,一定程度上制约了电力更快发展。④"成本定价法"导致高成本、低效率的发电企业得以生存,不能促使发电企业通过竞争降低成本、提高效率,也不能促进电源投资的效率提升。⑤部分地区电价不规范。

8.1.3 政企分开改革时期

8.1.3.1 改革背景及历程

随着市场经济的发展,政企合一的电力管理体制逐渐导致我国电力行业出现生产效率低下、技术更新速度慢、员工缺乏生产积极性等问题,政企合一经营方式已经不再适应电力行业的发展。

1988年7月,华东电网率先进行政企分开改革,同年10月,国务院印发《电力工业管理体制改革方案》,将大区电业管理局改组为联合电力公司,将省电力工业局改组为省电力公司。随后,联合电力公司又改组为电力集团公司,成立了华北、东北、华东、华中和西北五大电力集团。1992年,提出了建立社会主义市场经济体制的经济体制改革目标并逐步开始实施。1993年3月,电力工业部再次成立,在坚持"政企分开、省为实体、联合电网、统一调度、集资办电"和"因地因网制宜"的思想下简政放权,电力企业的经营管理职能随后移交国家电力公司。1996年,电力工业部印发了《电力行业股份制企业试点暂行规定》,指出发电和电网企业经主管部门同意后可进行股份制改革,但电网公司的股份制改革应以公有制为主体,文件出台后大量发电企业陆续在国内外上市。1997年1月,国务院发文组建了国家电力公司,独立承担电力企业经营职责;国家经贸委承担了电力行业的行政管理职能;中国电力企业联合会则承担电力行业的管理职能。至此,我国电力行业初步实现了政企分开,打破了行政垄断的经营模式,形成了"以政府宏观调控为主导,电力企业自主经营,电力行业协会自律管理"的管理新格局。1998年3月,国家电力公司运行一年多且运行状况良好后,国务院召开会议决定撤销电力工业部并重新安排国家电力公司职责和权利。国家电力公司全部继承五大区域国有电力集团公司、七个省级电力公司以及两个中央直属企业——华能和葛洲坝。其总资产达 8 700 亿元,占当时全国国有工业资产的六分之一,并且在全国发电装机容量和售电环节两块分别占据 45% 和 70% 的市场份额。原电力工业部撤销,电力行业的管理职能由中国电力企业联合会接管,各省电力公司的行政管理职能也陆续移交至地方政府的综合经济管理部。到 2000 年,多数省份已完成电力部门的政企分开改革。

8.1.3.2 电力行业发展情况

本轮电改进一步促进了电力工业的快速发展,从 1995 年到 2002 年,我国装机容量由 2.15 亿千瓦增至 3.57 亿千瓦,发电量由 1 万亿千瓦·时增加到 1.65 万亿千瓦·时,快于同期世界电力发展速度。

2002 年全国完成发电量共计 16 400 亿千瓦·时,同比增长 10.5%;全国线路损失率 7.45% 比 2002 年减少 0.1%;全国售电量 12 800 亿千瓦·时比 2001 年增加 10.3%。全社会用电量 16 200 亿千瓦·时,同比增长 10.3%;其中居民用电增长 7.7%。居民用电量的快速增长某种程度上反映了"两网"改革的初步成果。2002 年电力生产、投资情况详细情况见表 8—2。

表 8—2　　　　　　　　2002 年电力生产、投资情况主要数据

全国电力情况	主要数据
电力生产情况	全国发电量 16 400 亿千瓦·时比 2001 年增加 10.5%。 其中: 水电 2 710 亿千瓦·时比 2001 年增加 3.8%; 火电 13 420 亿千瓦·时比 2001 年增加 11.4%; 核电 250 亿千瓦·时比 2001 年增加 42.8%; 其他电力生产 20 亿千瓦·时比 2001 年增加 122.2%; 全国供电煤耗率 381 克/千瓦·时比 2001 年减少 4%; 全国线路损失率 7.45% 比 2002 年减少 0.1%; 全国售电量 12 800 亿千瓦·时比 2001 年增加 10.3%。
电力投资情况	全国电力固定投资完成 1 840 亿元比 2001 年增加 17.4%。 其中: 电力基建项目 920 亿元比 2001 年增加 23.0%; 以大代小项目 60 亿元比 2001 年减少 15.5%; 城乡电网项目 860 亿元比 2001 年增加 15.1%。

续表

全国电力情况	主要数据
全社会用电情况	全社会用电总计 16 200 亿千瓦·时比 2001 年增加 10.3%。 其中: 第一产业 590 亿千瓦·时比 2001 年增加 3.0%； 第二产业 11 830 亿千瓦·时比 2001 年增加 11.2%； 第三产量 1 800 亿千瓦·时比 2001 年增加 10.0%； 居民生活用电 1 980 亿千瓦·时比 2001 年增加 7.7%。

8.1.3.3 改革实施效果

1997 年 1 月,国家电力公司宣告成立,标志着电力体制进入新一轮改革。改革的目标是通过完成公司改制,实现政企分开,打破垄断,引入竞争,优化资源配置,建立规范有序的电力市场。中国电力开始与社会主义市场经济接轨。1998 年,国家撤销了电力工业部,由国家经贸委行使电力的行政管理权,国家电力公司不再具有行政管理这个政府职能,而成了一个电力生产运营商。本次改革实现了政企分开,也标志着我国的电力管理体制从计划经济向社会主义市场经济过渡,是我国电力事业发展的里程碑,为中国电力市场化奠定了基础。到 2000 年底全国近 2/3 省级电力行业完成了政企分开,这个阶段纠正了上一阶段出现的一些弊病:①关停能耗高、环境污染严重的小煤电厂；②改造建设城网,从 1998 年到 2001 年完成了全国 200 多个城市的城网改造工作,改变了配网落后的局面；③实施"两改一同价"政策,针对农村电网落后状况,改革农电管理体制、改造农村电网,实现城乡同网同价；④加强多渠道电源建设,主要是加快了水电、风电的发展,国家投入巨大资金建设长江三峡,制定了优惠措施鼓励发展风电,制订了采风计划等；⑤遏制了乱加价、乱收费现象,停止执行改革开放以来制定的电价外加价政策,禁止地方乱加价、乱收费,降低了农村过高的电价；⑥规范了电价管理,解决了新建电厂上网电价过高的问题。尽管改革又迈进了一步,但是仍存在老电厂国有资产流失、销售电价水平高、交叉补贴严重等问题。此外,国家电力公司仍是垂直一体化的经营模式,集发电、输电、配电、售电于一身,而且控制着全国 47% 的发电资产和 91% 的输电资产等,垂直垄断的格局并没有改变,电力行业垄断依然存在。

8.1.4 市场化改革时期

8.1.4.1 改革背景及历程

1999年后,电力行业的市场化改革在很大程度上改变了电力的供求关系,电力供给开始出现盈余,整个电力行业的发展态势非常好。但是,国家电力公司仍占有全国发电资产的46%和输电资产的90%,电力行业的垄断依然严重。因此,我国电力行业的市场化改革势在必行。

2002年至2015年是中国电力行业的市场化改革时期,这一阶段的改革以"打破垄断,引入竞争,提高效率,降低成本,健全电价机制,优化资源配置,促进电力发展,推进全国联网,构建政府监管下的政企分开、公平竞争、开放有序、健康发展的电力体系"为总体目标,旨在通过厂网分开和竞价上网政策打破纵向一体化的垄断局面,实现发电环节的竞争。

2002年的相关文件,提出了以引入竞争方式打破行政和行业垄断以提高电力行业的生产效率,从而让市场自发地促进资源的优化配置,在政府的主导下建立电力市场体系的改革任务和改革目标。在总体目标的指导下,提出了此轮改革的主要任务和基本要求,大致来说,主要包括以下五项主要任务:坚持政府监管;实施厂网分开和竞价上网;建立开放和自由竞争的区域电力市场;实现发电企业向大用户直接供电的试点工作,改变电网企业独买独卖的局面;提高农村电力服务水平。2002年12月,国家电力公司的拆分标志着发电环节与输配售电环节的分离。其中电网环节被拆分为国家电网和南方电网两大电网公司,发电资产划归华能、大唐、华电、中电投和国电五大发电集团,为保障发电侧的竞争,每个发电集团在区域发电市场装机容量的市场份额均低于20%。

在电价改革方面,2003年国务院出台《电价改革方案》,对上网电价、输配电价和销售电价的构成和定价模式进行了明确规定。2005年,发改委印发《上网电价管理暂行办法》《输配电价管理暂行办法》和《销售电价管理暂行办法》并于同年4月实行煤炭联动方案。但由于电力短缺,区域电力市场的试点工作被迫终止,竞价上网无疾而终,煤炭联动机制的效果也并不理想。

2011年9月,中国电力建设集团和中国能源建设集团成立并同两大电网公司签订了无偿划转协议,标志着主辅分离的完成。

8.1.4.2 电力行业发展情况

截至2014年底,全国发电装机总容量136 019万千瓦,同比增长8.7%。其中,水电30 183万千瓦,占比22.2%;火电91 569万千瓦,占比67.4%;核电1 988万千瓦;并网风电9 581万千瓦;并网太阳能发电2652万千瓦。全国全口径发电量55 459亿千瓦·时,同比增长3.6%。2014年,全国全社会用电量55 233亿千瓦·时,同比增长3.8%。但是,据国家统计局发布数据显示,2015年全年全国绝对发电量56 184亿千瓦·时,同比下降0.2%。其中,火电绝对发电量42 102亿千瓦·时,同比下降2.8%;水力绝对发电量9 960亿千瓦·时,同比增长4.2%。虽然2015年的发电量有所下降,但总的来说,电力行业市场化改革以后,整个电力行业总体呈现良好的竞争发展态势,发电仍以火力发电为主,水力发电为辅,其他清洁能源发电并存。

改革后的输配电能力也不断增强:2011年我国自主设计制造的国家风光储输示范工程建成投产;与此同时,作为我国第一个具有完全自主知识产权的柔性直流输电线路的上海南汇风电场工程也开始运行,这标志着我国的电网建设能力又上了一个新台阶。同时,我国还形成了以500千伏(特高压)、330千伏和220千伏为骨干的电网结构,形成北、中、南三大"西电东送"通道,南北互通、全国联网的格局已经形成,实现了区域内省际以及跨区域电网互联。截至2011年,全国220千伏的输电线路有48.03万千米,同比增长了7.88%;公用变电设备容量则达到了21.99亿千伏安,同比增长了10.5%。截至2012年,我国的电网规模和发电量都已经居于世界首位,预计2020年我国的电力装机容量可达到10亿千瓦。据统计显示,2014年电网工程建设完成投资4 118亿元,同比增长6.8%。

同时,随着发电能力和输配电能力的增强,2014年我国全社会的用电量较往年有所增长。据中国电力企业联合会数据统计:2014年,全国全社会用电量55 232亿千瓦·时,同比增长3.8%。其中,第一产业用电量994亿千瓦·时,同比下降0.2%;第二产业用电量40 650亿千瓦·时,同比增长6.4%;城乡居民生活用电量6 928亿千瓦·时,同比增长3.7%;第三产业用电量6 660亿千瓦·时,同比增长2.2%。

8.1.4.3 改革实施效果

以2002年电力改革为起点,我国电力行业经历了黄金十年的大发展,我国电力行业的市场化改革也取得了多项成果：①实现了厂网分开，拆分了发电资产和电网资产，形成五大发电集团和两大电网公司；②推进了主辅分开，组建了四大国家级辅业集团；③加强了市场监管工作，组建了正部级的国家电监会，初步建立了现代电力监管体系；④国务院公布了《电价改革方案》，陆续施行了煤电联动、火电上网标杆电价、居民阶梯电价等多项电价改革。虽然改革方案中还有许多改革任务并未完成或仍存在争议，但相关数据表明中国电力行业进行市场化改革以来，电力行业在发电、输电、配电和售电四个环节分别取得了长足进步。

2002年电力体制改革制定的"厂网分开、主辅分离、输配分开、竞价上网"四大目标在十余年的改革过程中仅实现前两步。这些电力改革为电力市场的进一步发展起到了推动的作用，但是总体来看，电力改革远未实现当时设定的目标，甚至相去甚远。

8.1.5 深化市场化改革时期

8.1.5.1 改革背景和历程

2015年之前，多个地区作为电力体制改革试点，曾经开展过发电厂与工业大用户直接谈判的直购电交易，直购电交易可以说是上一轮电改停滞后，不断深化改革的试探之举，但在很多地区，由于电力供求呈紧平衡状态，发电企业不愿意参与利润更低的直购电交易。但随着近年来我国经济增速放缓，发电装机容量快速增长，电力消费，特别是工业用电量下降，发电装机容量增速大于用电量增速，电力供需形势逐渐宽松，煤炭供给过剩，燃料成本下行，发电企业有了参与电力改革的动力。另外，随着我国经济发展放缓，国家力推供给侧改革，降低企业用能成本成为关键一环，为电力改革注入强大动力。在电力供大于需的形势下，政府推动电力市场化改革，逐步达到促进电价下降的目的。

为建立科学的输配电价体系，推进电力市场化改革，国家发改委率先在深圳市开展输配电价改革，随后又将内蒙古西部、安徽和湖北等省份纳入改革试点。2015年3月，国务院发布《关于进一步深化电力体制改革的若干意见》（简称9号文），国家发改委与能源局随后印发《关于推进输配电价改革的实施意见》《关于推进电力市场建设的实施意见》和《关于电力交易机构组建和规范运行的实施意见》等6个配套文件,标志着新一轮电力体制改革的正式启动。此次改革提出了"三放开、一独立、三强化"的改革路径,其中"三放开"和"一独立"指放开经营性电价、放开公益性调节以外的发电计划、放开新增配电和售电业务、建立独立的电力交易机构,"三强化"指进一步强化政府监管、强化统筹规划以及强化电力系统安全高效运行和可靠供应。

新一轮电力体制改革启动后,各个省份于2016年和2017年陆续加入改革试点。2016年3月,北京、广州两大国家级电力交易中心挂牌成立,其他省份也陆续成立独立的电力交易中心,为电力市场的参与主体提供了在政府监管下规范、公开、透明的交易场所。同年9月,《输配电定价成本监审办法(试行)》的出台标志着对输配电价由核定购电和售电价格的间接监管,转变为对输配电收入、成本和价格全方位的直接监管。2016年10月出台的《售电公司准入与退出管理办法》和《有序放开配电网业务管理办法》,明确了放开售电和增量配电业务的改革路线。

8.1.5.2 电力行业发展情况

随着改革不断推进,全国电力市场化交易电量不断增加,推进了全国电力市场的融合以及跨区电力资源的优化配置。近几年,我国电力行业始终保持着较快的发展速度,发电装机容量和发电量居世界首位。

(1)电力供应情况。据中国电力企业联合会统计数据显示,2020年全国全口径发电量为7.62万亿千瓦·时,同比增长4.05%。"十三五"时期,全国全口径发电量年均增长5.8%。

虽然近年来我国将重点发展核电、新能源发电,但目前火力发电规模依然占比非常大。2020年在我国发电结构中,有69%的发电量来自火电,但是2014—2020年的发电量结构变化能够看出我国火电发电占比是处于逐渐下降的,风电、光伏等其他能源发电占比逐渐升高,参见图8-1。

(2)电力需求情况。从我国的用电规模来看,2015—2020年(图8-2),全社会用电量逐年增长。2020年,全社会用电量7.51万亿千瓦·时,同比增长3.95%,"十三五"时期全社会用电量年均增长5.7%,全国电力供需形势总体平衡。随着疫情得到有效控制以及国家逆周期调控政策逐步落地,复工复产、复商复市持续取得明显成效,社会用电稳定恢复。

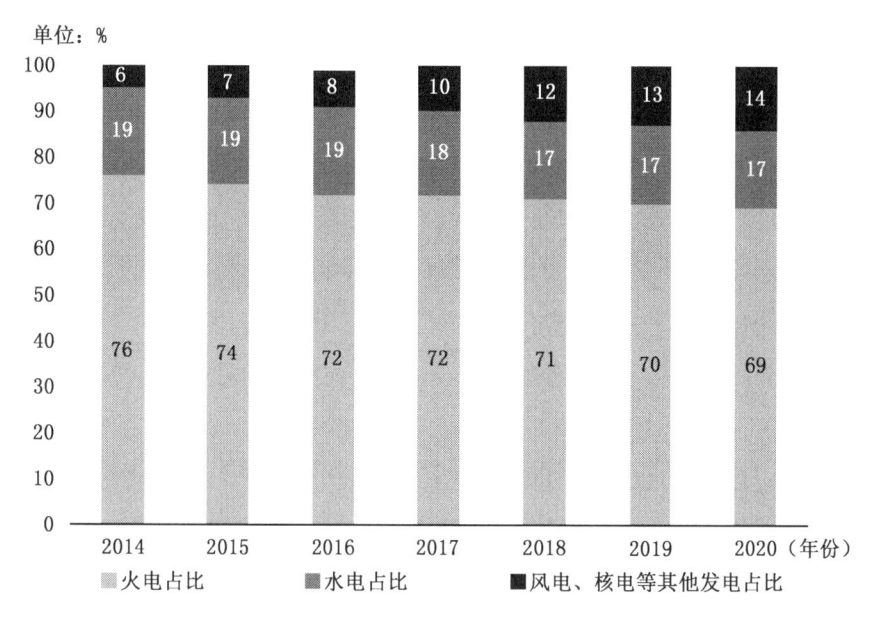

图 8−1 2014—2020 年中国发电量结构

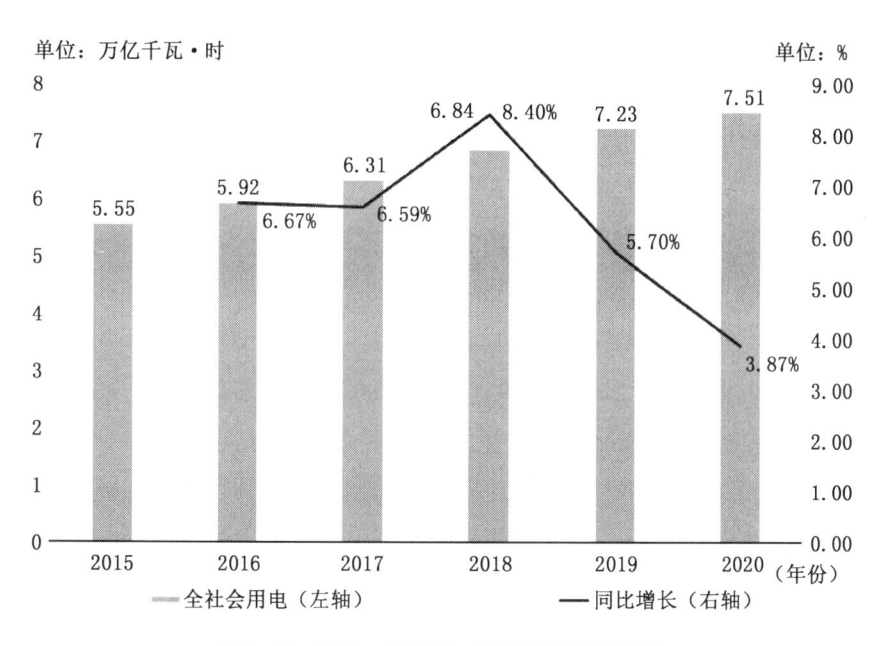

图 8−2 2015—2020 年中国用电量变化情况

2016—2020 年,全国第一产业和第二产业用电占比呈现下降趋势,第三产业和城乡居民生活用电占比不断提高,近年来信息传输、软件和信息技术服务业用电量持续高速增长。

(3)输电建设情况。"十三五"期间,我国建成投运多项交流和直流特高压工程,跨区输电能力进一步提升,阿里联网工程以及张北柔性直流电网工程等重点电网工程顺利投运,电网更强更大。我国已形成以东北、西北、西南区域为送端,华北、华东、华中、华南区域为受端,区域间交直流混联的电网格局,全国大电网基本实现联通。

2020年全国新增220千伏及以上变电设备容量22 288万千伏安,比上年少投产1 526万千伏安,同比减少6.4%;全国新增220千伏及以上输电线路回路长3.5万千米,与上年投产量相当,同比减少2.5%;新增直流换流容量5 200万千瓦,比上年多投产3 000万千瓦,同比上升136.4%。重大输电通道工程建设持续推进。特高压建设方面,2020年,全国共有山东—河北环网、张北—雄安、蒙西—晋中、驻马店—南阳(配套)、乌东德—广东、广西(简称"昆柳龙直流工程")、青海—河南特高压线路建成投运。至2020年,我国共建成投运30条特高压线路。其中,国网共26条特高压,分为14条交流特高压和12条直流特高压;南网有4条直流特高压。此外,云贵互联通道工程、阿里与藏中电网联网工程等重点项目也已建成投产。

8.1.5.3 新电改实施效果

近五年来,市场化交易规模不断扩大,输配电价改革实现全覆盖,初步建立了科学规范透明的电网输配电价监管框架体系,通过电网成本监审和输配电价核定,逐步建立起了独立的省级电网和区域电网输配电价体系。各电力市场试点单位交易机构组建工作基本完成,为电力市场化交易搭建了公平规范的交易平台,交易规则和交易机制逐步完善,交易品种逐步丰富,市场主体参与意识逐步增强,增量配电改革试点分批推进,售电公司雨后春笋般涌现,省级电网输配电价改革基本完成。不少地方实践超越了当年扩大直购电试点地区的"小目标",在电量、市场主体数量、类别以及交易机制上都取得了突破。

电力市场改革并不是说电价就一定要下降,合理的电价应该是根据市场的供需关系来决定,因为本轮改革在电力供给相对宽松的时期,呈现出来的价格也是下降的,电网企业平均销售电价(含税),2014年为647.05元/兆瓦·时,

2018 年为 599.31 元/兆瓦·时,下降 7.38%。政府、发电企业和电网企业都为电价的下降做出了贡献。

2018 年是本轮电力体制改革的"现货元年",各地都相继开展了电力现货市场试运行,取得了许多宝贵经验。2019 年可谓电力现货市场建设的突破年,国内首批 8 个电力现货试点已全部进入结算试运行阶段。随着我国电力体制改革不断深化和中长期电力交易机制不断成熟和完善,我国电力现货市场也将逐步正式启动、运行。深化体制改革释放的红利、日趋成熟的中长期电力市场和不断完善的现货市场试运行,有效激发了市场活力,有力支撑了实体经济平稳发展。

这几年,作为融合新能源技术、信息技术、体制机制创新的典型代表,微电网迅速得到政府和行业的共同重视。新能源微电网、多能互补集成微电网、并网型微电网、分布式能源微电网和智能光伏微电网等都得到不同程度的发展。随着电力市场的推进,含可再生能源的微电网这种直接面向用户供电和售电的系统,将是电力市场交易的重要应用场景,同时也为通过市场化促进可再生能源消纳起到重要作用。

8.2 中国电力市场供需现状及发展趋势

电力行业是国民经济众多垄断行业中较早实施改革的行业之一。近几年我国电力行业保持着较快的发展速度,也取得了很大的成绩,发电装机容量和发电量居世界首位。

8.2.1 电力行业供需现状

8.2.1.1 社会用电量

2019 年我国电力生产运行平稳,电力供需总体平衡。全年全社会用电量 7.23 万亿千瓦·时,比上年增长 4.5%。2020 年,我国全社会用电量 7.51 万亿千瓦·时,同比增长 3.1%,其中,第一产业用电量 859 亿千瓦·时,同比增长 10.2%;第二产业用电量 5.12 万亿千瓦·时,同比增长 2.5%;第三产业用电量 1.21 万亿千瓦·时,同比增长 1.9%;城乡居民生活用电量 1.09 万亿千瓦·时,同比增长 6.9%。2021 年我国全社会用电量 83 128 亿千瓦·时,同比增长

10.3%,较 2019 年同期增长 14.7%。分产业来看,第一产业用电量 1 023 亿千瓦·时,同比增长 19.1%;第二产业用电量 56 131 亿千瓦·时,同比增长 9.6%;第三产业用电量 14 231 亿千瓦·时,同比增长 17.6%;城乡居民生活用电量 11 743 亿千瓦·时,同比增长 7.7%。

8.2.1.2 发电量

2020 年底,中国电力工业发电量 76 236 亿千瓦·时,较 2019 年增长 2 967 亿千瓦·时,增长率为 4.0%。其中,水电 13 552 亿千瓦·时,比上年增长 4.1%;火电 51 743 亿千瓦·时,比上年增长 2.6%;核电 3 662 亿千瓦·时,比上年增长 5.0%;并网风电 4665 亿千瓦·时,比上年增长 15.1%;并网太阳能发电 2 611 亿千瓦·时,比上年增长 16.6%。2021 年,中国电力工业发电量达到了 81 121.8 亿千瓦·时。其中,以煤炭作为主燃料的火力发电量依然占据首位——总量攀升至 57 702.7 亿千瓦·时,约为我国全社会发电量的 71.13%;水力发电量为 11 840.2 亿千瓦·时,约为全国总发电量的 14.6%;风力发电量为 5 667 亿千瓦·时,占比 6.99%;核能发电量为 4075.2 亿千瓦·时,占比 5.02%;太阳能发电量为 1 836.6 亿千瓦·时,占比 2.26%。

8.2.1.3 发电装机容量

2019 年,全国全口径发电装机容量 20.1 亿千瓦、同比增长 5.8%。分类型来看,水电 35 804 万千瓦、核电 4 874 万千瓦、并网风电 20 915 万千瓦、并网太阳能发电 20 418 万千瓦、火电 118 957 万千瓦。2020 年,全国全口径发电装机容量 22.0 亿千瓦,比上年增长 9.6%。其中,水电 37 016 万千瓦,比上年增长 3.4%;火电 124 517 万千瓦,比上年增长 4.7%;核电 4 989 万千瓦,比上年增长 2.4%;并网风电 28 153 万千瓦,比上年增长 34.6%;并网太阳能发电 25 343 万千瓦,比上年增长 24.1%。2021 年,全国发电装机容量约 23.8 亿千瓦,同比增长 7.9%。其中,水电发电装机容量为 39 092 万千瓦,同比增长 5.6%;火电发电装机容量为 129 678 万千瓦,同比增长 4.1%;核电发电装机容量为 5 326 万千瓦,同比增长 6.8%;风电发电装机容量为 32 848 万千瓦,同比增长 16.6%;太阳能发电装机容量为 30 656 万千瓦,同比增长 20.9%。

8.2.2 电网工程建设完成投资

2019 年,全国电网工程建设完成投资 4 856 亿元,比上年下降 40%;2020

年,全国电网工程建设完成投资 4 699 亿元,比上年下降 3.2%;2021 年,全国电网工程建设完成投资 4 951 亿元,比上年增长 5.4%。

8.2.3 电力行业"十四五"发展分析

8.2.3.1 发展目标

"十三五"时期,电力需求保持刚性增长,终端用能电气化水平持续提高。新旧动能转换、高技术及装备制造业快速成长、战略性新兴产业迅猛发展、传统服务业向现代服务业转型、新型城镇化建设均将带动用电刚性增长。电能在工业、建筑、交通部门替代化石能源的力度将不断加大,带动电能占终端能源消费比重持续提高。

预期 2025 年,全社会用电量 9.5 万亿千瓦·时,"十四五"期间年均增速 5%;全国发电装机容量 28.5 亿千瓦,年均增速 5.9%,参见表 8—3。

表 8—3　　　　　　　　　　2025 年预期电力发展情况

	发展情况
电源结构	预期 2025 年,全国化石能源发电装机容量 15.7 亿千瓦,占比约 3.2%,较 2020 年提高 7.9 个百分点。非化石能源发电占比约 39.5%。
电网发展	预期 2025 年,跨区跨省电力流规模提高至 3.7 亿千瓦,全国新增 500 千伏及以上交流线路 9 万公里,变电容量 9 亿千伏安。
清洁能源消纳	预期 2025 年,确保平均风电利用率、光伏发电利用率均保持国际先进水平,水能利用率 95% 以上。"十四五"期间,抽水蓄能新增装机容量约 2 900 万千瓦,单循环调峰气电新增装机容量约 1 000 万千瓦,各省级电网基本具备 3%—5% 的尖峰负荷响应能力。
低碳环保	预期 2025 年,发电用煤消费比重提高到 60% 以上。电力碳排放进入峰值平台期,力争淘汰火电落后产能 2 000 万千瓦,单位火电发电量碳排放强度持续稳步下降。
电力系统效率	预期 2025 年,单位国内生产总值电耗较 2020 年下降 6.0%,火电平均供电煤耗低于 298 克标煤/千瓦·时。电网综合线损率控制在 5.5% 以内。
电气化发展	预期 2025 年,电能占终端能源消费比重 30%,电能替代新增电量约 5 000 亿千瓦·时。充电基础设施建设满足不低于 1 400 万辆电动汽车的充电需求。

8.2.3.2 发展趋势

电力行业作为我国国民经济重要的支柱产业,我国电力需求量未来也必将随着国家产业的发展而持续增长。但鉴于环境问题,清洁能源发电已经成为我国电力行业的主要发展趋势:

(1)煤电灵活性改造。随着新能源加速发展和用电特性的变化,系统对调峰容量的需求将不断提高。我国具有调节能力的水电站少,气电占比低,煤电是当前最经济可靠的调峰电源,煤电市场变为提供可靠容量、电量和灵活性的调节型电源,煤电利用小时数将持续降低,预2030年将降至4 000小时以下。

(2)清洁能源成为重点。2021年,"十四五"规划针对电力行业提出了深化供给侧结构性改革发展低碳电力,通过能源高效利用、清洁能源开发、减少污染物排放,实现电力行业清洁、高效和可持续发展。我国对光电、水电、核电等均提出了相关规划,要求清洁能源发电要能够承担主要发电任务,参见表8—4。

表8—4   中国清洁能源发电"十四五"建设项目及2035年装机目标

发电类型	"十四五"建设重点项目	2035年装机目标
风力发电	加快发展非化石能源,坚持集中式和分布式并举,大力提升风电、光伏发电规模,加快发展东中部分布式能源,有序发展海上风电,建设一批多能互补的清洁能源基地,非化石能源占能源消费总量比重提高20%左右。	6.0亿千瓦
光伏发电		6.0亿千瓦
水力发电	建设雅鲁藏布江下游水电基地。建设金沙江上下游、雅砻江流域、河西走廊、新疆、冀北、松辽等清洁能源基地。	4.8亿千瓦
核能发电	建成华龙一号、国和一号、高温气冷堆示范工程,积极有序推进沿海三代核电建设。推动模块式小型堆、60万千瓦级商用高温气冷堆、海上浮动式核动力平台等先进堆型示范。建设核电站中低排放废物处置场,建设乏燃料后处理厂,开展山东海阳等核能综合利用示范。	2.0亿千瓦

8.3 电力交易中心

8.3.1 发展历程

8.3.1.1 电网公司职能部门

2006年国家电网主导建成了全国、区域和省级三级电力市场,30个电力交易中心先后成立并投入运营。当时的电力交易中心是国家电网公司归口负责电力市场建设、电力交易组织和电力市场服务等工作的职能部门,主要职责是统计分配电力电量,统计发供电企业需求量,联系发电企业与用电企业直接交易,分配交易地区及交易电量。

就交易方式而言仍以传统的双边协商交易为主,占到交易量90%以上,还有部分交易通过集中竞价方式达成。在双边协商方式中,交易中心主要发挥了信息传递的作用,购售电双方通过交易中心发布的信息来寻找合作对象(购售电双方也可自行寻找合作对象),双方通过不经第三方插手的自由协商后达成交易意向,形成交易量和成交价格,将交易结果提交交易机构对其进行安全校验,若不通过安全校验则重新开始协商过程;若通过安全校验,发电企业、电力用户、调度机构签订三方合同。

8.3.1.2 相对独立的省级交易中心

2015年2月,贵州电力交易中心作为我国第一个省级电力交易中心开始试运行,2015年11月正式挂牌成立。由贵州电网控股,接受贵州电力市场化领导小组的领导,领导小组和政府部门在电网的决策方面具有一票否决权。贵州煤炭资源丰富,电力供应充足,在2014年底装机容量已经达到了4 668.68万千瓦,贵州的直接交易试点工作开展也比较早,作为试点单位先试先行有着天然的优势。电力交易中心依托于贵州电网,通过省政府的审批成立。在贵州形成独立的输电、配电价格,负责贵州省内的电力市场建设、电力交易组织、电力规则制定和跨区域电力交易。该中心于2016年开始正式实行注册制,根据宽进严管的原则对注册成员进行管理,到目前已经有上千家相关主体通过注册,其中包括发电企业、大用户和电网企业等,涉及电子、煤炭、金属、建材等多个行业。

2016年3月25日,新疆电力交易中心在乌鲁木齐正式挂牌成立,新疆电力交易中心是由新疆电网投资1 000万元成立并进行了工商注册登记的省级电力交易中心。在新疆3月31日进行的电力直接交易中首次将新能源纳入直接交易的范畴,还首次试点了将入市协议加上成交结果单全部电子化的电子合同模式。

8.3.1.3 相对独立的国家级交易中心

2016年3月1日,两个国家级的电力交易中心在广州和北京分别挂牌成立,与2006年的电力交易中心相比,这两大机构更能够体现交易中心的相对独立性。从两大电力中心的组织形式来说,北京电力交易中心由国家电网全资组建;广州电力交易中心属于股份制公司,其中南方电网占股66.67%,剩余股本包括相关企业和第三方机构的参与。两大交易中心均定义为非营利性的企业。

两大国家级电力交易中心分别负责其所属区域内的电力市场交易组织工作,广州负责南方电网覆盖区域,北京负责国家电网覆盖区域。除了负责地域不同,两大中心在职能的侧重上也有所不同。广州交易中心主要负责国家西电东送战略计划的落实,除此之外还负责区域内组织跨省跨区交易,促进清洁能源的消纳工作。北京交易中心主要负责和国家相关部门一起制定电力市场的电力交易规则,制定电力相关交易的各项实施标准,除此之外还负责国家电网所在区域内的跨省跨区电力交易的组织和清洁能源的消纳工作。交易中心的具体职能仍然涉及交易计划的制定和管理、电力交易价格的确定、电力交易量的结算、交易信息的公布、市场主体的确认、市场评估和风险防控等多个方面。

在交易方式方面,大部分的交易量还是由双边协商交易组成。双方通过不经第三方插手的自由协商后达成交易意向,形成交易量和成交价格,将交易结果提交交易机构对其进行安全校验,若不通过安全校验则重新开始协商过程;若通过安全校验,发电企业、电力用户、调度机构签订三方合同(陈子洁,2016)。

8.3.2 股份制改革

8.3.2.1 股份制改革目标

2018年9月,国家发展改革委、国家能源局联合出台了《关于推进电力交易机构规范化建设的通知》,通知要求进一步深化电力体制改革,推进电力交易机构规范化建设,为各类市场主体提供规范公开透明的电力交易服务。对电力交易中心进行股份制改造,为市场主体搭建公开透明、功能完善的电力交易平台。电力交易机构股东应来自各类交易主体,非电网企业资本股比应不低于20%,鼓励按照非电网企业资本占股50%左右完善股权结构(徐重阳,2019)。

2020年2月26日国家发展改革委、国家能源局印发实施《关于推进电力交易机构独立规范运行的实施意见》(以下简称《实施意见》),明确加快电力交易机构独立规范运行的时间表及任务要求。《实施意见》明确,2020年底前,区域性交易机构和省(自治区、直辖市)交易机构的股权结构进一步优化、交易规则有效衔接,与调度机构职能划分清晰、业务配合有序;2022年底前,各地结合实际情况进一步规范完善市场框架、交易规则、交易品种等,京津冀、长三角、珠三角等地区的交易机构相互融合,适应区域经济一体化要求的电力市场初步形成;2025年底前,基本建成主体规范、功能完备、品种齐全、高效协同、全国统一的电力交易组织体系。

8.3.2.2 基本情况

目前全国已建立北京、广州两个国家级电力交易中心和33个省(区、市)电力交易中心。除内蒙古电力交易中心是由内蒙古国资委控制外,其余电力交易中心分别隶属于国家电网和南方电网。国家电网有限公司经营区的北京电力交易中心和27家省级电力交易机构已全部完成股份制改革,且电网企业对电力交易机构的持股比例全部降至70%及其以下;南方电网区域6个省交易中心也已全部完成股份制改革,且其对电力交易机构的持股比例全部降至45%以下。国家电网区域28个电力交易中心和南方电网区域6个电力交易中心的电网持股情况如表8-5和表8-6所示。

表8-5　　截至2021年6月国家电网所属各省份电力交易中心股权情况

公司名称	注册资本(万元)	成立日期	国家电网股权占比(%)
北京电力交易中心有限公司	14 608.57	2016—02—24	70
首都电力交易中心有限公司	14 290.85	2016—07—14	70
山西电力交易中心有限公司	14 893.62	2016—05—11	47
重庆电力交易中心有限公司	9 344.26	2017—08—17	39
陕西电力交易中心有限公司	10 000	2016—04—21	67
湖南电力交易中心有限公司	17 073.18	2016—06—13	41

续表

公司名称	注册资本(万元)	成立日期	国家电网股权占比(%)
新疆电力交易中心有限公司	23 269.98	2016—03—21	43
福建电力交易中心有限公司	26 218.49	2016—05—17	40
江苏电力交易中心有限公司	24 495.31	2016—04—15	43
江西电力交易中心有限公司	14 925.74	2016—05—23	40
冀北电力交易中心有限公司	24 390.59	2016—07—14	41
浙江电力交易中心有限公司	27 098.50	2016—05—19	40
天津电力交易中心有限公司	10 002.12	2016—04—11	40
黑龙江电力交易中心有限公司	10 000	1016—04—19	40
青海电力交易中心有限公司	15 523.55	2016—03—31	45
宁夏电力交易中心有限公司	14 300	2016—04—01	45
河南电力交易中心有限公司	16 636.86	2016—04—29	43
河北电力交易中心有限公司	17 073	2016—05—04	41
上海电力交易中心有限公司	16 279.07	2016—05—16	43
西藏电力交易中心有限公司	4 565.22	2016—05—31	46
安徽电力交易中心有限公司	14 879.76	2016—05—04	70
湖北电力交易中心有限公司	17 000	2016—04—26	41.18
四川电力交易中心有限公司	10 000	2016—05—06	40
山东电力交易中心有限公司	17 100	2016—04—25	41
吉林电力交易中心有限公司	10 000	2016—04—13	45
甘肃电力交易中心有限公司	12 000	2016—04—21	44
辽宁电力交易中心有限公司	10 000	2016—04—13	40
内蒙古东部电力交易中心有限公司	24 268.90	2016—04—12	41.21

表8—6 截至2021年6月南方电网所属各省份电力交易中心股权情况

公司名称	注册资本(万元)	成立日期	南方电网股权占比(%)
广州电力交易中心有限责任公司	5 130.77	2016—05—11	39
广东电力交易中心有限责任公司	10 000	2017—03—01	39
广西电力交易中心有限责任公司	5 440.47	2016—12—28	37.36
昆明电力交易中心有限责任公司	4 464.29	2016—08—24	44
海南电力交易中心有限责任公司	3 000	2018—06—01	67
贵州电力交易中心有限责任公司	9 422.78	2016—03—28	39

2019年12月31日,北京电力交易中心增资协议签约仪式在北京举行,引

入10家投资者，10家股东单位均来自实力雄厚、业绩优异的综合性能源电力集团，包括中国华能集团有限公司、中国大唐集团有限公司、中国华电集团有限公司、国家电力投资集团有限公司、中国长江三峡集团有限公司、国家能源投资集团有限责任公司、中国核能电力股份有限公司、中国石化集团资产经营管理有限公司、国投电力控股股份有限公司、华润电力投资有限公司。新增股东持股占比30%，拉开了其他电力交易机构加快股份制改革的步伐，为实现电力交易机构独立规范运行奠定基础。

表8—7　　　　　　　　　北京电力交易中心股权情况

序号	股东（发起人）	持股比例（%）	认缴出资额（万元）	认缴出资日期
1	国家电网有限公司	70	5 226	2019—03—28
2	中国华能集团有限公司	3	438.25	2020—05—08
3	中国大唐集团有限公司	3	438.25	2020—05—08
4	国投电力控股股份有限公司	3	438.25	2020—05—08
5	国家能源投资集团有限责任公司	3	438.25	2020—05—08
6	国家电力投资集团有限公司	3	438.25	2020—05—08
7	中国华电集团有限公司	3	438.25	2020—05—08
8	华润电力投资有限公司	3	438.25	2020—05—08
9	中国石化集团资产经营管理有限公司	3	438.25	2020—05—08
10	中国长江三峡集团有限公司	3	438.25	2020—05—08
11	中国核能电力股份有限公司	3	438.25	2020—05—08

2020年12月29日，广州电力交易中心增资协议签署仪式在广州举行，标志着广州电力交易中心按《关于推进电力交易机构独立规范运行的实施意见》要求完成股权优化调整任务。这是广州电力交易中心贯彻234号文件精神、落实中央改革部署，推进电力交易机构独立规范运行，构建主体多元、竞争有序的电力交易格局的重要举措。本次增资于11月19日在北京产权交易所完成公开挂牌，成功引入"牵引力量"，整个过程严格履行国有产权交易程序，是全国第一个按照234号文要求完成进场交易的电力交易机构股权优化调整项目。本次增资完成后，南方电网公司持股比例由66.7%降至39%，南方五省区政府出

资企业持股比例39%,电力规划总院、水电水利规划设计总院和南方五省区电力交易中心等新增7家股东持股占比22%(见表8—8)。

表8—8　　　　　　　　广州电力交易中心股权情况

序号	股东(发起人)	持股比例(%)	认缴出资额(万元)	认缴出资日期
1	中国南方电网有限责任公司	39	2 001	2016—08—01
2	广东省能源集团有限公司	14	718.31	2021—04—23
3	贵州乌江能源投资有限公司	9	461.77	2021—04—23
4	云南省能源投资集团有限公司	9	461.77	2021—04—23
5	电力规划总院有限公司	8.49	435.69	2021—04—23
6	水电水利规划设计总院有限公司	8.49	435.69	2021—04—23
7	广西投资集团有限公司	3.51	180	2016—08—01
8	海南省发展控股有限公司	3.51	180	2016—08—01
9	昆明电力交易中心有限责任公司	1	51.31	2021—04—23
10	贵州电力交易中心有限责任公司	1	51.31	2021—04—23
11	广东电力交易中心有限责任公司	1	51.31	2021—04—23
12	广西电力交易中心有限责任公司	1	51.31	2021—04—23
13	海南电力交易中心有限责任公司	1	51.31	2021—04—23

广州电力交易中心组织架构参见图8—3。

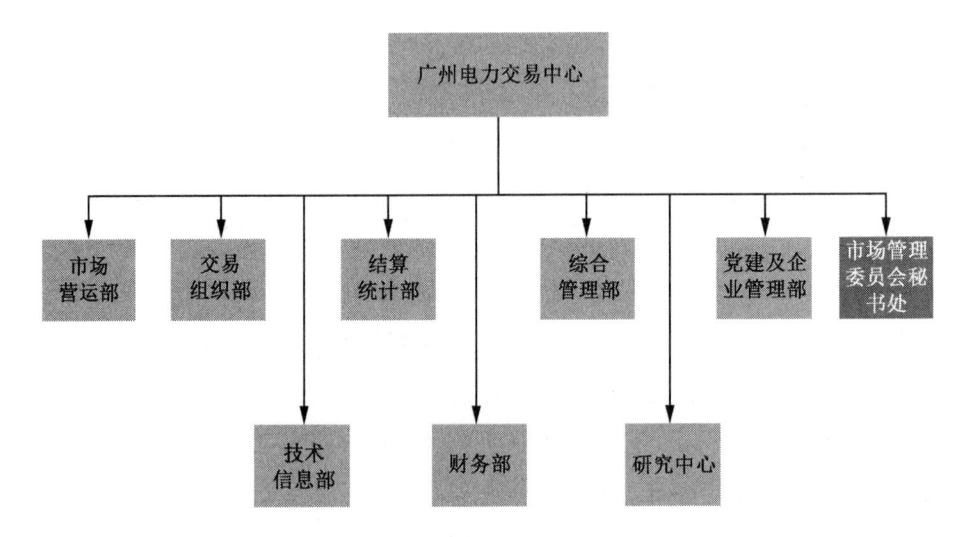

图8—3　广州电力交易中心组织架构

8.3.2.3 组织形式

根据《中共中央国务院关于进一步深化电力体制改革的若干意见》和国家有关电力改革配套文件精神,按照"多元制衡"原则依法依规加快推进交易中心股份制改造。股东应具备独立法人资格,可来自不同行业和领域。

在股份制改造过程中,交易中心应依法依规修订完善公司章程,规范设立股东会、董事会、监事会和经理层,形成权责分明、相互制衡的公司法人治理结构和灵活高效的经营管理机制,作为独立法人和市场主体实现公司自主经营。交易中心要健全党建工作体系,把党的领导融入公司治理各环节,推动党建与业务有机融合,为党和国家方针政策的贯彻落实提供坚强政治保证。

8.3.3 电力市场交易现状

进入 2021 年,电力市场建设步伐进一步加快,市场化交易电量进一步增加。上半年国网经营区各电力交易中心完成电力直接交易电量 10 154 亿千瓦·时,同比增长 45.8%,减少客户用电成本 272 亿元。南方五省区市场主体进一步扩大,截至 6 月底南方区域各省级电力交易中心注册市场主体共计 7.85 万家,交易参与率达到 88.9%。从零售市场来看,南方五省区均已放开售电公司参与市场交易,售电公司代理用户数量占比超 95%,代理电量占比近 90%,零售市场进一步成熟。

从交易电量来看,全国总交易电量同比有较大幅度增长。以 2021 年上半年为例,全国各电力交易中心组织完成市场交易电量达到 17 023.1 亿千瓦·时,同比增长 41.6%。其中全国电力市场中长期电力直接交易电量 13 773.3 亿千瓦·时,同比增长 43.4%,占全社会用电量的 35%,同比提高 6.4 个百分点。交易电量逐年增加,反映了电力市场主体范围的扩大,越来越多的市场主体参与进来。

从交易品种来看,上半年省内中长期交易电量 13 976.9 亿千瓦·时,省间中长期和现货交易电量 3 046.1 亿千瓦·时。省内中长期交易又分为电力直接交易、发电权交易、抽水蓄能交易、其他交易。省间中长期和现货交易又分为省间电力直接交易、省间外送交易、发电权交易。其交易明细如图 8-4 所示。

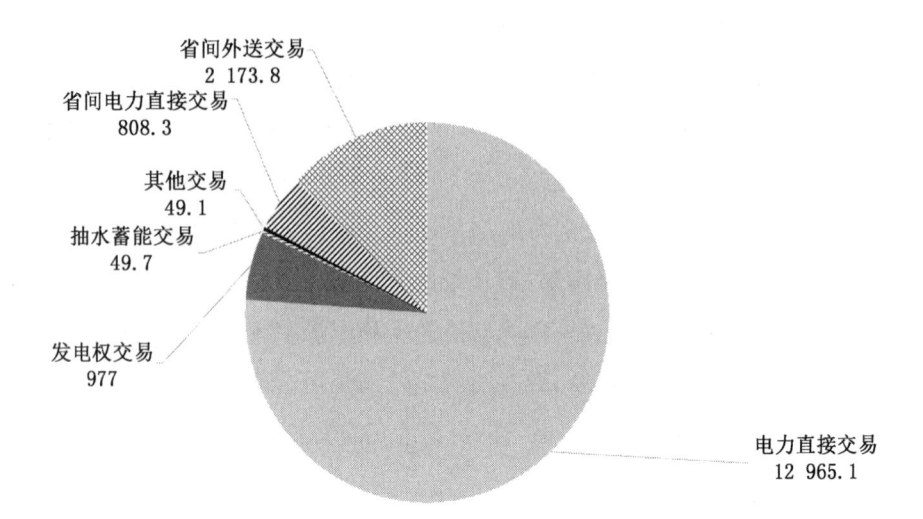

图 8—4　2021 年上半年全国各电力交易中心组织完成市场交易电量情况（亿千瓦·时）

从分区域来看，1—6 月，国家电网区域各电力交易中心累计组织完成市场交易电量 12 924.9 亿千瓦·时，其中北京电力交易中心组织完成省间交易电量合计为 2 803.5 亿千瓦·时；南方电网区域各电力交易中心累计组织完成市场交易电量 3 187.9 亿千瓦·时，其中广州电力交易中心组织完成省间交易电量合计为 209.5 亿千瓦·时；内蒙古电力交易中心累计组织完成市场交易电量 910.3 亿千瓦·时。参见图 8—5。

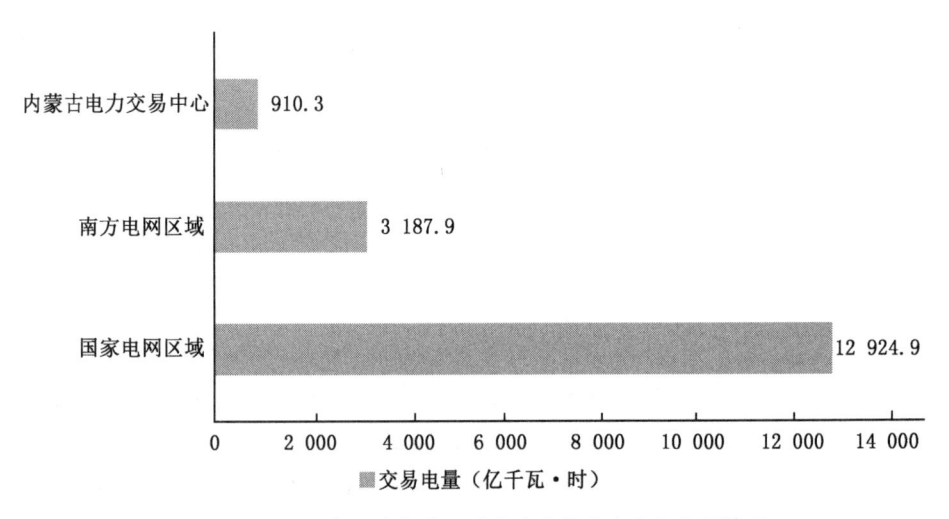

图 8—5　2021 年上半年分区域电力交易中心市场交易情况

8.4 中国电力监管体制变革

国家的电力监管权力配置的具体格局,决定了其电力监管的体制。中国电力监管的体制是政府机构改革及行政管理体制改革的产物,其在计划经济时期及商品经济过渡期被称作电力管理体制。中国电力管理体制的演变可分为四个阶段,即"国家一体化垄断经营"阶段(1949—1985年),"发电竞争、输配售电垄断"阶段(1985—1997年),"政企分开、市场化改革试点"阶段(1997—2002年),"市场化改革,成立电监会"阶段(2002—2014年),"深化电力体制改革"阶段(2015年至今)(刘璇,2020)。

8.4.1 国家一体化垄断经营

自新中国成立以来,在计划经济体制下,我国中央政府集中了大量人力、物力和财力发展电力行业并对其实行严格的管理体制,即由中央政府独家垄断经营的管理体制。具体来说,电力行业的生产、人事、资金统一由中央政府管理调配,电力价格、企业盈亏由政府负责,电力行业实行统支统收、独立办电,其进入管制和价格管制都十分严格。电力管理部门也经历了燃料工业部、电力工业部、水利电力部、水利电力部军管会、能源部和国家经贸委等十余次变革。

8.4.1.1 燃料工业部统一管理

1949年,全国的煤炭、电力和石油工业由新设立的燃料工业部统一管理。燃料工业部的第一次全国电业会议在北京胜利召开,会议的主要内容是公布经济恢复发展时期部门应在保证电力安全的同时开展电源设备生产的基本工作任务。为了保证以上任务的顺利完成,由燃料工业部直接管理华北和华东地区的电力工业,中央统辖各地的电力建设工作。同时把华北电力总局改为电力管理总局,归属于燃料工业部领导。同年7月,燃料工业部又召开了全国水力发电工程会议,明确了我国3—5年内的水力发电工作任务、工作方式和工作目标。此外,单独成立了水力发电工程局并于1953年4月更名为水力发电建设总局,专门管理水力发电以保证水力发电的效率和安全。随后,召开了全国供电会议,详细提出了具体的发电任务和供电目标:推行电力统一调度;推行定期检修和统一检修制度；调整电力负荷（移峰填谷）；节约用电；推行两部电价制；建立供用电制度，包括计划用电、用电监察和保证供电质量的制度等。在三年经济恢复时期，在国家高度垄断的管理体制下，电力行业逐渐形成完整的生产供应体系，我国的电力工业开始步入正轨。

8.4.1.2　设立专门化管理机构

为了贯彻全国供电会议的基本精神，1953 年我国开始实行第一个五年计划，由中央统筹一切电力建设工作。1955 年，中央认可燃料工业部所提出的"煤、电、石油工业是国家工业化的先行工业"的报告。同年 7 月，燃料工业部被撤销，其功能被分拆为煤炭、石油和电力工业部，电力行业的生产管理归属于电力工业部管理，刘澜波任部长。同时成立专门的电力设计局和工程管理局使电力行业形成系统化管理，各省、市和自治区的电力工业均由电力工业部直接领导和管理。电力工业部的设立使得电力行业的管理更细化，更有针对性。

1957 年，在中央政府的领导和各部门的全力配合下，我国第一个五年计划顺利并提前完成，电力行业的发展达到了这一阶段的小谷峰。为了更好地推动电力行业安全、高效发展，同年 3 月，电力工业部就电力行业的发展现状对电力工业未来的技术政策提出了一些可行性建议。

8.4.1.3　中央下放电力行业管理权

1958 年，针对火力发电环境污染严重的情况，中央提出"水主火从"作为发展电力工业的长远建设方针，改变了电力工业部的组织架构，成立水利电力部。遵照国务院下放企业的决定，由各地方上的电力管理机构各自管理所属辖区的电力企业，水利电力部则专门管理跨省区域电网。1966 年，电力行业的发展速度减缓，开始出现缺电现象，电力行业逐渐成为制约国民经济发展的"瓶颈"。为了改善这一局面，1967 年开始，中央重新收归所有下放的管理权利，再次实行以中央管理为主的体制。1979 年 2 月，又将曾经由电力工业部和水利部合并而成的水利电力部撤销并重新拆分为两个专门管理机构。1982 年 3 月，水利部和电力工业部再次合并成为水利电力部，水利电力部重新成立后于 1982 年 10 月在北京召开了全国电力计划工作会议，提出今后 18 年电力发展规划，其中水电是重点开发黄河上中游、红水河、长江上游等水能资源，加快建设一批大型骨干水电站。

纵观 1949—1985 年我国电力行业的管理历程，大致经历了燃料工业部——拆分为电力工业部——合并为水利电力部——拆分为电力工业部——合并为水利电力部五次大的变革，电力行业也成为我国工业部门中管理体制变化最为频繁、最为复杂的一个部门。但是电力工业管理体制虽历经多次变化，而其管理的核心一直由中央掌握着，电力行业一直是政企合一的垂直一体化国家垄断经营。垄断体制在社会主义制度建立初期，以最有效率的方式集合了全国一切可以集合的人力、物力和财力重建了我国的电力行业。但随着市场经济的发展和改革开放，政企合一的垄断管理体制会逐渐桎梏电力行业的未来发展。因为政企合一的国家独资垄断局面使企业缺乏生产的动力和活力，导致了电力产业不盈利甚至亏损，电力供给严重落后于社会电力需求，全国性缺电现象越来越严重。电力的短缺、低下的电力服务水平以及资金有限等问题严重制约了我国电力行业的进一步发展和社会整体经济效益。因此，改革政企合一的中央独家垄断的电力管理体制已刻不容缓。

8.4.2 发电竞争、输配售电垄断

8.4.2.1 发电市场逐步开放

1985 年，为解决电力短缺这一制约经济发展的瓶颈性矛盾，中国逐步放开了发电市场，引入了新的投资和经营主体。同年 6 月，国务院批转了《关于鼓励集资办电和实行多种电价的暂行规定》的通知：提出要用经济管理方式代替行政管理发供电工作，改变国家垄断发电局面，鼓励多元化资本投资发电侧，搞活电力工业的发展，并对部分电力实行多种电价的办法，以适应市场经济发展需要。此外，该通知不仅明确规定了集资办电的集资方式和资金用途，包括扩建新电厂和买卖用电权然后将收入转化为电力建设资金的前提下，还对如下几方面的集资办电规则做了详细规定：①规定了由集资建立的电厂可遵循谁投资、谁用电、谁得利的原则，投资办厂的单位还可以自己建立电厂自己供电和用电，也可以委托给国家电网企业管理；②凡使用议价材料和设备及议价燃料的独立经营集资电厂和外资电厂，其售电电价可以做相应浮动；③集资电厂的利润按三、七分成分配，即电厂得利润的百分之七十，供电部门得利润的百分之三十；④对不同的电厂实行不同的电价方案，对中外合资发电企业或者外资发电厂，

其发电电价可按成本、税金等方式核定,企业可以获得合理利润。集资办电方案的出台使发电侧的集资办电有了法规保障,各类资本开始相继进入发电侧。

至此,集资办电在全国铺展开来,我国逐渐出现了许多以集资办电方式成立的电厂。1987年在国务院批准下成立的新力电力投资公司发掘了新的资金筹集渠道。此后,在政策的推动下,全国相继出现了众多投资电力的投资企业。直到1996年,在国家开发银行的领导下组建了中国投资协会,其中38家公司的业务范围覆盖了电力业务。1987年又出台了《关于征收电力建设资金暂行规定》的通知,要在全国范围内以每1千瓦·时上交二分钱的比例筹集国家大中型电力建设项目,项目的产权按资金比例划给各省、自治区和直辖市。1995年,颁行了《中华人民共和国电力法》,但是该法依然是计划经济体制的产物。1996年3月,《关于在"九五"期间继续征收电力建设基金的通知》文件由国家计划委员会发布,通知明确规定了二分钱的电力建设资金政策仍然要继续实施,并且征收的资金一份归各地方政府所有,一份归电网企业所有以用于建设输配电线路。

8.4.2.2　成立国家电网公司

虽然我国电力行业放宽了发电领域的准入机制,但是输、配、售电环节仍然严格实行政企合一的国家垄断经营体制,国家对于电力行业的管理贯彻着"电厂大家办,电网国家管"的管理方针。1982年3月,国务院再次决定将水利部、电力工业部两部合并成立水利电力部,由水利电力部统筹管理全国的电力建设工作,尤其是电网建设。1985年1月,水利电力部设立电力可靠性中心。1988年4月,组建了能源部,管理水电、火电和煤炭、石油及核电,黄毅诚任部长。1993年1月,在北京人民大会堂宣告华北、东北、华东、华中、西北五大电力集团正式成立,由能源部统一管理。同年3月,决定组建电力工业部和煤炭工业部替代能源部和中国统配煤矿总公司的工作,史大祯任电力工业部部长。同年6月,国务院正式颁布《电网调度管理条例》,明确规定"统一调度、分级管理电网的运行;任何个人和单位都不能超计划分配电量;如遇特殊情况,需要变更计划,须经用电计划下达部门批准"。1996年4月,国务院发布第196号令《电力供应与使用条例》,同年5月,电力工业部以第4号令发布了《供用电监督管理办法》,以第5号令发布了《供电营业区划分及管理办法》,国家加强了对输配电侧的监督管理。1997年,为解决政企不分问题,我国开始对电力工业的管理体制进行改革,在原电力工业部的基础上成立了国家电力公司,其原有的政府职能移交到国家经贸委等部门。

由此可见,虽然电力行业的管理机构根据职能的需求一直在变,但国家依然垄断了输、配、售电侧的经营,输、配电侧的电网调度、电力供应和使用等必须由电力行政主管部门统一按计划执行。政企合一的管理体制严重制约了电力行业的管理效率,这样的管理体制使得中国电网建设落后,电网建设与发电需求不匹配,严重阻碍电力行业的长久发展。

8.4.3 政企分开、市场化改革试点

表8-9是1998年到2002年我国电力行业的主要管理机构政策及职能,本阶段的中国只有电力管理部门,没有电力监管部门。

表8-9　　　　　　　　1998—2002年我国电力管理机构及其职能

管理机构	管理职能
原国家经贸委	①拟定政策、法规,制定行业规划、规章、规范、技术与定额标准; ②发放并管理许可证,负责行政执法,行业管理与监督; ③协调电力行业的经济关系,负责划分和管理电力营业区; ④负责改革农电体制并指导农村电气化。
原国家计委	①规划电力重大项目布局并安排国家财政性建设基金; ②审批新建项目; ③审批电力政策和核定并检查电价。
财政部	①制定电力行业财税政策、财务制度; ②监管企业财务,监管国有资产的保全。
其他部门	①环保部门负责监管环保排放标准; ②安全生产监督管理部门监管电力行业安全生产; ③技术监督部门监管电能计量标准。

8.4.3.1 政企分开

发电侧市场的不公平竞争、地方电量交易壁垒以及电价机制及其监管的不合理,制约了电力产业的进一步发展。为提高电力行业效率、优化资源配置,自1997年起,中国开始进行新一轮电力市场化改革。第一,政企分开改革。1997年,国家电力公司成立,并提出"公司化改组、商业化运营、法制化管理"的改革方向,中国

电力体制改革开始进入实施阶段。国家电力公司的建立,标志着中国电力行业迈出了打破行政垄断局面的第一步。1998年3月,电力工业部被撤销,政企分开初步形成。在电力监管上,原电力工业部的政府管理职能移交国家经济贸易委员会,行业管理职能移交中国电力企业联合会,原电力部下属的五大区域集团公司、七个省公司和华能、葛洲坝两个直属集团由国家电力公司承接,电力产业实现政企分开,电力市场运营规则初步形成,价格监管得到了进一步规范。第二,1998年国家电力公司颁布了《国家电力公司系统公司制改组实施方案》,确定了"政企分开、省为实体"和"厂网分开、竞价上网"的主要改革思路,其主要内容和路径是首先进行"厂网分开"改革,以解决独立电厂电网不公平接入问题;再进行"竞价上网"改革,以促进发电企业降低成本,提高发电效率;等到各方面条件成熟后,再进行"输配分离"改革,在售电侧建立零售竞争市场。

自此以后,国家电力公司在电力行业发挥重要作用,不仅承担全国计划发电量等任务,还承担了配合其他环节的市场化改革的任务,尤其是电网的建设。

8.4.3.2 市场化改革试点

该阶段实现了政企分开的改革目标,并在上海、浙江、山东、辽宁、吉林和黑龙江6省进行了电力市场化的试点工作,电力市场监管开始由行政监管向经济监管转变,电力监管职能得到明确,初步形成电力市场监管体系。

8.4.4 市场化改革,成立电监会

8.4.4.1 电网企业垄断经营

2002年厂网分开后,原国家电力公司的电网资产拆分为国家电网公司和南方电网公司。但是鉴于电力行业的特殊性质,国家为了保证全国电网的安全,仍为两大电网公司保留了一部分发电资产。南方电网保留的发电资产可控容量为276万千瓦,占比为1.36%;国家电网的发电资产可控容量为2863万千瓦,占比为14.15%。此外,在输配电侧,除了两大国有电网企业,我国的输配电企业还包括地方性的企业如内蒙古、陕西、山西等。目前,电力行业的输配电业务主要由国家电网和南方电网垄断经营。国家电网公司控股组建了几乎涵盖全国电网的华北、东北、西北、华东、华中5个区域电网公司。全国各区域电网间的电网调度和电网交易,以及跨区域电网的建设都由国家电网公司统一管理,西藏电力公司归属于

国家电网。广东、海南和原国家电力公司在云南、贵州、广西的电网资产组成了南方电网,各自按电网资产比例控股。南方地区的电网安全和区域电力市场的培育都由南方电网负责,以保证电力资源的正常调度。

改革的另一方面,厂网分开后,为了进一步简化输配电侧的管理模式及明晰各环节的具体职能,按"主辅分离"的要求,对国家电力公司所拥有的辅助性业务单位和"三产"、多种经营企业进行调整重组,组建了四大辅业集团,分别是中国水电工程顾问、中国电力工程顾问、中国葛洲坝水利水电建设和中国水利水电建设,后又进一步吸收137家省级辅业企业重组为中国电力建设集团有限公司、中国能源建设集团有限公司两大辅业集团,这表明输配电侧的管理终于迈出了新的一步。

8.4.4.2 成立电监会

由于国家电力公司始终在电力市场中占据垄断地位,使得竞争性电力市场的形成遇到极大阻力,为此国务院于2002年4月发布《电力体制改革方案》,继续对电力市场进行改革优化,中国电力产业改革进入深化阶段。该方案的提出确定了市场化改革的方向和电力体制改革的主要任务:实施厂网分开,重组发电和电网企业;实行竞价上网,建立电力市场运行规则和政府监管体系,初步建立竞争、开放的地区电力市场,实行新的电价机制等。同时,为了深化电力行业的市场化改革,实现"打破垄断,引入竞争"目标,2005年颁布了《电力监管条例》,这一条例是我国第一部电力监管领域的专门的行政法规,对我国电力监管权力配置和监管职能进行了规定,意味着我国电力工业开始由传统的行政管理向现代政府监管转变,初步构建了我国现代电力监管体系。此外,为保证中国电力产业体制改革的有序推进,满足改革的理论和实践要求,国务院设立了国家电力监管委员会(以下简称"电监会"),并授权电监会统一履行全国电力监管职责,旨在构建"政府部门适时调控,监管机构独立监管,市场主体自主经营,中介机构自律服务"的新型电力监管体制。《电力监管条例》的颁行与电监会的成立是我国正式引入电力监管制度的开始。电监会是我国建立的第一个独立的监管自然垄断行业的机构,结束了我国长时期以来没有独立地位的专业化管制机构的历史,一定程度上实现了政监分离。

8.4.4.3 组建国家能源局

为了统筹推进能源发展和改革,加强能源监督管理,我国于2013年3月颁布国务院机构改革和职能转变方案,撤销了电监会和原来的能源局,组建由国家发展和改革委员会(以下简称"发改委")管理的新的国家能源局,将原电监会的职能交由新能源局行使。新成立的国家能源局为副部级单位,主要负责起草和组织能源发展战略的实施,相关事务的管理,推进能源体制改革和完善能源管理体系的职责。电力监管委员会和国家能源局合并是深化电力监管领域的大部门体制改革的具体体现,这意味着中国的电力监管体制改革已由之前的阶段进入了另一个新的调整阶段,我国能源监管体制开始走向大能源体制。国家能源局和国家能源委员会相继成立,分别承担电力行业的执行和决策职能,至此形成了电力管理"三驾马车"并立局面,进一步有效推进电力市场化改革。2013年后我国的电力监管机构及主要监管职能参见表8-10。

表8-10　　　　2013年3月后我国的电力监管机构及主要监管职能

监管机构	监管职能及其法律依据
发展和改革委员会	①电力定价(拟定并实施、监督检查电力价格政策,查处价格违法及垄断行为); ②电力市场准入(规划重大建设项目和生产力布局,按授权审批、核准、审核重大建设项目)。
国家能源局	①起草能源发展及监督管理的法律法规和规章,拟定并组织实施能源发展战略、规划和政策,推进能源体制改革,协调能源发展和改革中的重大问题; ②组织制定电力等产业政策及相关标准,按授权审批、核准能源固定资产投资项目,指导协调农村能源发展工作; ③核电的相关管理工作; ④负责能源消费总量控制的相关工作,衔接能源供需平衡; ⑤监管电力市场运行,规范电力市场秩序,监督检查有关电价,拟定各项电力辅助服务价格,提出电力普遍服务政策的建议并监督实施,负责电力行政执法,监管油气管网设施的公平开放; ⑥负责电力安全生产监督管理的相关工作; ⑦核准或审核能源(电力)境外重大投资项目; ⑧承担国家能源委员会的具体工作。
国务院负责安全生产的监督管理部门	行使安全生产方面的综合管理职权(《中华人民共和国安全生产法》)
生态环境部	行使环境保护方面的综合性监督管理职权(《中华人民共和国环境保护法》)

8.4.5 深化电力体制改革

8.4.5.1 构建电力监管体系

改革后,电监会被撤销,其职能被并入了国家能源局,也就是说我国目前的电力监管机构主要是国家能源局(魏琼,2014)。以国家层面为例,除了国家能源局之外,国家发展和改革委员会、财政部、国务院国有资产监督管理委员会(以下简称"国资委")、生态环境部、工业和信息化部(以下简称"工信部")等都承担了一定的电力监管职责,形成了政策机构(国家发改委)、监管机构(国家能源局及各综合性监管机构)共担职能的横向电力监管体系。

在纵向上,国家能源局按地域在华北、东北、西北、华东、华中和南方设立了6个能源监管局,以及在山西、山东、甘肃等12省设立了能源监管办,负责各自辖区内的电力监管职责。其他综合性监管机构也由其各级地方分支机构承担相应的职能。由此,我国形成了横、纵两个层次的相互配合的电力监管机构体系。

8.4.5.2 强化政府监管

为建立科学的输配电价体系,推进电力市场化改革,国家发改委率先在深圳市开展输配电价改革,随后又将内蒙古西部、安徽和湖北等省份纳入改革试点。2015年3月,国务院发布《关于进一步深化电力体制改革的若干意见》(简称9号文),国家发改委与能源局随后印发《关于推进输配电价改革的实施意见》《关于推进电力市场建设的实施意见》和《关于电力交易机构组建和规范运行的实施意见》等6个配套文件,标志着新一轮电力体制改革正式启动。此次改革提出了"三放开、一独立、三强化"的改革路径,其中"三放开"和"一独立"指放开经营性电价、放开公益性调节以外的发电计划、放开新增配电和售电业务、建立独立的电力交易机构,"三强化"是指进一步强化政府监管、强化统筹规划、强化电力系统安全高效运行和可靠供应(贾芳,2020)。

当前,我国电力监管的重点在于电力市场建设、输配电价改革、售电侧改革、电力交易机构的建立与规范等方面。改革比较突出的两个亮点是对"售电环节"和"交易电价"的监管,随着新一轮电力体制改革的推进,大用户直购电、跨省跨区竞价交易、售电侧零售等具有市场化特质的电量交易已初具规模,市场化交易电量占比日益提高、新电改要求发电售电环节放开,允许民营企业进入,以提高电力企业效率和质量,促进国有企业提升电力企业的经营管理水平,同时提高国有资本效率;输配电环节在国家的成本监管下经营,保证社会成本最低,电力资源最优化配置。此外,我国的电力监管主体也发生了结构性的变化,取得了重大的突破。

随着改革不断推进,各项政策已经开始逐步得到落实,新电改下各个省份于2016年和2017年陆续加入改革试点。2016年3月,北京、广州两大国家级电力交易中心挂牌成立,其他省份也陆续成立独立的电力交易中心,为电力市场的参与主体提供了在政府监管下规范、公开、透明的交易场所。同年9月,《输配电定价成本监审办法(试行)》的出台标志着对输配电价由核定购电和售电价格的间接监管,转变为对输配电收入、成本和价格全方位的直接监管。2016年10月出台的《售电公司准入与退出管理办法》和《有序放开配电业务管理办法》,明确了放开售电和增量配电业务的改革路线。随着改革不断推进,全国电力市场化交易电量不断增加,推进了全国电力市场的融合以及跨区电力资源的优化配置。

8.4.5.3 健全电力监管制度体系

自新一轮的电力市场化改革以来,我国电力体制改革逐步深入推进,通过电网成本监审、输配电价核定来"管住中间",通过不断推动交易机构独立规范运行、持续扩大电力市场化交易规模、加快推进增量配电业务改革、稳步推进电力现货市场建设来"放开两头",电力体制机制创新不断赢得新突破。

第9章 新一轮电力体制改革

9.1 新一轮电力体制改革的背景与原因

上一次电力体制改革,以2002年4月12日国务院下发《电力体制改革方案》为标志。强调"实施厂网分开,竞价上网;重组发电和电网企业;从纵横双向彻底拆分国家电力公司",形成了以电网企业集电力输送、电力统购统销、调度交易为一体,上网电价、销售电价由政府定价的市场格局。第一次电力体制改革有效促进了电力工业的发展,提高了电力普遍服务水平,形成了初步市场化体系,完善了电价机制,为后续深化改革积累了宝贵的经验。

电力工业是事关我国能源安全和经济社会发展的基础性行业,但随着社会经济的发展和时代的进步,原有改革思路和进程已经无法满足现实需求,改革过程中也出现了种种问题。因此,一系列深化电力体制改革的政策应运而生(井志忠,2005)。《国务院批转发展改革委关于2014年深化经济体制改革重点任务意见的通知》对深化电力体制改革提出了新使命、新要求。新的电改方案,即《中共中央国务院关于进一步深化电力体制改革的若干意见》,于2015年3月正式下发,开启了新一轮电力体制改革。

深化电力体制改革是一项紧迫的任务,社会各界对加快电力体制改革的呼声越来越高,推进改革的社会诉求越来越强,加上正值我国深化经济体制改革和能源革命的关键时刻,进一步推进电力体制改革是大势所趋。随着社会主义建设步伐加快,以及社会经济的持续发展,当今的社会环境,特别是电力工业的环境与第一次电力体制改革时相比发生了根本性的变化,此时推进电力体制改革有以下几方面的原因:

(1) 政策推动。中共十八届三中全会明确提出经济体制改革是全面深化改革的重点。会议不仅制定了全面深化改革的总目标、总任务,还明确了改革方向和改革重点,表明改革从"口号"走向实际操作。

(2) 环境允许。我国经济进入新常态,电力发展也不会像过去那样出现大幅度波动和规模性短缺的现象,这为改革创造了一个相对稳定的内外部环境条件。

(3) 技术提升。随着交易平台、智能电网等技术平台的建设和完善,为电改提供了较好的技术支撑。

(4) 社会诉求。随着经济社会持续快速发展,电力工业目前的体制机制已经无法完全满足市场需求,加上电力行业本身也存在一些问题,使得推进改革的社会共识不断增加,社会各界对加快电力体制改革的诉求也越来越高。

9.2 新一轮电力体制改革的基本内容

9.2.1 改革的目标

目标是改革的归宿和方向,深化电力体制改革的目标是要通过改革建立健全电力行业"有法可依、政企分开、主体规范、交易公平、价格合理、监管有效"的市场体制,努力降低电力成本、理顺价格形成机制,逐步打破垄断、有序放开竞争性业务,实现供应多元化,调整产业结构、提升技术水平、控制能源消耗总量,提高能源利用效率、提高安全可靠性,促进公平竞争、促进节能环保(白玫,2014)。

9.2.2 改革的总体思路

深化电力体制改革明确了"三放开、一独立、三强化"的总体思路。"三放开"是在进一步完善政企分开、厂网分开、主辅分开的基础上,按照"管住中间、放开两头"的体制构架,有序放开输配以外的竞争性环节电价,有序向社会资本放开配售电业务,有序放开公益性和调节性以外的发用电计划。"一独立"是指推进交易机构相对独立,规范运行。"三强化"是指进一步强化政府监管、强化电力统筹规划、强化电力安全高效运行和可靠供应。

9.2.3 改革的具体内容

深化电力体制改革，虽然借鉴了上一轮改革的经验，但是并不能称为上一轮改革的后续。此次改革，目的是建立新型的治理体系，其核心价值取向与第一轮电力体制改革有本质区别。上一轮电力改革，核心是通过厂网分开政策引入竞争机制，从而打破垄断，深化电力体制改革旨在通过绿色低碳、节能减排的方式，更加安全可靠地实现资源优化配置，建立新型电力治理体系，促进我国电力生产、消费的转型。新一轮的电力改革，要打破传统，统筹兼顾，同时关注供需两侧，开源和节流同时抓，形成多元供应、多轮驱动的电力供应市场体系的同时，也要注意节能减排、绿色低碳的需求市场体系。新电改不再着眼于电力行业的重组和盈利模式的转变，而更加关注新型电力管理框架的构建，以涉及全行业的"链式改革"替代以往的"点式改革"。

放开输配以外的经营性电价。在电价方面，在不同的行业，采取不同的管理模式：工商业的电价未来由发受双方自行商定，不再以上网及销售电价差作为收入来源，而是按照政府核定的收取过网费；居民、农业，以及公用事业的用电量虽然比重很小，但是用户人群众多，具有广泛的社会影响，这部分电价仍将由政府继续管控。

输配电价改革与电力体制改革同步实施，为了配合输配电价改革的进行，国家发改委和国家能源局联合印发《输配电定价成本监审办法（试行）》（以下简称《办法》）。《办法》明确了电网企业的功能定位，按照经济原则厘清其成本结构，激励电网企业控制成本。明确电网资产应与输配电业务相关，电网企业收入将采用国际通行的核价方法进行确定，按成本加收益方式对电网输配电业务实行独立定价，成本费用按电压等级、服务和用户类别合理归集，为核定输配电价提供依据，从而加强政府对网络型自然垄断环节价格监管。

放开公益性调节以外的发电计划。在电量方面，"9号文"采取的是与电价管理同样的"双轨制"办法。工商业直接交易的电量和容量将不再纳入发电计划，由市场双方自行决定。但政府仍将保留一定的"公益性、调节性发用电计划"，以"确保居民、农业、重要公用事业和公益性服务等用电，确保维护电网调峰调频和安全运行,确保可再生能源发电依照规划保障性收购"。政府在放开交易电量的同时,还将继续掌控一部分计划发电量,来确保电力的廉价、安全、清洁等基本要素。

放开新增配售电市场。本轮电力改革的重要任务,除了放开电价与电量之外,还要有序放开配售电业务,培育新的市场主体。此外,政府在配电领域还提出了"放开增量"的限制。

交易机构相对独立。交易机构相对独立包括"独立性"和"相对性"两个方面,"独立性"是针对所有市场主体而言的,而"相对性"则主要针对电网企业而言。改革所要求的"相对独立",是要按照政府批准的章程和规则,实现交易机构由"内设机构"向"独立实体"的转变。交易机构的组织形式,根据《关于电力交易机构组建和规范运行的实施意见》的规定,可以采取电网企业相对控股的公司制、电网企业子公司制、会员制等。

9.2.4 改革的配套文件

同时,为贯彻落实《中共中央国务院关于进一步深化电力体制改革的若干意见》,推进电力体制改革实施工作,同年11月,经国务院同意,由国家发展改革委、国家能源局和中央编办、工业和信息化部、财政部、水利部、国资委、法制办等部门制定,并经经济体制改革工作部际联席会议(电力专题)审议通过了6个电力体制改革配套文件,分别是《关于推进输配电价改革的实施意见》《关于推进电力市场建设的实施意见》《关于电力交易机构组建和规范运行的实施意见》《关于有序放开发用电计划的实施意见》《关于推进售电侧改革的实施意见》《关于加强和规范燃煤自备电厂监督管理的指导意见》。这6个配套文件从六个方面细化了电力改革的路径与要求。

《关于推进输配电价改革的实施意见》主要规定了政府对输配方面的改革要求,电网企业的盈利方式变更为"准许成本加合理收益",在输配电电价方面实现单独核定、统筹规划,要求加强对电力市场的监管。

《关于推进电力市场建设的实施意见》主要要求按照"管住中间、放开两头"来构建体制结构,意见要求将原先由电网公司承接的电力交易业务分离出来,成立独立的电力交易机构,政府相关部门负责制定相关制度与章程来规范交易业务,并对其实施有效监管。

《关于电力交易机构组建和规范运行的实施意见》要求建立公平规范的电力交易平台,建立独立的电力交易机构。拆分了原来由电网公司承担的电力交易业务,相关电力监管部门按照特定的规范制度来对电力交易机构进行监管。

《关于有序放开发用电计划的实施意见》的主要内容是,建立优先购电制度保障无议价能力的用户用电,建立优先发电制度保障清洁能源发电、调节性电源发电优先上网。通过直接交易、电力市场等市场化交易方式,逐步放开其他的发用电计划。在保证电力供需平衡、保障社会秩序的前提下,实现电力电量平衡从以计划手段为主平稳过渡到以市场手段为主。

《关于推进售电侧改革的实施意见》要求售电侧向社会资本放开,通过多渠道、多途径培养售电侧市场竞争主体,售电主体可以直接与发电企业进行交易,在电力交易价格方面,可以通过双方自行协商来确定。

《关于加强和规范燃煤自备电厂监督管理的指导意见》主要内容是要控制火电建设计划,将新建的燃煤自备电厂项目纳入规划,推进自备电厂能效水平,进行电厂环保改造,同时要求企业积极承担社会责任,做好各项电力接待性基础服务。

9.3 新一轮电力体制改革的影响

9.3.1 对电网企业的影响

根据新一轮电力体制改革方案,电网将不再以上网电价和销售电价价差作为收入来源,而是按照政府核定的输配电价收取过网费。相比之前的"购销差价"电价形成机制,"准许成本加合理收益"的电价形成模式能够更合理地反映电价水平,规避电网企业由差价带来的电价起伏,更有利于电网的健康长远发展。此外,电价形成机制摆脱电网调控后,电网企业能够致力于提高输配电服务水平和资产运营水平,进行内部成本控制,在合理成本的基础之上谋求电网收益,获得长远发展。另外,输配电价改革会实现电网公司的社会角色转型,优化电网资源配置。输配电价改革后,配电业务也随之市场化,配电网转型为以分布式电源、微电网等为支撑的零售用户集合网络。而由于具备大规模电力基础设施和大量电力资源的优势,电网企业成为连接供需各方的枢纽,成为电力资源的综合配置的关键因素。

改革后电网盈利模式改变,上网电价和销售电价市场化,电网企业的性质也随之改变。电网企业不再完全划分为公用事业单位,而更加体现市场化特征。市场运行中的售电业务,由政策主导过渡为市场主导,处于中间环节的电网企业在承担电网安全和"普遍服务"等社会责任的同时,传统售电业务还将面对成本控制压力、表面服务边缘化等压力和挑战,电网企业的转型和改革已是大势所趋(沈红宇, 2016)。

9.3.2 对发电企业的影响

从经营方式来看,新电改推行的政策鼓励发电企业和电力用户(或市场化售电主体)开展电力交易,采用供需双方直接见面的双边交易模式,通过自愿协商确定电价。发电企业的售电对象已从原来唯一的电网企业,改为广大工商用户。发电企业要和电力用户、售电公司进行直接交易,面临激烈同行竞争,在竞争中获取利益、实现发展(刘强, 2019)。

面对市场化改革,电力企业之间的竞争会变得愈加激烈,而要在这样的环境中争取更多交易电量,达到发电效益最大化的目的,就需要采取科学的经营决策,提高成本控制水平和对外协调的能力。与此同时,发电企业还要对内部生产运营的各个环节进行调整,增强协作配合。这都说明发电企业的经营难度有所提高。另外,从市场准入的角度来看,新电改政策里有清洁能源发电的优先政策,对规划内的风电、太阳能发电,建立优先发电制度;对水电、核电的部分电量实施优先发电保障。一部分不符合准入条件的机组会面临关停的风险,无法再参与交易。而在交易决策层面,若是报价不当,就很有可能会引发无电可供的风险。而对于电费回收这一环节来说,通常需要直接和用户进行结算,这时会有一部分用户出现拖欠电费的问题。在履约方面,则发电企业可能会由于设备等方面的因素导致无法按时足额地为用户供电,这就需要承担相应的处罚。在辅助服务方面,建立市场化辅助服务分担共享新机制,发电企业提供调峰、调频、备用等服务,可以按市场原则获得相应的经济补偿。针对能源结构转型的需要,火电机组将来要逐步从基础电量、主体电量,向基础电量和调峰电量转变,参与辅助市场提供调峰、备用功能。

9.3.3 对电力用户的影响

对于工商业用户和居民用户而言,新电改意味着市场机制即将在我国电力工业未来发展中占据重要地位,以往由政府制定电价、实现资源分配的方法将在一定程度上转变为依靠市场来主导。在这种情况下,市场的价格信号能够更好地反映市场的供求关系,由市场主导完成的资源分配要比以往更有效率。对于工商业用户来讲,方案中的政策措施赋予了其更多的自主选择权,用户可以根据自身实际需要选择发电商,可以通过竞价降低自身用电成本。此外,工商业用户长期承担的交叉补贴等问题,有望逐步得到解决。但是对于居民用户而言,用电量小、电价低、用电随机性明显,供电成本相对较高,与大用户相比,居民用户的市场竞争力较差,商业化的售电公司一般不愿接受这类用户。默认供电商由于失去了高电价群体和交叉补贴的支持,成本无法转移,可能引发居民电价快速上涨。

9.4 电力体制改革面临的挑战与对策

9.4.1 改革面临的挑战及原因

目前,我国正处于新一轮电力体制改革的重要进程之中,处于转折时期的电力企业面临着前所未有的发展机遇,同样,也接受着前所未有的发展挑战。

(1)改革涉及的部门多、环节多,组织协调推进难度较大。电力体制改革涉及国家和地方许多部门,涉及电力系统多方主体,需要兼顾和平衡好各方的利益,协调起来难度很大;

(2)我国地区差异大,允许电力体制改革起步有先有后、节奏有快有慢。各地资源禀赋不同,经济发展水平不一,发展模式有具体差异,对于不同区域和省份来说,对电改的诉求也不相同;

(3)电力市场化改革在我国总体上还是一个新生事物,在世界范围内,进行电力市场化改革、组建电力市场,并没有现成的范例可循。

电力体制改革是一项复杂的系统工程,涉及多重生产关系的变革和多方利益格局的调整,随着改革进入深水区,电力行业原有利益格局面临着前所未有的冲击,一些深层次的矛盾逐步暴露,随之而来也会出现很多方面的问题。

9.4.2 深化改革的建议

中国即将开启全面建设社会主义现代化国家的新征程。进入新的发展阶段,中国将继续坚定不移推进能源革命,电力体制改革,加快构建清洁低碳、安全高效的能源体系,为2035年基本实现社会主义现代化、21世纪中叶全面建成社会主义现代化强国提供坚强的能源保障。下一步深化改革提出如下建议:

(1)坚持新电改思想、路径和重点任务。坚持推进输配电价改革、建设电力市场、规范交易平台运行、放开发用电计划、放开配售电业务。持续完善市场规则体系,尽快修订电力法等法律法规,明确政府、企业、市场监管等各类市场主体的行为规范。发挥市场在资源配置中的决定性作用,当前确保用能价格稳中有降,为稳增长做贡献;长远实现价格随供需关系变化而有升有降。加快全国统一电力市场建设,健全跨省(自治区)市场交易机制,促进更多低成本能源在全国更大范围消纳。

(2)继续鼓励各地改革创新,多模式探索。顶层设计必须与基层探索相结合,中央通过的改革方案落地生根,必须鼓励和允许不同地方进行差异化探索。电力体制改革任务的落地,离不开地方政府的积极探索。应鼓励各地开展多模式探索,结合实际走自己的路,各地要保持改革定力坚持过去业已证明行之有效的做法,加大协调力度,继续攻坚克难,让改革不断深入下去。

(3)坚持国家层面集中统一规划。进一步推动建立以电为中心的能源统一规划体系,统一协调电源、电网和市场消纳,加强各环节统筹与衔接。加快推动综合能源服务、虚拟电厂等新业态,开拓新市场,创造新的就业岗位,培育新的经济增长点。加强重大问题的研究,比如当前面临的省间壁垒、减少行政干预、清洁能源消纳、加强市场监管等等,逐步解决这些问题,针对这些问题,要分门别类,采取不同的解决策略。

新一轮电力体制改革,对于我国电力行业乃至整个社会经济来说,都是市场化改革的重要进程。政府定价模式向市场定价模式的转变,是电力行业的一大进步,将提升电力体制运行效率,有利于电力用户的生产成本降低,促进社会生产发展。市场主导的电力供求,使得电力用户有了更多的自主选择权,如按照自身需求自主决定发电企业、通过竞价降低用电成本等,都成为可能。

第10章 我国电力交易机构建设思路及建议

10.1 电力交易机构股份制与非营利性分析

股份制与非营利性之间的矛盾并非无法解决,电力交易中心实行股份制改革甚至会强化电力交易机构的公益性。电力交易中心作为非营利组织实行股份制后,股东可以根据股份制章程规定要求进行分红,但如果将分红留用电力交易中心的发展就符合了非营利性电力交易中心的要素。电力交易中心每年将股东的分红做负债处理,在次年投入时进行冲账,这样资金并没有流出电力交易中心,而是用作了电力交易中心的发展。这就坚持了电力交易中心的非营利性。

从某种角度而言,实行股份制反而可以强化电力交易中心的非营利性。首先,股份制为非营利事业提供必要的资金支持,这将在很大程度上改善电力交易中心的筹资渠道,确保电力交易中心能专心致力于电力交易中心管理。其次,股份制所坚持的所有权与经营权分离将会促使电力交易中心以市场主体的身份,适度参与竞争,市场参与者也将在竞争中受益。两权分离使得电力交易中心能够按照市场的规则来进行经营与发展,产权清晰,权责明确,为电力交易中心健康持续发展提供了重要条件。另外,股份制还会激活电力交易中心的内部运行机制。电力交易中心进行股份制改革,成为独立的法人实体,其内部将建立起规范的法人治理结构,形成董事会、监事会和执行层之间相互协调、有效制衡的关系。这种关系有利于提高电力交易中心运营效率,降低电力交易中心运营成本,从而在一定程度上降低市场参与者交易成本。

10.2　关于电力交易机构建设的思考

在电力交易机构的层级划分上,北欧和美国值得我们借鉴。我国幅员辽阔,省份众多,各个省份之间的电源结构和资源分布都存在很大差异,仅仅在国家层面设立交易机构不能完全解决我国多层级的复杂的电力市场问题。美国的电力市场在自然分布方面与我国类似,各个州之间存在着很大区别,北欧电力市场由多个国家组成,情况更加复杂,还需要解决电力的跨国交易问题。

从市场架构来看,按照"统一市场、两级运作"的方式构建全国统一电力市场是符合国情的合理选择。综合考虑中国电力资源全国范围内优化配置的需求和以省为基础的电力供应格局,以省级电力市场为起点,构建由国家级和省级电力市场组成的全国电力市场是符合国情的科学选择。国家级电力市场与省级电力市场各有侧重、有效衔接;国家级电力市场主要组织能源资源大范围优化配置有关交易,现阶段以省间电能交易为主,落实国家能源战略,促进清洁能源大范围消纳;省级电力市场主要组织省内电力交易,现阶段以省内电能交易为主,落实国家市场达成的交易,承担偏差平衡责任,保证电网安全稳定运行,并尽可能消纳清洁能源。

10.3　电力交易机构的建设路径建议

(1)期货交易所与证券交易所。20世纪90年代以来,全球期货交易所面临的整体市场环境发生了根本性变化,许多大型期货交易所已经改制为公司化交易所,成为营利性的股份制公司乃至上市公司。公司化改造、兼并重组已经成为交易所发展的必然趋势。

(2)电力交易所。在处理交易机构与市场主体特别是电网企业的关系上,西班牙的做法尤其值得借鉴。1998年,西班牙国家电网公司成立电力市场交易中心,这与目前我国的情况相类似。但是随后不久,由国家电网公司管理的电力市场交易中心改组为独立的股份公司,股东为4家独立发电公司,1家电网公司,200家配电公司,12家电力经销商和其他主体。

Nord Pool 与 EPEX SPOT 作为营利性股份制企业,市场边界不断扩大。而美国电力交易机构为会员制非营利性,电力市场范围未能进一步扩大。

(3)非营利性股份制医院。社会资本参与公立医院改制后形成的非营利性股份制医院,因其在经营性质上属于"非营利医疗机构",故应登记为民办非企业单位,其中民营资本代表者的法律地位为该民办非企业单位的"举办者"。由于非营利组织所具备的"不以营利为目的"的根本特征,导致非营利性医院举办者的股份权益与营利性医院出资人的股份权益有着本质的区别。在上市公司收购医院前,均要求医院变更为营利性医院。此外,非营利医院虽然不能分红,但如果能够先介入公立医院改制,成为非营利性医院的出资者,也不失是民营投资医院的一个很好的投资回报路径。参考凤凰医疗的业务收入模式——通过周边产业链的体外循环获得回报(如收取房屋、提供管理服务等),并逐步促成非营利医院向营利医院的转变,最终走上资本市场。

然而电力交易是电力系统中的关键环节,对电力企业的发展格外重要,社会上也出现了许多不同组织形式的电力交易机构,如何在优化组织形式的基础上,促进新型电力交易市场的构建,是当前电力交易机构应当关注的重点内容。

在《电力交易机构组建和规范运行的实施意见》(以下简称《实施意见》)和《京津冀电力交易机构组建方案》(征求意见稿)中要求,电力交易机构日常业务不受市场主体干预,履行电力市场交易管理等职能,接受政府有关部门的监管。可以说,电力交易机构应当为电力市场服务,而不是为股东办事,这是电力交易机构与其他公司的最大不同。这一定位也是确立电力交易机构的治理结构基本指南,电力治理机构的治理结构要围绕实现这一定位展开。结合《实施意见》,电力交易机构的组织形态在目前主要有三种,即电网企业相对控股的公司制、电网企业全资子公司制和会员制,选择最优模式,意味着能够最有力发挥电力交易机构的功能,推进电力行业供给侧改革,最终促进电力市场又好又快发展。故而,有必要对三种组织形式的优缺点进行比较分析,从而给组建工作部门提供一定的参考。

10.3.1 会员制

(1)优势分析。会员制电力交易机构的组织形式优势在于:

①服务能力强。会员制电力交易机构的经营理念为一切为了会员的利益。较低的电力产品及服务定价水平,外加具有较高紧密性的组织形式,相关联的产品权限,包括所有权、控制权及使用权在内,使得会员的自行经营能够充分了解该行业的需求,服务能力得到充分发挥。

②决策机制平等。会员制电力交易机构的决策通常是由会员大会决定的,每位员工都拥有平等的决策投票权。

③交易成本小。在具体的交易过程中,会员制电力交易机构并不需要耗费过多的费用成本,其服务价格具有可控性,市场外的不当交易也会因此而减少。

(2)劣势分析。会员制电力交易机构组织形式的劣势在于:

①垄断性较强。会员制电力交易机构的交易空间较为有限,由于人为制造的限制条件过多,使得想要进入比较困难,造成了事实上的垄断,对电力交易市场的发展极为不利。

②独立性较差。会员制电力交易机构的会员一般很难参与到重大决策,该种组织形式的行政色彩较为浓厚,缺乏一定的独立性。

③筹资成本较高。该种组织形式一般不会对交易利润进行再分配,资金也无法实现再利用,这是导致会员制电力交易机构筹资成本较高的主要原因。

市场利益相关者参与的会员制非营利事业法人模式在组织管理上相当复杂,决策、约束与监督机制设计得十分理想化、程序化。这种体制相对适合习惯于按照某种复杂程序办事的西方市场经济国家。

10.3.2 公司制

10.3.2.1 相对控股制电力交易机构组织形式的优劣势

(1)优势分析。相对控股制电力交易机构组织形式的优点主要包括以下三个方面:

①拥有独立经营的自主权。相比受政府管辖,几乎没有任何的经营自主权的电力企业,相对控股制的电力交易机构不仅拥有独立的法人,还拥有自主经营权,政府部门及行政机关无法对其实施直接的不当干预。

②组织治理较为民主。在拥有自主经营权的条件下,电力交易机构便不再容易出现"一股独霸"的现象。组织的任何决策都是在协调各方的情况下做出

的,能够反映广大员工的利益,民主程度较高。

③理想的监管效果。在相对控股制的电力交易机构中,每位股东都承受着较大的资金风险,这会激发股东对于代理人的监督动力,促进监管有效性提升。

(2)劣势分析。相对控股制电力交易机构组织形式的缺点主要有:

①未对股东大会制度进行良好的运作。在相对控股型的电力机构中,股东大会制度格外重要,若股东大会制度运行良好,该电力机构也能够获得良好发展,若股东大会制度运行不良,该电力机构的治理结构将会严重失效(股东难以有效参与公司治理)。

②决策缺乏效率。一般来说,虽然前几大股东的持股比例相近,但由于不同股东代表的利益不同,使得电力交易机构很难在短时间内做出重要决策,因此常常会错过最佳的问题解决时机。

10.3.2.2　全资子公司制电力交易机构组织形式的优劣势

(1)优势分析。全资子公司制电力交易机构组织形式的优势主要包括:

①机构定位较为准确。全资子公司的全部投资均来自一人,即该公司拥有唯一股东——电网企业。此种电力交易机构的定位较为准确,主要为非营利机构,履行电力市场交易的管理职能,只接受相关政府部门的监管,其他日常业务基本不受其他主体的干涉,包括市场主体、股东等。

②治理结构较为简单。若电力交易机构的股东较多,那么股东便会因各自的利益而影响一些重要决策,最终导致公司效率无法提升,但全资子公司的股东只有一人,其治理结构比较简单,并不会发生股东冲突事件。

(2)劣势分析。全资子公司制电力交易机构组织形式的劣势主要包括:

①未实现两权分离。作为全资子公司的唯一出资人,电网企业对该电力交易机构的许多事项具有重大决定权,包括结算、董事会成员组成及职业经理人的任命等,因为所有权与经营权并未实现真正意义的分离,因此行政干预现象最为严重。

②与改革方向有一定的冲突。近年来,中央政府正在大力推行国有企业改革,即鼓励其他国有资本投资,实现非国有资本的多元化,但从现实情况来看,全资子公司制电力交易机构明显与改革方向有一定的冲突。

10.4　我国电力交易机构的独立建设问题

我国"9号文"已明确电力交易机构"相对独立"运行,接下来更重要的是制定细则,完善保障机制。从国外经验来看,有以下几方面建议:

(1)开放、公平的电力市场,是交易机构独立运行的前提条件。构建充分竞争的市场环境,有利于市场参与者之间的权益制衡,交易机构应尽量充当"结算通道"的中立角色。

(2)无论电力交易机构的所有权如何,其人事权和财务权应保持独立,不受其上级单位及其他市场参与者的干扰。交易机构应具有与履行交易职责相适应的人、财、物,日常管理运营不受市场主体干扰,接受政府监管。只有电力交易机构的日常管理运营保持独立,不受市场主体干扰,才能保证为各类市场主体提供公平、优质的交易服务,从而吸引更多市场主体的参与,推进构建有效竞争的市场结构和市场体系。

(3)鼓励市场各方参与电力交易规则的制定和修订,建立畅通的交易规则修订流程,使交易规则随市场环境变化灵活调整。

(4)构建多元化的电力市场监督体系,特别是重视非政府组织在电力交易中的辅助作用,降低政府监管成本的同时,也有利于形成立体多维的监管格局。

(5)加快公司治理体系建设,形成完整的公司治理体系。

10.5　电力市场管理委员会的建设

(1)监督市场运营,维护市场秩序。从美国电力市场建设经验来看,其法律法规涵盖了电力市场与电价、电力系统运行的安全性与可靠性、私营电力公司业务范围、智能电网与电网拓展以及国营电力公司监管五个方面,并对每一类电力市场主体都提出了相应的要求,从而保障了市场公平公正,得以有序健康的发展。对我国电力市场管理委员会(以下简称"管委会")而言,一方面要基于本省电力市场情况建立与其相适应的市场监督规则,加强规章制度建设工作;另一方面,通过规则规范管委会的整个监督程序和流程,增强电力市场运营监督过程的透明性。具体可从市场管理委员会工作规则、电力市场与电价监管规则、市场运营监督规则、市场主体行为监督规则、秘书处工作规则等相关工作规则方面实施。

(2)建立科学合理的电力市场管理委员会组织机构。通过借鉴国外组织机构的建设经验,管理委员会的组织机构也应更科学合理。管理委员会委员可以由电网企业、发电企业、售电公司、用电企业、交易中心、独立专家等按类别选派代表组成,并通过设置秘书处、专业工作小组及专家委员会辅助管理委员会更好地发挥其作用。其中专业工作小组根据市场需要,可下分市场规则、市场运行、市场监督及市场纠纷协调等工作组,负责处理管理委员会交付的工作,具体可根据本省情况相应调整。为了更好地调动专业工作小组的积极性,可考虑专业工作小组专职化,建立相应的激励机制等。根据 PJM 经验,可考虑将电力市场管理委员会组织机构设计如图 10-1 所示。

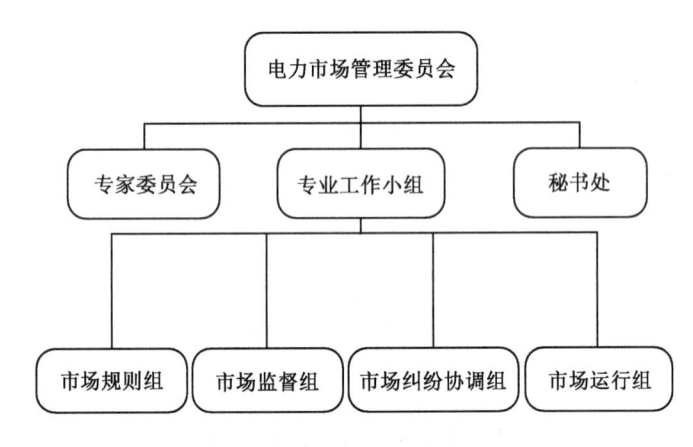

图 10-1 电力市场管理委员会组织机构设计

四个工作小组工作职责划分如下:

①市场规则组:参与电力市场交易规则及相关实施细则的制定,提出完善电力市场建设的意见和建议;

②市场运行组:跟踪市场供需、交易价格变化情况,提出完善市场运行的意见和建议;每季度提交市场运行报告等;

③市场监督组:跟踪市场主体对交易规则的执行情况;监督电力市场运行情况;发现市场主体不守诚信和操纵市场等问题时及时向秘书处报告;提出规

范电力市场运行的建议。

④市场纠纷协调组：协调解决市场注册成员之间的纠纷和争议，将无法解决的争议报至秘书处，由管理委员会定期会议或临时会议审议并提出解决意见。

(3)建立科学、完善的市场监测指标和评价体系。为实现对电力市场的实时监测，可以建立一套科学、完善的市场监测指标和评价体系，以及时监控市场参与者的竞标行为和市场的竞争性状况，维护市场的公平竞争环境。

市场力的存在极大程度会导致市场电价总体水平的提升、尖峰电价甚至电力危机的出现，极大损害了用户和投资人的利益，降低了电力市场的效率和社会效益。因此，识别并采取有效手段抑制市场力的滥用，完善用以反映电力市场波动的电力市场监测指标体系，可以为管理者的决策提供支持，从而充分发挥市场在电力资源配置中的基础性作用。

对于电力市场指标体系总体框架可以从三个层面进行构建：第一层明确电力市场指标体系设计总目标；第二层可以从市场供需、市场结构、供应者地位、竞标策略、交易结果和社会效益等几个方面设立二级指标；第三层细化二级指标对应的次级指标，同时提出初步构建、初步筛选、定量筛选、合理性检验以及反馈性检验等指标体系设计的五阶段模型。

10.6　输配电价设置问题

由于电能不能储存，任何时候都必须保持发、用电之间的平衡，输电网络和电力系统实时运行等方面会对市场主体参加竞争产生影响，因此，建立电交所要满足以下基本要求：

(1)垄断部分与竞争部分的分离。在北欧电力企业的观念中，输电是垄断部分，发电是竞争部分。

(2)输电费用不应该成为自由交易以及市场成员在电力市场中自由选择交易对象的障碍。北欧各国输电电价采用的是节点式电价机制，该输电电价机制在双边和现货交易中有如下特点：市场成员不必与网络所有者或系统运营者协商，就知道其所在位置或连接点的输电费用，且市场成员的输电费用与交易对象无关。市场成员进行交易，就好像仅有一个相互连接的网络一样，且这个网络是由挪威、瑞典、芬兰与丹麦组成的。

(3)建立一个管理输电网损的机制。在北欧电力市场中，是由网络所有者来管理网损的，被视为是网络所有者的"消费"，以双边合同的方式或在交易所中购买，此部分购买费用网络所有者通过输电费用来回收。

(4)建立阻塞管理机制。北欧电力市场的阻塞是通过在现货市场上将市场分解成几个价区，以及基于现货市场的投标或与发电商的协议所进行的对销交易来管理的。

(5)建立实时平衡市场。北欧电力市场的不同运行机构紧密地联合运行着相互分离的实时市场。

(6)建立不平衡电量的结算机制。北欧电力市场中，市场成员不平衡电量结算以实时市场的价格为基础。

(7)建立电能容量市场。该容量市场应该提供一套金融激励机制来维持系统拥有足够的电能备用容量。现在北欧各国一般采用市场手段或者部分管制的备用手段来维持足够的备用。

根据国家发改委日前印发的《关于核定区域电网2018—2019年输电价格的通知》，我国应加快跨省跨区输配电价核定并建立阻塞管理机制，为区域电力市场乃至全国电力市场的融合打下坚实基础。

附　录

美国得克萨斯州电力双边交易合同范例

1. 主供电协议

×××(以下简称"用户")和×××(以下简称"供电商")签订本《主供电协议》,后面所附的《一般性条款和条件》也是其组成内容(两者合称为《主供电协议》),自双方签字栏下的日期("生效日期")起生效。用户和供电商有时被单独称为"某方",有时被统称为"双方"。《主供电协议》适用于双方之间不定时进行的电力及相关服务的买、卖交易,这些交易将与双方之间专门签订的定价单相对应(每一笔交易对应一张定价单)。每张定价单都将规定关于电力买、卖的商业和其他条款,此后双方进行的电力的买、卖和配送均视为有效,并应遵守《主供电协议》的规定。定价单和《主供电协议》有时统称为"协议"。双方就以下条款达成一致:

(1)电力供应。供电商与用户会随时签订新的定价单,一旦定价单明确了供电客户(即具体的供电对象)与供电时间,那么,他们应按照其要求进行排他性的买卖交易。定价单还可能规定供电商应随同电力供应提供的各种服务,例如调度协调、输电和各种辅助服务等。在法律允许的范围内,供电商有权自行以用户的名义选择认为适合于为特定客户进行供电的发电商。供电商应负责把电送到交付节点,交付节点以后的线损和其他风险由用户承担。

(2)信息要求与授权。用户在选定供电商后应通知公用事业公司和/或独立系统运营商,并指定其作为用户当前和过去电费账单以及用电数据的有效收单人。用户授权供电商在他认为必要的情况下采取一定的措施向公用事业公司和/或独立系统运营商完成供电客户注册,或履行本协议规定的供电商义务,甚至包括供电商为了完成上述任务以用户的名义起草各种形式的文件。相应地,一旦供应商有上述合理要求,用户应当采取各种措施或草拟所需的文件,为其提供帮助。另外,用户至少还应向供电商提供以下信息:

用户在电力公司的客户号、电表编号、电表读数、费率等级、用电量、用户的正式法定名称、地址、电话号码、传真号以及供电商在法律允许的范围内随时提出合理需要的其他信息,具体包括设备说明、运行信息以及与客户有关的其他信息等。

此外,如果上述信息出现变化,用户还应及时以书面形式通知供电商,具体信息如:供电客户名称变更;用电量和用电方式预计出现的实质性变更,包括无论由于什么原因导致的供电客户关停;客户号的变更;公用事业公司给用户已列入某一定价单的任一现有服务地址指定了新的客户号。

(3)发票开具和支付。用户应向供电商支付其按本协议提供电力的电费。除电费外,用户还应支付所有与购电和送配电相关的其他费用,除非在定价单中另有专门规定,一般来说费用类型包括与电费相关的税以及送配电费用相关的税。

供电商应按照常规结算流程开具发票并送达用户。用户可对收到的账单进行核对,检查账单中的计算、电表读数等是否有误。对于供电商开具的发票,无论在本协议有效期之内或之外,都视为有效并应按发票中注明的日期及时、不折不扣地支付。用户应将付款打到定价单上指定的地址。如供电商未能收到付款,或未能在付款截止日之前收到付款,供电商有权计算并收取滞纳金(这一点应在定价单中做出规定)。此外,滞纳金应从付款到期日起到付清全款之日止,按日计算,其利息取 1.5%/月和法律允许的最高利息两者中的较低者。

(4)有效期。除非在协议中另有提前终止的规定,《主供电协议》从生效日起执行,如果某一方想中止协议,应提前 30 天书面通知对方。如果在中止协议通知书发出期间,某一定价单正在生效,则此中止措施对此定价单无效,此类定价单将持续执行至截止日期,同时还应当继续遵守本协议的有关规定。

(5)承诺。除非供电商的授权代表签字,否则《主供电协议》和所有的定价单均对供电商没有约束力。

2. 一般性条款和条件

(1)名词解释

《主供电协议》和定价单中所有术语的定义如下：

"客户(Accounts)"：列于定价单中由供电商遵照《主供电协议》向其供电的主体。

"关联实体(Affiliate)"：受协议的一方控制的个人或经济实体。这种可以是单独控制也可以是共同控制。"控制"（包括"控制""受控""共同控制"等术语）是指对某一方的管理方针有指导的权力。这种指导可以是直接的也可以是间接的。指导权是通过源于所有权的投票权，或通过合同与其他方式而获得。

"送电费用(Delivery Charges)"：公用事业公司、独立系统运营商或其他第三方向用户提供服务而应收取的费用（包括税和附加费）。

"监管属地(Governing Jurisdiction)"：指每个供电客户所在的州。当牵涉多个州的客户或发电实体时，供电商所在的州将被视为监管属地。

"延续用电费(Holdover Rate)"：见定价单中的说明。

"独立系统运营商(ISO)"：在定价单中确认的独立系统运营商或区域输电组织，也可以是上述机构的继承者、替代经济实体或其他实体。它们可以是公众公司或私营公司，主要职责是控制电网运行，并保证网络的可靠性。

"法律(Law)"：各种法律、法规、规程、指令、司法决定、行政命令、独立系统运营商的运行导则或运行协议、电网公司的价格协议，还包括公用事业委员会、供电客户所在州的公用事业委员会，或对配电系统有管辖权的类似州委员会与机构的规定。

"电费(Electricity Charge)"：定价单中对应于某一供电客户的固定电价或可变电价乘以用户在当期所用电量的结果。

"通知期(Notice Period)"：见定价单中的说明。

"付款日期(Payment Date)"：见定价单中的说明。

"税金(Taxes)"：应支付的联邦政府税、州政府税、市政府税以及其他各级政府直接或间接征收的其他各种费用，以及各种利息、罚金或附加费用，包括但不限于：销售税、消费税、商品和服务税、使用税、增值税、印花税、代扣税。

"公用事业公司(Utility)"：指本地配电公司，它拥有并负责控制和维护向供电客户送电所需的配电系统。

(2) 信用度

用户应按供电商的要求向其提供完成信用审查所需的信息。供电商是否按本协议向持续用户供电，完全取决于用户在供电商那里的信用度。在协议有效期内的任一时刻，如果供电商认定用户的信用度不够令人满意，或用户的财务状况恶化，或用户曾两次或多次逾期付款，供电商有权要求用户支付保证金或做出令供电商满意的其他信用安排（包括但不限于：存入现金、由可靠的银行或其他金融机构开具信用证，或按协议供电量提供预付款），以保证用户及时支付本协议应付款项。供电商提出要求后，用户应在 5 个工作日内提供供电商所要求的保证金或信用安排。

(3) 违约

"违约事件"是指下列任一情况：

① 用户未能在付款通知期内付清按本协议所涉及的已到期款项；

② 协议中任一方的声明或保证被证明在某一方面是虚假或存在误导的，且未能在对方书面通知后 5 个工作日内，为了使协议在有效期内保持真实而做出修改；

③ 用户未能按本协议的要求提供附加的保证金或信用安排；

④ 除不可抗力原因外，协议的一方未能按本协议要求履行义务（不包括本节中做出专门规定的"违约事件"），并在可以补救的情况下未能在收到对方书面通知后的 20 个工作日内做出补救的。

⑤ 协议一方：基于债权人的利益进行财产转移或变化财物结构；该方的全部或绝大部分财产或资产已有了法定的清算人、监管人、破产清算人、受托管理人、保护人或类似的指定人；为保护债权人利益，依据破产法或类似法律，已对该方提起诉讼，或已开始、授权或默认启动对该方的诉讼程序，或该方已受到起诉，且自起诉呈交之日起 20 个工作日内，该起诉未被撤销或被驳回；有证据表明该方已破产或已无清偿能力；未能清偿到期债务。

(4) 违约罚款

① 如果一方（违约方）违约，另一方（非违约方）有权在任何时候对所有或某

个受违约损害的账户终止本协议,并书面通知违约方因其违约而终止协议的日期(提前终止日)。如果本协议部分或全部终止,根据本节的规定、非违约方将本着诚信原则计算和确定下面的提前终止费,违约方将在收到提前的发票后支付提前终止费。

协议双方理解并同意:按此协议确定的提前终止费只是受到的损害和损失的合理近似值,而不是对任何一方的罚款。

②如果用户因供电商违约而部分或全部终止本协议,供电商应向用户付以下提前终止费:提前终止费=(市场价+费用)-合同价,前提是市价加费用大于合同价。

③如果供电商因用户违约而部分或全部终止本协议,或用户根据定价单的许可,部分或全部终止本协议,用户应支付以下提前终止费:提前终止费=(协议的合同价+费用)-协议的市场价,前提是协议的合同价加费用大于协议的市场价。

④在本节中,协议的"合同价"是指按协议应付的,剩余预计用电量的电费。"市场价"是指在协议提前终止日,向由非违约方确定的,以可信的第三方为参考,按当时的市场价购买剩余预计用电量所应付的电费。非违约方在确定"市场价"时会考虑以下因素:名列前茅的电力批发商们的报价、非违约方内部研发的对远期电价的估价、第三方或非违约方的关联机构的报价以及非违约方可获得的商业信息。还要根据协议剩余期的长短及输电的费用、电量和其他因素的差别做出调整。文中的"费用"是指断电费、交易中的佣金和其他类似费用以及非违约方支付的,为终止、清偿和使其免责而做出的安排而产生的费用,为维护非违约方在协议中规定的权利而支付的律师费、诉讼费等。文中的"剩余预计用电量"是指定价单中规定的,在协议提前终止后的剩余期内,假定协议未被终止而应使用的电量(以千瓦·时计)。如定价单中没有规定剩余期所在月份中的用电量(以千瓦·时计),"剩余预计用电量"就是如果协议没有中止,那些受协议提前终止影响的供电客户本应在剩余期内获得的用电量(以千瓦·时计);若定价表中无此规定,那么可以参考上一年度与剩余期限内当前或未来月份对应的时间段内的用电量。(对于在上一年度的剩余期中未用电的新客户,或用电量明显不同于上一年度的对应时间内的供电客户,由非违约方对用电量做出

合理的估计。)

(5) 协议终止或到期后的权利

在本协议终止或到期后,如因某种原因,公用事业公司与/或独立系统运营商指定供电商继续向协议规定的那些供电客户提供服务,则供电商可以依法并自行决定:一是在逐月延续(即前面提到过的"延续期")的基础上继续为上述客户服务;二是按照其他适用的缺省或非缺省性服务标准进行供电,或将其转给被授权作为"保底供电商"的那些供电商(即前面提到过的"替代服务商")。在上述两种情况下,供电商有权要求得到法律赋予的各项弥补或经济利益补偿。用户在"延续期"内应付的电费按相应定价单中的延续用电费计价。在延续期中,本协议对供电服务继续有效。协议的任何一方都可以提前终止延续期,但应按30天或法律要求的提前通知期两者中较长的天数内通知对方。此外在延续期中,供电商可随时将上述供电客户转给"替代服务商"而不承担罚款或损失。如果供电商提出这样的转户要求,对供电商在本协议终止或到期后为停止向用户提供服务而采取的措施,用户应提供合作。

(6) 法律变更

如果一部新的法律生效,或对一部法律做了修改、修订或它的解释和执行发生了变化,并因此对已经批准的或预计实行的利率、价格协议、税、费用、估价或其他与电力有关的许可证的颁布、市场营销、供电、发电、输电和配电等有关费用产生影响,并进而损害供电商按此协议预计可得到的经济回报,供电商有权根据本协议的规定,在考虑上述不利影响后调高对用户的收费。因此而增加的这些费用将列入开给用户的发票中。

(7) 声明和保证

① 相互的声明和保证。协议的每一方都向对方声明和保证以下事项:根据所在地的法律要求,本方是正当合法、有效经营和信誉良好的;在接受履行本协议所需的各项监管措施下,本方具有开展业务的资质和授权;本方对本协议的履行、转让和实施是得到相应授权的,不违反任何监管文件、任何其作为当事一方的合同、任何法律、任何适用的法规和规程;本方没有其他的协议或重要事项会影响其履行本协议,以致完满执行本协议所规定交易的权利、授权或能力;本方具备评估与本协议相关的利益和风险的经验和知识。

②用户的额外声明和保证。用户所给出的有关供电客户的说明和数据是真实和正确的;用户签订本协议只是为了购买所需的电力,并且按此协议购买的电力将用于与其供电客户相关的设备上,用户不会将这些电力转售给第三方(用户经营活动中的普通租房户除外);用户是该供电客户的管理者,或者如果用户不是该供电客户的管理者,但用户有权签订本协议并保证遵守本协议。同时,如供电商提出要求,用户应向供电商提供关于用户具有该项权利的书面证明。

(8)不可抗力

不可抗力是指不受声明不可抗力的一方("声明方")控制的事件,声明方确实无法以合理的商业方式对此类事件加以克服,这些事件不应被视为对本协议的毁约或违约。不可抗力事件包括但不限于:天灾、火灾、战争、恐怖事件、水灾、地震、国内骚乱、破坏、设备故障、输电和配电线路的中断、扰动和限电;公用事业公司或独立系统运营商宣布的紧急状态;由监管、行政和司法当局,或由法院或政府做出的限制或诉讼;不受声明方控制的第三方(包括但不限于公用事业公司和独立系统运营商)的行为或失职。

虽然一方因不可抗力不能履行本协议的某些责任(不包括付款的责任,该责任不受不可抗力的影响),本协议的其他条款仍然有效。因不可抗力而不能履行的责任将被搁置一段时间,前提是:不可抗力的声明方尽快地通知对方,说明不可抗力的特点包括但不限于不可抗力事件的性质、发生日期及预期持续的时间;搁置履约的范围和时间不超过不可抗力的影响程度;声明方用尽其商业手段来弥补他的履约能力。若不可抗力持续超过 30 天(则为"扩大的不可抗力"),协议的另一方有权对受到影响的供电客户中止本协议,并在"扩大的不可抗力"事件结束至少 15 天后书面通知对方。

(9)免责

用户同意在接受供电的那个节点及其之后的位置,供电商及其所有的管理人员、经理、股东、合作者、雇员、中介机构、代理、继承者和受让人(统称为"供电各方")对因本协议引起的,包括但不限于人员受伤、死亡或财产损失的诉讼所提出的索赔、损失、费用(包括律师费、法院费用)要求、裁决等都不负赔偿责任。

(10) 责任范围

①有限责任。除非本协议另有规定，因本协议引起的或与本协议有关的对供电商索赔（包括对合同、侵权、完全责任及其他诉讼）的总额，不得超过用户在第一个结算周期中按照本协议要求应付给供电商的全部电费。上述赔偿只限于对用户造成直接和实质性损害，因而有责任做出赔偿以减轻用户损失的情况。此外，供电商一方对用户的间接损失、惩罚性损失、附加的或罚款损失以及机会收入损失、利润损失等均不承担责任。

②公用事业公司和独立系统运营商的服务。用户理解并同意公用事业公司和独立系统运营商是对供电系统和供电中断负唯一责任的实体，供电商对公用事业公司的设备和独立系统运营商控制的、用以向用户供电的电网没有独立的控制权。因此，对于因公用事业公司系统和独立系统运营商控制的电网造成的供电服务部分或全部中断、服务中止和服务质量的下降，用户无权向供电商提出赔偿要求。在交付节点处或在其后的位置，如果公用事业公司、独立系统运营商或第三方需要征收任何形式的输配电费用，包括阻塞费和辅助服务费等，均应由用户负担。此外，供电商没有责任提供：公用事业公司送电系统的运行和维修服务、与用户消费的电力有关的服务、由公用事业公司或第三方提供的服务。供电商对公用事业公司、独立系统运营商或第三方的行为和失职都不负责任。用户理解并同意自己单独负担公用事业公司或第三方向其提供其他服务应收取的费用。

③收支抵消/余额结算。根据本协议，供电商有权就用户对其的欠款用下列方法进行收支抵消/余额结算，包括但不限于各项提前终止费，以及下列费用：根据本协议，或根据任一由供电商或其关联公司与用户或其关联公司签订的协议，供电商对用户的所欠款项；根据本协议由用户向供电商提供的抵押保证金或其他的金融保证金。

(11) 免责声明

用户理解并同意除本协议明确表示之外，不存在有本协议引申出的，无论是明示的、暗含的或法定的保证、义务或索赔。而且供电商特别表示不承认任何其他的保证，无论是明示的或暗含的，包括按某种特定目的或用途进行的商业性和适用性的保证。

(12)弃权和中止

对本协议的任何一次违约事件未提出书面意见或未表示反对,不应被视为或解释为对将来的任何违约事件的弃权,不论这些违约事件的形式是相似的还是各不相同的。如若本协议的某一部分内容,或本协议应用于某人或某种情况被法律裁定为无效时,协议的其余部分不受影响将继续有效,并可在法律和权益许可的条件下全部强制执行。而且深信会有新的条款,将在法律允许的范围内最大限度地体现双方在本协议中表达的共同意愿。

(13)转让

供电商可将其在本协议中的权利和义务,或其账户、收入、所得、转让、出售、抵押、过户或将债务转至:

①一家银行、保险公司或其他金融机构;

②某一个人或经济实体:此个人或经济实体继承了供电商的全部或几乎全部的资产或义务。或者此经济实体是供电商的或与本协议有关的分部或地方机构;供电商已并入此实体,或与此实体联营,或与此实体实行了资产重组,此时只需要此实体同意接受本协议即可;

③供电商的任何关联机构。用户可转让其在本协议中拥有的全部或部分供电客户的全部(不应是部分)权利和义务;

④应提前 60 天将此决定通知供电商;

⑤受让者应完全满足供电商对其信用度的要求;

⑥受让者书面保证承担本协议规定的全部用户义务;

⑦在转让日之前,用户继续承担各种义务,包括提供商品和服务付款的义务。

(14)保密和营销参考

①用户同意对本协议的所有条款,包括给用户的报价保守秘密,并且在未得到供电商同意之前不向任何第三方披露上述条款和报价。供电商将对用户的身份信息和供电客户信息保守秘密,这些信息是不向公众公开的。协议的每一方都有权向其关联机构以及关联机构的员工、代理商、顾问和独立的分包商披露上述信息,分包商应有了解这些信息的必要,并且同意对这些信息严格保密。供电商还有权将用户的有关信息,包括本协议披露给在购电过程中代表用户利益的经纪

人、代理商、咨询公司或其他第三方。此外,供电商还可以向第三方披露这样一些信息,包括用户的电力消费总量等,前提是披露的方式应使第三方无法确定用户的身份。如果因法院传票、联邦政府监管机构的规定,或因司法强制要求需披露某一方的机密信息时,接到上述要求的一方应立即通知另一方,使另一方有机会对这样的披露要求提出异议、取得保护令或其他可能得到的豁免。接到披露要求通知的一方还应与另一方合作,使其能争取得到这种保护。

②用户授权供电商可以以其名义进行宣传和营销。

(15) 法律选择、诉讼地点和律师费

本协议的生效、履行和解释在不违背法律准则的前提下,服从司法属地的法律管辖和解释。任何源于本协议的纠纷和诉讼,都将由司法属地当地的法院根据本协议的条款做出判决(在此,协议的每一方都放弃反对这一判决的权利),协议的每一方都不可撤销、无条件地放弃就直接或间接由此协议,或按此协议进行的交易所引起的,以及与其有关的诉讼,提请进行陪审团审讯的权利。如果任何一方通过法律诉讼行使本协议赋予的权利,则败诉方应尽快向胜诉方支付所有的律师费和其他诉讼费。此外,供电商有权要求用户负担供电商的所有相关成本,包括为收回欠款或应付款而在法院或其他场合下发生的律师费。

(16) 无第三方受益人

除本协议赔偿条款所列供电商各方外,本协议只涉及此处所指各方的利益,不存在任何第三方拥有本协议中的任一权利。如果用户通过第三方代表其达成或履行本协议,对于应付给第三方的任何费用、佣金或其他补偿应全部由用户负担,供电商概不负责,除非在本协议中另有说明。任何这类由第三方提出的,源于本协议或与本协议有关的诉讼对供电商造成的损失,也都应由用户赔偿。

(17) 通知

为使通知有效,所有的通知都应是书面的,由经手人送达或通过挂号信送达,并应有收到通知的回执。也可通过直达快递送到本协议中注明的地址。协议的一方可以更改其地址,并应发出更改地址的通知。

(18) 完整协议——条款的存续

本协议(它是《主供电协议》的组成部分,《主供电协议》包括这些一般条款和条件,以及协议双方不时签订、生效和发给对方的定价单)是双方完整的一致意见和共识的体现,它取代了有关本协议主要内容的早先协议和共识(书面的或口头的)。任何早先或与之同时的、口头的或书面的协议都不得与本协议相抵触。即使用户已经在《主供电协议》和定价单上签字使其生效,并将其递送给了对方,本协议中也没有任何内容可视为要求供电商在《主供电协议》和定价单上签字使其生效,并将其递送给对方。任何一方的签名传真复印件将被视为全面适用于本协议的原始件,而各方可应对方的要求提供其签名的原始件。除本协议中有明确规定者外,如果没有双方的签字,对本协议和定价单的任何修改都是无效的。就用户提出的对任何购电订单上的条款,或本协议预先打印好的条款的任何替换、增加或修改都是无效的。一旦在组成协议的各个文件中出现矛盾,则按如下优先顺序做出裁决:第一是定价单(但仅限于列入定价单中的供电客户);第二是《主供电协议》。

在本协议被中止或到期后的一段必要时间内,协议中的某些有关条款继续有效,包括但不限于提供最终账单、账单的校核和支付以及基于本协议的赔偿等。本协议每个章节的标题仅供参考,绝对不应影响本协议中各条款的含义。

(19)确认

用户确认其已经完整地阅读了本协议,并同意其中的条款和条件。如对本协议的内容和解释存在疑义或问题,则应如当初共同起草过程那样,由双方共同推敲修订,不应因本协议任何一项条款源自某一特定出处而出现有利于或不利于某一方的推断和举证。

(20)各方的关系

供电商是本协议的一个独立的签约人。除非本协议中另有明确规定,任何一方都无权签署文件约束另一方。本协议中也没有任何内容把协议双方的关系解释为合资关系、信托关系、合作关系或其他合营关系。

(21)远期合同

协议双方均认同本协议是一份远期合同,按照修改后的《美国破产法》的规定,供电商是一个"远期合同商"。

3. 定价单

本定价单是根据供电商和用户在××年××月××日签署生效的《主供电

协议》制定的,而且遵从《主供电协议》的所有条款、条件与规定。虽然如此,如果定价单和《主供电协议》发生矛盾或存在争议,则以本定价单为准。在本定价单中用到的、未加定义的,以大写字母起头的术语的定义可参见《主供电协议》。

固定价格服务:供电商将以下面的客户供电单中规定的固定电价向用户所拥有的供电客户提供服务:所有的电力负荷需求、电力采购、计划协调、输电和辅助服务以及电力平衡。

(1)名词解释

"用电量允许波动范围(Covered Band Width)":每个供电客户的月用电量加减下述用电量的20%:该供电客户向供电商报告的上一年该月份的千瓦·时用电量;如果该供电客户上一年度不存在对应的用电量,或该供电客户上一年度的用电量与本协议有效期内的用电量明显不同,则供电商本着诚实的原则给出该供电客户的预计月度用电量。

"交付节点(Delivery Point)":独立系统运营商控制的电网或第三方的输电系统及(或)相应配电系统,与公用事业公司的输电系统及(或)配电系统之间的,现有或未来可能出现的联络点。

"延续用电费(Holdover Rate)":延续用电费=月度用电量×[标准服务费率(公布在公用事业公司的网页上)]。

其中"月度用电量(Monthly Energy Usage)":是用户在相应月度中的,电表显示的总用电量,以千瓦·时计。

"标准服务费率(Standard Offer Service Rate)":在有效期内适用于供电客户的价格协议所规定的各种费率。

"独立系统运营商(ISO)":指负责管理输电系统安全性,并控制、支撑一个公开电力交易市场的运营,或运作一个电力批发交易公开市场的独立电力系统运行机构或其他实体。

"滞纳金(Late Payment Charge)":用户的到期或应付发票对应电费总额的1.5%。

"无罚款交费通知期(Non-Payment Notice Period)":按照本协议,供电商应提前10天书面向用户通知欠款与应缴电费情况,该段时间内不算做罚款对象。

"公用事业公司和(或)配电公司(Utility and/or Distribution Company)":

本地配电公司,拥有并负责维护向用电账户送电的配电系统。

(2)初始有效期

对前面确定的每一个供电客户,除非双方存在书面协议,或依照本定价单中其他规定延长有效期,本定价单的有效期自规定的"起始日"起,到"结束日"止。供电商将采取合理的商业措施,力争自先前在客户供电单中确定的"起始日"开始向该供电客户提供服务。但如若供电商因为其所不能控制的原因(包括用户未能通知公用事业公司他已选定了向他供电的供电商或公用事业公司的疏忽),未能在"起始日"成功地完成一个或几个供电客户的注册工作,那么"起始日"就延后到供电客户注册成功后公用事业公司在那一年、月的下一个抄表日。在这种情况下,供电商有权(但并非有义务)根据用户供电"起始日"延后的程度,自行延后"结束日"并书面通知用户。假如供电商在客户供电单中规定的"起始日"起的 10 天内,未能开始提供服务,供电商有权根据自己的判断,书面通知用户终止本定价单,并免受处罚。

(3)发票开具和付款

根据本协议和定价单,用户收到的付款单可以有以下两种形式:

①用户收到两张发票,一张来自供电商的电费发票,另一张来自公用事业公司的送电费发票;

②用户只收到公用事业公司的一张发票,包括电费和送电费。滞纳金可以包括在以后的发票中,并且必须按要求支付。供电商保留随时调整其发票递送办法的权利。用户理解,供电商向用户递送发票的能力取决于公用事业公司或独立系统运营商向他提供所有必要信息的能力。在缺少这些信息时,供电商有权根据电表估计读数或其他的信息,并向用户递送收款发票。当供电商从公用事业公司或独立系统运营商处收到实际用电量或其他必要信息后,将在下一轮计费时对用户的应付电费加以调整,以消除实际用电量和用电量估计值之间的差别,以及其他问题。此外,按照不同发票金额对公用事业公司的利益影响程度的差别,用户也应遵守公用事业公司的某些标准收费条款和条件进行区别对待。对公用事业公司提供的收费发票,用户应按照公用事业公司价格协议的有关支付条款要求进行支付。如果用户拖欠了公用事业公司发票上的应收款项,则在法律许可下,供电商有权按发票总额的 1.5% 计收滞纳金,另外还要依据月

息 1.5% 和法律许可的最高利息之间的较低者，按天向用户计收利息。供电商的收费将根据公用事业公司、独立系统运营商提供的修正信息及修正后的用户用电量，在后期的收费中进行调整。

(4) 用电量波动

用户理解，供电商会部分地根据用户的历史和估计用电量以及每个供电客户的月用电量电表读数，确定用以计算用户电费的固定价格。因此，用户同意承担因用电量超出允许波动范围而产生的附加成本和费用，包括但不限于用户的一个或多个供电客户的用电量减少到最低水平，或完全停止用电（不论出于什么原因，但不包括不可抗力）。假如用户的一个或多个用电设施关闭、拆除、出售、并入其他设备或废弃，用户可以在相关法律允许的范围内，针对相关供电客户终止本定价单，并提前 30 天书面通知供电商。在此情况下，用户有义务按照《主供电协议》的规定，向供电商支付提前终止费。用户应通过传真或电子邮件等，将根据本定价单接受服务的任何设备预计用电量的剧烈变动情况，尽量提前（至少提前 30 天）通知供电商。这些变动包括但不限于设备停用、工厂或设备关闭，以及设备运行小时的变动。

(5) 公用事业公司服务的使用和退出

在法律允许的范围内，供电商保留以下权利：

在本协议有效期内，依照法律自主决定自行安排相应供电的客户供电，或把该账户接入或退出公用事业公司价格协议中规定的服务项目，而不管此类服务项目是按"标准"形式还是按其他形式。用户同意逐次授权供电商实施这样的操作。但是，在任何一次使用公用事业公司价格协议规定服务项目时，用户所应付的电费都不得超过应付给供电商的电费。若公用事业公司的供电电费高于供电商供电时的电费，用户可在应付给供电商的电费中不支付上述电费差额，或由供电商逐月向用户返还这一电费差额。此外，如果用户的供电客户因任何下述变动而转移使用公用事业公司价格协议规定服务项目，则用户有义务按公用事业公司的服务费率付费，直到用户重新在公用事业公司成功注册由供电商供电为止。这些变动包括但不限于：供电客户的指定名称发生变更；不论因何种原因而导致供电客户被关闭；公用事业公司和独立系统运营商对列入账户目录表的已有供电客户指定了一个新的账户号。

(6)针对新电力用户的服务

在发生紧急事故、断电或需要对导线和设备进行修理时,用户可以直接与其配电公司联系。

(7)用户保证

用户在此向供电商声明并保证:在任何一个12个月的周期内,其总的尖峰负荷将超过×××千瓦。

4.(供电商)售电授权书

本售电授权书(简称"授权书")需要依据×××(简称"卖方")和×××(简称"买方")在×××日签署的电力销售协议(简称"协议")进行签发和生效。此授权书中所有以大写字母开头的术语在此未加定义者,其定义可参见《电力销售协议》。

第1条与《电力销售协议》的关系

1.1 根据本授权书的规定,买卖双方同意遵守本授权书和《电力销售协议》所有条款,基于用户的电力需求,针对《电力销售协议》第4条中确定的供电客户号进行电力买卖。

1.2 按照本授权书,电力供应服务应当是比较固定的,除非选中下列项方框中的一项,电力供应相应地将变成:□非固定□其他。

1.3 供电服务的开始时间是本地配电公司(LDC)批准更换供电商后的第一个电表抄表日,并一直持续到本协议终止日前的最后一个完整收费周期为止。

1.4 如果本授权书的某一条款会修改、变更电力销售协议的条款内容,或与其发生矛盾,则应以本授权书的条款为准。

1.5 买方认可本授权书是一种在《电力销售协议》第1条中定义的全需求合同,并且同意在本授权书生效期间,买方将不从任何卖方以外的地方购买《电力销售协议》第4条中所规定供电客户所需的电力。但是,假如卖方因不可抗力而未能满足上述供电客户设备的所有电力需求时,在不可抗力持续期间买方可以自费向其他主体购买缺额电力。

第2条价格、服务、供电计划通知

2.1 价格和用电量。本地配电公司将在交付节点处进行用电量计量,并将作为卖方向买方收费的依据。

2.1.1 当买方的用电量超出下面所示的预计月度基础用电量的大小不到±15%,且用电负荷不超过预计最高负荷时,买方用电量的价格为美元/千瓦·时。这一价格适用于本授权书有效期内的任何月份。

2.1.2 在本授权书有效期间,假如买方某月的用电量超出了规定的该月预计月度基础用电量的±15%,对超过预计月度基础用电量15%以上的用电量,买方按照其认定的市场主导价计价。

2.1.3 在本授权书有效期间,假如买方某月的用电量,不足规定的该月预计月度基础用电量的85%,则不论买方实际用电量是多少,卖方都将按规定的价格,并按预计月度基础用电量的85%向买方收费。

当少用的电力负荷等于或大于1兆瓦·时,由于月度交易成本减少,买方将得到以卖方的平均价格计价的优惠。

2.1.4 如果买方用电负荷超过规定的最大负荷,则买方应根据超出的容量支付电能不平衡费用。

2.2 对于任何导致买方的用电量比前面设定的月度基础用电量超出±15%,或电力负荷需求超过前面设定的最大负荷需求的运行和操作变化,买方都应尽快通知卖方。如果因用电设备的计划内停机、减负荷、运行方式改变、包括节日检修和定期检修等引起用电量变化,买方需提前48小时书面通知卖方。买方还应将计划外事故造成的用电量变化尽快通知卖方。若买方因改变运行操作使其用电量超出了月度基础用电量±15%,或其用电负荷超过了预计的月度最大负荷,而又未能提前2小时通知卖方,则买方应向卖方赔偿因此造成的全部损失费用,包括但不限于:电能不平衡费用、电力转供费用以及销售过剩电力的费用等。

第3条 保密

对本协议和本协议执行过程中相互交换的有关信息,以及标有"机密"字样的资料,签约的各方都应作为机密妥善保管。双方同意像保管他们自己专有的类似商业信息一样,采取措施防止与本协议有关的机密信息外泄。在适应法律或监管的要求,或为了其他必要的沟通而向第三方披露这些信息前,披露方应书面通知对方,并就限制和保护所披露的信息向对方提供适当合作。

第4条 电力的输送和表计 本地配电公司(LDC)设施受电节点账户号码

第 5 条授权期限

5.1 本授权书从获得本地配电公司批准后的第一个完整计费周期的后半期，或本地配电公司在××日的电表读数日起生效，直到结束于××日的最后一个完整的计费周期为止。

5.2 如果买方想在 5.1 中规定的有效期结束前终止本授权，则买方除有义务向卖方支付已发生的但尚未支付的电费外，还应向卖方支付提前终止费。这里的提前终止费是对提前终止给卖方造成损失的一种补偿，而不是罚款。

第 6 条开具发票

6.1 买方将依照缅因州公用事业委员会的规定与本地配电公司《竞争性供电商服务标准协议》，跟本地配电公司做出必要的安排，从而实现公用事业计费服务。买方每个月会从本地配电公司收到一份针对各个供电客户的合并电费发票，该发票包含了卖方收的供电费和本地配电公司收的费用。买方应依照相应价格协议的有关条款支付合并电费发票上的金额。

6.2 按照本授权 2.1.3 中的规定，假如买方的用电量低于当月预计月度用电量的 85%，卖方会将实际用电量和 85% 预计月度用电量之间的差额乘以本授权书 2.1.1 中规定的价格××美元/千瓦·时，并根据所得结果直接向用户收费。卖方将为此向买方开具发票，买方应按照《电力销售协议》第 4 条的规定向买方付款。

特此见证：协议双方已就此授权书达成一致。

5. 客户供电单

在签署此表之前，请先检查前面所列出的专有信息是否完整和准确。对这些信息的审阅和确认会有助于确保将来发票的准确性。

客户供电单

付给供电商的电费[1]（美元/千瓦·时）	付给公用事业公司的电费	起始日期如下日期后注册成功的第一个抄表日起	结束日期如下日期后的第一个抄表日止
		××年××月××日	××年××月××日
客户号[2]： 客户地址：			

注解：

[1]电费中不包括任何输电、配电和其他服务的费用,这些费用应由用户自己负担,与供电商无关。

[2]公用事业公司、独立系统运营商或其他实体可以用新的客户更新或替换对应于以上地址的客户号。

在本栏内签字后,用户就接受了本页所含的条款和条件

（授权代表的签字）

6. 电力销售协议

××（简称"卖方"）和××（简称"买方"）就《电力销售协议》（简称《协议》）的以下条款达成一致。

（1）定义

《协议》中出现术语的定义如下：

"电能(Electric Energy)"：是由卖方输送给买方的电力负荷(以千瓦表示)和电量(亿千瓦·时表示)的统称。

"全需求合同(Full Requirements Contract)"：是买方应向卖方采购,而卖方也应向买方供应的全部电力,以及为向买方提供这些电力而需要向电力系统运营者和管理者提供的辅助服务。合同既不包括输送这些电力的费用,也不包括为输送这些电力所需的辅助服务费用。

"非固定(Non-Firm)供电合同"：就一笔电力的买卖交易而言,买卖双方中的任何一方都可以在任何时候,因任何原因或无任何原因,因不可抗力或并非因不可抗力,暂停或中断交易的进行,而无须向对方承担责任。但中断交易的一方可能要负责支付电力不平衡费。

"固定(Firm)供电合同"：就一笔电力的买卖交易而言,买卖双方中的任何一方,只有在交易因不可抗力而无法实施时才可以中断交易,并无须向对方负任何责任。但是在因不可抗力而中断一项"固定供电合同"的交易期间,一旦已经向本地配电公司预约了输电服务,那么行使不可抗力的一方要支付在此时因交易中断而引起的电力不平衡费,直到本地配电公司确认这一供电和售电变化之前为止。在卖方按要求确定对其客户送电的优先等级的情况下,那些签订了"固定供电合同"的客户有权获得最优先的供电。

"不平衡费用(Imbalance Charge)"：由电力系统运行机构或运行管理机构计算出的,对超计划的用电或低于计划的用电征收的、各种或全部(以现金或非现金形式支付的)费用、罚金、成本。

"本地配电公司(Local Distribution Company,简称 LDC)"：在受电节点处接受电力并向交付节点送电的公用事业公司。

"交付节点(Delivery Point)"：指买方的某一节点。本地配电公司在该节点将电力送给了买方。

"受电节点(Point of Receipt)"：本地配电公司配电系统中的某一节点,卖方把电力送到该点,然后本地配电公司再把电力送给卖方。受电节点的位置由买方和卖方依照本协议制定的授权书加以确定。

(2)数量和价格

卖方同意销售和输送电力给买方,买方同意购买和接受卖方的电力。按照任何一份双方同意的售电授权书,在规定的时段内,按规定的价格进行的电力买和卖都是应当执行并且是有效的。双方在同一时间可以按一份或多份售电授权书中规定的"固定供电合同"或"非固定供电合同"的方式进行。

(3)送电

①卖方应将此地提及的买进和卖出电力输送到买方对应的"本地配电公司"的受电节点处。买方负责与本地配电公司做出安排,将电力从受电节点送到交付节点,由此产生的费用由买方负担或按售电授权书中的规定执行。

②卖方不负担在本地配电公司系统中的输、配电费用,该费用应由买方负担。

(4)电费开单、支付和财务责任

①每月的 10 日,卖方应向买方提交一张发票,列出上个月买方按相应的售电授权书购买的电力数量和应付的总金额。假如在发票开具日还不知道实际的总购电量,则按卖方的估计值确定总购电量。在得到该月的实际购电量后的下个月的发票中,卖方将对上述估计购电量做出修正,以反映实际的购电量。

②除规定的情况外,买方应在发票开出日之后的 15 天内,按照每张发票的总金额向卖方汇款支付。总金额 5 万美元以下时可以采取的支付方式有支票支付、电汇或电子转账。总金额在 5 万美元以上时,应采用电汇、电子转账,通

过自动清算机构支付或按照卖方书面同意的其他方式支付。

③如果买方的确对某一发票的应付金额有争议,则买方应按期支付发票无争议的金额,并同时向卖方发送业界惯用的文件,说明对哪些金额有争议及拒付的理由。买方支付了那些无争议的金额,既不意味着买方放弃收回多付金额的权利,也不意味着卖方因接受了某些付款、部分付款或扣减了的付款,就放弃了收回欠他的全款的权利。此后双方应尽力解决他们之间的争议,并确定正确的收费金额。正确的金额确定之后,任何一方欠付的任何款项、都应在问题解决之后15天内支付。在发票开出12个月之后,协议的任何一方都无权再对开出的发票提出任何异议。

④如买方未向卖方支付不具争议的到期金额,则这一金额应按月息1.5%及相关法律允许的最高月息这两者中的较低者,自该金额到期日起按日计息,直到全部金额付清为止。在发票到期日之后的15个日历日之后,如果买方仍未支付发票中无争议的那部分金额,则买方属于违约,这时卖方除有权向买方要求赔偿外,并有权(依照与暂停服务相关的法律、规定)暂停向买方售电直到这种违约行为得到纠正为止。

⑤一旦有合理的理由认为所交易电力的电费支付或权利失去了保证,有此理由的一方可以向另一方要求充分的履约保证,另一方应在收到这种要求后的3个工作日内提供充分的保证。充分保证的实现形式应当是提供足够的保证金,其形式和期限应由要求方合理规定,包括但不限于:一份备用的、不可撤销的信用证;一笔预付金;一份要求方能接受的权益资产;一笔履约保证金或由一个有信誉的经济实体提供的担保等。当买方或卖方有以下情况:已指定了债权人或已向债权人做出了整体性的财务安排;为履行本章程规定的或任何一张授权书规定的,向另一方支付某项欠款的责任;未履行任何一项对另一方的责任(不含支付责任),并且在收到非违约方通知后15个日历内未能纠正上述违约责任;已对他呈递了诉状,或已对他开始,授权开始,或默许开始了一项根据破产法或类似的法律要求保护债权人权益的诉讼程序或案件;已破产或已确认无清偿能力;不能支付到期债务时,另一方有权拒绝或暂停送电或付款,以及终止本协议或任意一张或全部授权书,并且不必事先通知对方。此外另一方还有权根据本协议或相关法律获得任何和所有可能得到的赔偿。

⑥协议各方都有权在正常的营业时间内,在必要的范围内查验对方的账簿和记录中的有关内容,以确定任何一份按照本协议确定的发票、收费、计算结果或需求的准确性。查验方应提前(不少于5个工作日)通知对方要求进行这种查验。在发票、收费、计算结果或需要提交给对方一年后,这种查验的权利就终止了。

(5)权利和税金

①此处提及电力的处置权利,应在受电节点处从卖方转移给买方。

②卖方应支付法律规定的,应向卖方征收的,涉及电力或任何电力交易的所有产品税、跨州税和类似的税。这些税是按卖方输送到交付节点前的电量计税的,在该节点前征收的税应由卖方负担而与买方无关。

(6)期限

①本协议自前面的签字日起生效,并应按双方依照本协议签订的售电授权书规定的日期送电。

②协议的任何一方均可在下列情况下终止本协议:不能支付到期债务时,另一方有权拒绝或暂停送电或付款,以及终止本协议或任意一张或全部授权书,并且不必事先通知对方,此外另一方还有权根据本协议或相关法律获得任何和所有可能得到的赔偿;无论何时,无须任何理由,只要在协议的一方给另一方书面通知后的30天期限内,双方仍未能就售电授权书达成一致。

③如果协议某一方无理终止协议,就应按售电授权书的规定做出损害赔偿。

④本协议的终止不应免除任何一方在协议终止日前按本协议应承担的义务,也不应免除按照有效售电授权书规定的,将要延续到本协议终止日之后仍应承担的义务。本协议的终止也不应免除任何一方在本协议终止日之前,按本协议应支付的金额的义务。

⑤本协议对协议双方的继承人、代理人、继任人和受让人的利益都具有法律约束。但是,在获得对方书面同意之前,任何一方都不得将本协议或任何授权书的权利和义务,转让给该方的附属机构以外的任何实体,不论这种转让是出于自愿还是法律的要求。

(7)赔偿

①售出电力的所有权应在受电节点处从卖方转给买方。在规定的受电节点之前,卖方对售出电力承担全部责任。在规定的受电节点处及其后,买方对售出电力承担全部责任。

②在售出电力的所有权从卖方转给买方之前,卖方同意免除买方在因售出电力造成的人员伤害(包括死亡)和财产损失而引起的损失、责任、索赔和费用(包括但不限于合理的律师费和其他费用)等方面的所有责任。

(8) 有限保证、免责和责任范围

①卖方在把电力输送到受电节点时,保证对这些电力拥有完全的权利。卖方拥有出售这些电力的完全和法定授权,而且在到达受电节点之前,这些电力与输电线路无关,对其权利也不存在任何异议。

②按本协议销售的所有电力都是按"售出后概不保证"的方式进行的,除了有限保证外,卖方对其他所有直接的和连带的保证,包括但不限于按某种特定目的或用途进行的商业性和适用性的保证,均不负责任。卖方对由交易过程或交易惯例连带出的任何和所有保证也概不负责。

③对于因合同、违约行为(包括因疏忽和直接责任造成的)或其他的法律推断引起的,任何性质连带、间接、从属、特殊或惩罚损失,协议的任何一方都不应因本协议或任何一项授权书而负有责任。

(9) 其他条款

①按本协议进行的电力销售将遵守所有的相关法律、法令、法则和规定。

②如本协议中的任何一款条款被有管辖权的法院判决为无效、作废或不可执行,则该判决不应使本协议的其他条款无效、作废或不可执行。

③本协议以及买方和卖方根据本协议达成的任何一张或所有(售电)授权书,规定了协议双方在此处或别处提及的任何一项交易的各项条款和条件。此前所有涉及本协议主要内容的任何协议、共识和陈述,无论是口头的或书面的,都已并入本协议,并被本协议所取代。除非双方书面同意并签字认可,否则不可对本协议及任何一张授权书进行更改或修正。

④在本协议或任何一张授权书中,要求对方提交的,或提交给对方的任何通知、请求、要求、声明或付款,或协议的一方给另一方发出的与本协议有关的任何通知,都应当是书面的,并通过邮寄或双方确认的传真方式递送。假如文

件是通过预付邮资的普通邮件寄到后面指定的对方地址,则应认定该文件在邮戳日期后的 5 个工作日内已送达。如果文件是通过双方确认的传真方式递送,则应认定该文件在发送传真的当前工作日已送达。如果传真是在办公时间结束后或非工作日发送的,则应认定该文件在发送传真后接下来的第一个工作日已送达。

⑤由当地公用事业公司发送给买方的与按本协议提供服务的一个供电客户有关的所有通知,买方都应及时地转送给卖方。这些通知可以包括但不限于关于价格协议条款的变更、费率或附加费等口头或书面的通知,以及关于配电系统运行情况和可靠性的通知等。

⑥任何一方未行使某项权利、索债权、索赔权,都不应视为对过去或将来应有的和性质类似的或性质不同的,其他的权利、索债权、索赔权的放弃。

⑦在本协议各处插入的标题仅供参考,这些标题不应被视为对本协议或任何一项授权书的条款和条件的解释。

⑧当本协议的任何条款与任何一张已生效授权书的条款互相矛盾时,以授权书中的条款为准。

⑨本协议服从××州的法律,本协议的解释也不得违反××州的法律。

⑩协议双方都声明并保证,拥有充分和完全的授权可以达成并履行本协议。任何以某一方的名义执行本协议的个人都声明并保证,他(她)拥有充分和完全的授权可以这样做,而且该方将为此承担责任。

⑪买方和卖方根据本协议已经达成或将要达成一致的每一张授权书,都与本协议的内容相一致。

特此鉴证:双方正式同意本协议,协议自签字之日起生效。

参考文献

[1] 汤萌,沐明. 美国电力市场化的实践及其启示[J]. 中国投资,2004(5):114−116.

[2] 曾鸣,周健,于滢等. 国外电力改革对我国电力零售市场建设的启示[J]. 改革与战略,2009,25(4):179−182.

[3] 王斌,江健健,康重庆等. 美国标准电力市场的主要设计思想及其对我国电力市场设计的启迪[J]. 电网技术,2004(16):21−26.

[4] 王海霞,王林,白运增. 国外电力市场改革借鉴[N]. 中国能源报,2011−05−02(9).

[5] Paul C. Regulators Seek PJM, MISO Deliverability Fact Finding in Joint and Common Market Initiative[Z]. Inside FERC,2013.

[6] Lenhart S, Nelson-Marsh N, Wilson E J, et al. Electricity Governance and the Western Energy Imbalance Market in the United States: the Necessity of Interorganizational Collaboration[J]. *Energy Research & Social Science*,2016,19:94−107.

[7] 张俊,张海. 美国电力工业进化之路[R]. 平安电力设备与新能源,2013.

[8] 李陟峰,施航,刘荣. 美国电力监管体系建设对我国电力市场管委会建设的启示[J]. 华北电力大学学报(社会科学版),2018(4):22−29.

[9] 白玫,何爱民. 美国电力市场监管体系与监控机制[J]. 价格理论与实践,2017(4):15−19.

[10] 魏玢. 美国PJM电力市场及其对我国电力市场化改革的启示[J]. 电力系统自动化,2003,27(8):32−35.

[11]国家电力调度通信中心.美国电力市场与调度运行[M].北京:中国电力出版社2002.

[12]丁琪.预挂牌平衡机制下的电量结算方法研究[D].北京:华北电力大学,2018.

[13]夏清,黎灿兵,江健健等.国外电力市场的监管方法、指标与手段[J].电网技术,2003(3):1－4.

[14]李基贤,许思扬.英国电力市场化改革对中国电力市场发展的启示[J].电工电气,2021(7):1－4＋11.

[15]曾鸣,段金辉,李娜等.英国电力双边交易市场模式的经验借鉴[J].华东电力,2013,41(1):1－4.

[16]潘立春.从英国《电力法》的演进看英国公共企业的治理[J].沈阳大学学报(社会科学版),2017,19(4):443－449.

[17]周明,严宇,丁琪等.国外典型电力市场交易结算机制及对中国的启示[J].电力系统自动化,2017,41(20):1－8＋150.

[18]何永秀.北欧电力库的设计与实施[J].国际电力,2004(2):4－8.

[19] Christoph Graf, David Wozabal. Measuring Competitiveness of the EPEX Spot Market for Electricity[J], *Energy Policy*, 2013(62): 948－958.

[20] EPEX Spot Market Coupling—a Major Step Towards Market Integration[EB/OL]. 2017－06－12.

[21] Joscha Märkle-Huß Stefan Feuerriegel, Dirk Neumann. Contract Durations in the Electricity Market: Causal Impact of 15min Trading on the EPEX SPOT Market[J], *Energy Economics*, 2018(69):367－378.

[22] European Union. Directive 2009/72/EC of the European Parliament and of the Council of 13 July 2009 Concerning Common Rules for the Internal Market in Electricity and Repealing Directive 2003/54/EC[J]. *Official Journal of the European Union*, 2009, L211:55－93.

[23]魏玢,马莉.欧盟电力市场化改革最新进展及启示[J].电力技术经济,2007,(2):14－18.

[24]潘登,王蕊,肖欣.欧洲互联电网运行和市场交易机制的研究[J].电气

技术与经济,2019,(4):67-68+72.

[25]丁一,谢开,庞博等.中国特色、全国统一的电力市场关键问题研究(1):国外市场启示、比对与建议[J].电网技术,2020,44(7):2401-2410.

[26]李竹,庞博,李国栋等.欧洲统一电力市场建设及对中国电力市场模式的启示[J].电力系统自动化,2017,41(24):2-9.

[27]耿建,周滢垭,阿诺德·魏斯.欧洲统一电力市场概况及对我国的启示[J].河南电力,2018(9):72-73.

[28]乔梁.西班牙电力工业的发展[J].国际电力,1998(4):13-16.

[29]姜绍俊,陈小良,孙寿广等.奥地利、西班牙、意大利、巴西的电网改革[J].中国电力,2001,(5):68-72.

[30]黄李明,马莉,张晓萱.澳大利亚电力市场16年回顾[J].国家电网,2014,(6):70-73.

[31]杨果硕.澳大利亚国家电力市场简介——以发电侧电力批发市场为例[J].风能,2019,(12):52-55.

[32]曾鸣,程俊,段金辉等.澳大利亚、俄罗斯电力双边交易市场模式的经验借鉴[J].华东电力,2013,41(1):11-16.

[33]马莉,范孟华,郭磊,等.国外电力市场最新发展动向及其启示[J].电力系统自动化,2014,38(13):1-9.

[34]魏玢.美国得克萨斯州电力市场模式及其信息技术(IT)应用[J].国际电力,2004(1):11-14.

[35]李永刚.美国得克萨斯州电力市场设计与监管[J].电力需求侧管理,2017,19(4):62-64.

[36]云智彪,刘瑞卿.纽约州电力调度中心的技术改造及发展战略规划[J].内蒙古电力技术,1995(3):64-66.

[37]鲁顺,李灿,魏庆海等.纽约电力市场探析[J].电网技术,2004(17):62-66+71.

[38]高小芹.电力客户信用管理系统的研究[D].武汉:武汉大学,2005.

[39]徐宏,林新,朱策等.电力市场信用评级管理建设探讨[J].电网技术,2020,44(7):2582-2593.

[40]刘强,何阳,田家乐等.我国电力市场信用管理体系设计研究[J].价格理论与实践,2021(05):69-74.

[41] PJM. Credit Overview and Supplement to the PJM Credit Policy[Z].2017.

[42]吴科俊,戴洁芬.电力市场信用体系建设实践与探索[C].//中国电机工程学会电力市场专业委员会2018年学术年会暨全国电力交易机构联盟论坛论文集,2018:35-40.

[43]陈晓东,田琳,甘倍瑜等.美国电力批发市场的信用额度评估机制分析[J].电力系统自动化,2018,42(19):98-105.

[44]刘军,张佳妮,李文萱.国际成熟电力市场信用体系建设的经验比较与启示[J].价格理论与实践,2018(2):71-74.

[45]罗大敏.全球主要期货交易所公司化研究[D].大连:东北财经大学,2015.

[46]徐欣晗,石松,杜宸.全球主要交易所清算模式与清算会员体系探析[J].金融纵横,2021(9):77-84.

[47]刘瑾.期货交易所运营管理问题研究[D].大连:东北财经大学,2003.

[48]赵鹏飞,崔惠玲,周国强.全球证券交易所的制度变革及启示[J].金融与经济,2011(9):49-53.

[49]金强.全球证券交易所公司化改制研究[D].天津:南开大学,2013.

[50]孙建立.商业银行组织结构研究[D].济南:山东大学,2009.

[51]周文强.中国商业银行组织结构改革研究[D].广州:暨南大学,2014.

[52]庞雨蒙.中国电力行业竞争性改革的效果评价[D].济南:山东大学,2018.

[53]陈子洁.我国电力交易中心运营模式研究[D].长沙:长沙理工大学,2016.

[54]徐重阳.新常态背景下中国电力行业市场化问题探析及对策设计[D].北京:华北电力大学,2019.

[55]刘璇.能源革命下中国电力监管能力提升路径研究[D].北京:华北电力大学,2020.

[56]魏琼.电力监管权力配置研究[D].重庆:西南政法大学,2014.

[57]贾芳.山东省电力市场化改革中的政府监管问题研究[D].济南:山东大学,2020.

[58]井志忠.电力市场化改革:国际比较与中国的推进[D].长春:吉林大学,2005.

[59]白玫.新一轮电力体制改革的目标、难点和路径选择[J].价格理论与实践,2014(7):10—15.

[60]沈红宇,陈晋,归三荣等.新一轮电力改革对电网企业配电网规划的影响与对策[J].电力建设,2016,37(3):47—51.

[61]刘强.新一轮电力改革对我国发电行业经营的影响[D].北京:对外经济贸易大学,2019.